CHINATOWN

THE SOCIOECONOMIC POTENTIAL OF AN URBAN ENCLAVE

唐人街

深具社会经济潜力的都市族裔聚居区

（30周年新译本）

〔美〕周敏 著
〔美〕郭南 译

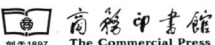
商务印书馆
The Commercial Press

Min Zhou; foreword by Alejandro Portes
CHINATOWN
The Socioeconomic Potential of an Urban Enclave
© 1992 by Temple University Press
Temple University — Of The Commonwealth System of Higher Education
本书依据天普大学出版社 1992 年版译出

谨以此书纪念我们夫妇40周年红宝石婚

我的路

（中文新译本自序）

《唐人街》是根据我的博士论文修改和补充而写成的学术专著。英文版于1992年由美国天普大学出版社出版[①]，问世至今，已经过了整整30年。中文版于1995年首次由北京商务印书馆出版[②]。中文新译本由我先生郭南重新翻译[③]。在历时8个多月的翻译过程中，我们默契配合，密切沟通，反复斟酌，使新版的译文更加忠实于英文原著，文字更加准确流畅。

光阴似箭。30年似水年华，弹指瞬间。值此中文新译本问

[①] 参见 Zhou, Min, *Chinatown: The Socioeconomic Potential of an Urban Enclave* (Philadelphia, PA: Temple University Press, 1992)。《唐人街》英文版获1993年美国社会学协会城市与社区研究分会最佳著作荣誉奖。

[②] 1995年出版的《唐人街》中文版是由我父亲的朋友、建筑工程师鲍霭斌女士翻译的。由于种种原因，1995年版的译文没有经过我的审阅，因此难免有些误译和欠缺，很多社会学专业的理论、概念和范式也翻得不够准确。但该译文文从字顺，使这本书在中国学界产生了很大的影响，对此我深表谢意。

[③] 本书是按照英文原著由我先生郭南重新翻译的。文本经由我与译者仔细讨论和推敲而成，最后由我逐字逐句审阅定稿。在此过程中，我还纠正了原书中一些英文原文的笔误。

唐 人 街

世之际，不禁回忆起攻读博士学位的那段艰辛经历和后来从事教学与研究的心路历程，以及今天所取得的令人欣慰的学术成就。抚今追昔，感慨良多。

一、学术之路：从唐人街起步

为什么要选择唐人街作为我博士论文的研究课题？[①]这是我的学生和年轻同事问得最多的一个问题。对于这个问题，我通常会告诉他们，这是一个偶然的机遇。我生长在中国南方珠江三角洲的著名侨乡中山，那里有几百年的国际移民历史。19世纪中叶以后直到二战以前，有很多人远涉重洋，去了夏威夷、北美洲和南美洲。我至今还依稀记得童年时祖母常给我讲的枕边故事。在她言谈之中，美国和别的国家不同，美国是一座"金山"。她把去美国打工的乡亲形容成去"掘"金山，而去南美洲的乡亲则说成是被"卖猪仔"当苦力。她还说金山里有唐人街，乡下人到了那里就成了"唐人"，唐人住在唐人街，在那儿可以讲唐话，吃唐餐，给唐人的老板打工，不必遭洋罪。那些乡亲去了几年金山，个个都会变成人人羡慕的"金山客"。那个时候，金山对我来说是一个遥不可及的地方；唐人街则神秘虚幻，充满异国情调。我连做梦也没有想到有机会来到金山，踏入唐人街，做唐人街的研究。

纽约唐人街是我抵达美国的第一站，也是我学术生涯的起

---

① 详见我的《美国社会学与亚美研究学的跨学科构建：一个华裔学者的机缘、挑战和经验》，中山大学出版社2013年版。

点。1984年夏末,我从香港直飞纽约。纽约离我读研的纽约州立大学奥尔本尼分校还有240公里,要在城里过夜,然后再乘坐灰狗长途汽车(Greyhound Bus)前往目的地。抵达纽约的第二天清晨,我便随朋友的一家人到唐人街饮茶,接着去逛唐人街,还去了附近举世闻名的华尔街,登上了当时世界最高的摩天大楼——如今已经不复存在的110层高的双子星世贸大厦——的楼顶。记得那天我一走出地铁的唐人街站,立即就被一幅奇妙的异国都市风貌和多元异族文化交错的景象所震撼,至今还留下栩栩如生的记忆。在那里,宏伟壮观、富丽堂皇的摩天大楼近在咫尺,与陈旧脏乱、熙熙攘攘的唐人街形成了强烈的对比。在曼哈顿下城区高楼大厦的阴影之下,最令我惊讶的是东方的传统文明和西方的先进文明这两种貌似不可调和却又有机地交织在一起的文化景象。唐人街的外观就像停留在20世纪的二三十年代,像是一个为拍摄电影而在闹市中临时搭砌的影棚。这激发了我的好奇心:唐人街究竟是个什么样的社会?它到底是怎样形成的?为什么在如此现代化的大都市中还能容许它的存在?为什么过了一个多世纪后它还如此蓬勃兴旺?这些问题一直萦绕在我的脑海中。

其实我心目中的这些问题都是很有意义的社会学问题。后来读了一些城市社会学的经典著作,如社会学家赫伯特·甘斯(Herbert Gans)所著的《都市乡民》(*The Urban Villagers*)和社会学家杰拉尔德·萨托(Gerald Suttles)的《贫民窟社会秩序》(*The Social Order of the Slum*)等,我受到了很大的启发。我觉得唐人街既生疏又熟悉,既有它与别的城市移民社区所共通的特点，也有它的独到之处。因此当我在考虑博士论文的选题时，唐人街也就很自然地成了我的首选。但是应该如何入手进行研究，我却没半点把握。当时我对华人在美国的境遇一无所知，也对美国社会排华的历史背景和移民政策效应、华人被主流社会所歧视和边缘化，以及华人为自由平等而不懈抗争的政治运动等问题知之甚少，理论基础也比较薄弱。在我就读的社会学系里，当时也没有一个研究国际移民和亚裔社区的教授。

我选择唐人街作为研究课题，除了一些感性认知，其实更多的还是出于一些非常实际的考虑。其一，我的初衷是要以最快的速度拿到博士学位后回国。有两个原因：一是家庭原因；二是经济原因。我离开丈夫和10个月大的儿子独自赴美求学，如果不尽快学成回国与家人团聚，就会有负于我的家人所给予我的信任和支持。从经济的角度，我是一个"自费公派"留学生，我的学业全靠纽约州立大学奥尔本尼分校的奖学金，而我在学校里拿到的奖学金很有限，对如何申请校内和校外的科研经费一无所知，更不用说许多科研项目的经费是不面向外国留学生的。多待一个学期的学习和生活费用犹如天文数字，负担不起。

其二，研究唐人街，我可以充分利用我来自侨乡的社会资本。我的母语是粤语，还能听懂中山和五邑侨乡的好几种主要方言。我在侨乡的很多亲戚朋友在美国有很多关系，可以为我铺路搭桥，通过"滚雪球"的方式建立起我自己的乡亲社会关系网。熟悉族裔语言和现成的族裔关系网成为我进入唐人街的关键，为我的田野调研工作创造了良好的条件。我还通过侨乡关系的介绍和推荐，结识了一些新朋友，他们为我在纽约市做田野调研提供免费的住所以及在那里打工挣钱的机会。这些有形的和无形的社会资本弥补了我的研究经费严重不足的困境，使我的唐人街研究得以顺利进行并按期完成。

其三，研究唐人街和唐人街的华人移民，对我将来回国的事业发展也许能创造出一个新的机会。当时许多中国博士研究生选择与中国和中国改革开放有关的课题，也是出于实际的考虑。而我的唐人街研究在日后将会比较独特，或许能为在中国社会学学界开辟出一个新领域而打下基础。社会学在 1980 年代的中国处于重建阶段，在那里做海外华侨华人的研究基本处于无人问津的状态，我去当这个领域的开荒牛还是很有意思的。

出于上述的考虑，我便决定采取定量和定性的混合方法（mixed methods）研究唐人街。一方面，我充分利用美国联邦统计局公开的人口普查数据来做定量分析，另一方面，我根据自己在唐人街的田野调查收集的资料来做定性分析。这两种资料来源和分析方法的有机结合，在当时相当困难的情况下，与其说是一种创意，不如说是迫于沉重压力的一种无奈之选。应该说，当初我选择这个论文题目，并非因为出于自己的兴趣爱好。而是除此之外，别无选择。

题目选定后，如何说服导师又是另一个难关。在美国的社会学研究生院里，几乎每个博士生都把将来能在一所研究型的大学里当教授作为职业目标，博士论文被视作能否跨入学术界的敲门砖。因此，导师既比较注重学生选题的原创性，也要考虑博士论文的研究是否有突破现存理论框架的潜力及学术发展的前景。从理论的层面来看，当时研究唐人街并不是什么新鲜题目。城市社会学的主流学派对此类移民社区早有定论。甚至连我自己的导师，著名的城市社会学家约翰·罗根（John R. Logan）都不怎么看好我的选题。但我却坚信能通过我的努力，从中会发现新的和有趣的东西。我从实地观察中体会到，唐人街长期以来是美国华人移民的经济、政治和文化生活中心，是一个麻雀虽小、五脏俱全的小社会，是一个在白人至上的主流社会夹缝中顽强生存的边缘社区。通过剖析唐人街这一具体个案，可以加深对美国少数族裔社区和其他族裔文化的理解。此外，唐人街虽处美国，但与母国和海外众多的华侨华人社区息息相关，保持着千丝万缕、有形或无形的联系，存在着许多共同的特点和经验。因此以纽约唐人街作为典型，解剖麻雀，应该可以从中找出规律和新的理论模式。在选好了课题并说服了导师后，我本着相信自己的感觉，坚信自己的判断，尊重客观的事实和运用严谨的科学方法的心态，对博士论文的研究计划作了认真详细的规划。

当年我选择纽约唐人街的华人移民社区作为研究课题时，并没有想到要著书立说，独创学派，一鸣惊人。也无意去挑战主流学派的经典理论，更没有想过要在美国的学界出人头地。我选择唐人街，在当时实在是迫不得已而做出的一个很现实的决定。我对唐人街及国际移民社会适应问题的学术兴趣，是在以后做研究的过程中逐渐地培养起来的。我当时关注的是如何才能扬长避短，充分利用自己的优势和各种便利的条件，尽快完成学业,回国与家人团聚。

我的唐人街研究聚焦于聚居区族裔经济(ethnic enclave economy)与社区建设和移民社会融入的关系。这项研究基于定量与定性数据资料的实证分析,得出了一个主要结论:唐人街里的华人居民虽然大多是新移民,缺乏英语能力和主流经济所需的工作经验和劳动技能,似乎被困在永久的贫穷和族裔隔离之中而难以自拔,但实际上,唐人街并非传统理论中所定义的城市贫民窟。恰恰相反,唐人街有历史悠久且坚韧抗逆性的族裔经济和社会结构,深具发展潜力,为华人移民创造了其他地方所不能提供的切实有利的条件和机遇。为华人新移民尤其是处于中下层社会经济背景的新移民,提供了一条能够实现向上社会流动的路径。毋庸讳言,唐人街也有其不容忽视的负面状况。例如,唐人街是一个低收入家庭集中的贫困居民区;族裔经济中很多企业是非正规经营,大多是薪水偏低、劳动条件不甚规范的工作岗位;唐人街内房价偏高,居住拥挤。此外,因为同族裔的原因,雇主和雇员之间建立了许多有形或无形的相互依存的关系网,这些社会关系有一定的族裔义务和责任约束,限制了个人的自由发展,使移民难以理性化地去追求最大的经济机会,由此又强化了族裔的职业和居住隔离。尽管如此,我认为聚居区族裔经济的利弊得失,不能仅仅从经济的角度来衡量计算,也不能完全按照主流社会的价值观标准一概而论。我的唐人街研究发展出一个基于聚居区族裔经济理论,从社区视角出发来探究族裔特性(ethnicity)与多层结构因素互动的分析框架。这个分析框架有助于分析个体、族群与文化和社会制度的多维度相互关系和由此产生的机制，移民和族群文化价值观和行为模式的变化的动因，族裔资源的产生过程以及移民社会流动的方向和结果。这个框架解释了族裔特质如何通过与多层社会结构的互动来影响移民个体社会适应（immigrant adaptation）的成败，以及不同族群之间社会流动结果的差异性。

《唐人街》一书自1992年出版以后，在美国学术界掀起了新一轮有关少数族裔聚居区如何影响国际移民的社会融入与同化的激烈辩论。有些学者认为，我的唐人街研究，理论和方法论都很有创意，不仅对现存城市社会学、移民社会学和族裔研究学等学术领域的理论建设作出了重要贡献，也在方法论上有了新的突破。在理论方面，我挑战经典同化论和多元文化论，突破了这些经典理论的局限性，并在修正经典理论的基础上发展了聚居区族裔经济理论（ethnic enclave economy theory）。在方法论层面，我采取了定量和质型研究的有机结合收集和分析资料，开创了应用混合方法研究（mixed methods research, MMR）的先河[①]。但是，我的研究也遭到了不同程度的批评和质疑。大部分批评属于正常的学术对话和不同观点的碰撞，是善意的和有建设性的。但也有一些学者对我的观点和结论提出了带有浓厚意识形态色彩的批评，指责我推崇文化沙文主义，美化少数族裔的精英阶层，鼓吹剥削有功，为族裔资本家唱赞

[①] 当时在城市社会学、国际移民学和族裔研究学（尤其是海外华侨华人研究）的实证研究中采取MMR方法的学者寥寥无几。

歌,强化模范少数族裔的刻板形象等等,不一而足。对于这些苛刻的批评,我坦然面对,尽量从中找出一些具有启发性和可借鉴的地方。

《唐人街》是我的处女作,它为我后来从事的移民社会学和亚美研究学的学术研究奠定了坚实基础,促使我更加努力地钻研社会学和亚美研究学的前辈和当代学者的理论和实证研究,更加注重立足社会学,借鉴人类学、历史学和族裔研究学等跨学科的研究方法,从其他学者对《唐人街》和聚居区族裔经济理论的批评和辩论中和从被边缘化了的少数族裔社区的草根政治运动中汲取养料,积淀自己的理论和实证功底。如今,美国华人社会已经发生了翻天覆地的变化。虽然 21 世纪以来抵达美国的大部分华人新移民直接到中产阶级居住的郊区或族裔郊区去居住,不再需要利用唐人街作为跳板,但我在 1980 年代末所得出的结论至今仍有理论和现实的意义。扩展了的华人社会及其经济和社会支持功能仍然在不断地发展之中。传统的唐人街、新的城市华人社区和华人聚居郊区(ethnoburb)及其族裔经济和社会组织,继续为族群成员提供重要的物质和社会支持。至今,在涉及国际移民的社会融入、移民第二代、少数族裔经济、移民居住模式、城市社区、城市人文地理以及海外华侨华人等领域的研究,《唐人街》的观点仍在被广泛地引用,该书还被用作大学本科生和研究生等相关课程的必读书之一。

二、成长之路:偶然中的必然

上面提到,当初我选择研究唐人街是出于一种偶然的机遇。不过仔细回想一下，这也许并非偶然。德国哲学家叔本华曾经说过，一切看起来偶然发生的事，其实都是必然的。应该说，我的独特的童年和移民经历，使我能够从一个对社会学知之甚少的留学生，成长为一个有建树的社会学者，其中应该有必然的内在因素。

我是家里三个孩子中的老大，从小父母就给我灌输努力学习、尊敬师长、遵纪守法、严于律己的精神和中国的传统道德思想。他们给我立下严格的家规，如不准跟父母顶嘴、不准吃饭聊天、不能在大人讲话时插嘴、不准在街上游荡等等。他们要求我为弟妹树立榜样，不仅在生活上、还要在学习上照顾好他们，大家一起努力，取得好成绩。不过他们跟大部分中国父母有一点不一样，他们并不强迫我去争第一。相反，他们鼓励我走自己的路，追求自己的梦想。我的理想是能上一所名牌大学，毕业后为人师表。我的童年充满了欢乐和父母之爱，父母为我提供力所能及的物质和精神的支持，使我能够充满自信地面对未来，追寻自己的理想和成功。不幸的是，我的童年梦想被"文革"的滔天恶浪席卷而去。我父母先后被迫离城接受"再教育"，父亲被下放到边远荒僻的海岛劳动改造，母亲也被送进乡下的"五七干校"。只剩下10岁的我带着不足9岁的弟弟和5岁的妹妹留在城里。我们三个孩子从革命干部家庭的天之骄子，一下子变成了走资派的"小狗崽子"。我们三个孩子孤独地住在空空如也的大房子里，不时还受到街坊邻里的一些坏孩子的欺负。我虽然很害怕，但却有一种莫名其妙的轻松感。一夜之间，我们"解放"了，没有父母的严格管教，可

我 的 路

以随心所欲，无拘无束。父母被下放农村后不到一年，我们家的房子就被强拆成多个单元，陆陆续续搬进了6个不同的家庭，他们都是来自工人阶级或市民阶层。我们的院子一下子就有了13个小孩，我们三个孩子也就成为同一个屋檐下扩展大家庭中的一员，经历了与以往完全不一样的、简朴的小市民的新生活。新搬进来的叔叔阿姨们简单淳朴，热情友好，待人真诚。

在这段动荡不安的岁月里，学校经常停课，老师们都被送到农村接受"再教育"。年幼无知的学生们认为读书无用，"造反"有理。书本不是被烧掉，就是被没收。那时盛行到工厂学工，到农村支农，通过劳动锻炼用汗水洗掉资产阶级思想。在课堂上课被认为毫无用处。但是，即使在这种形势下，我对读书学习的热情丝毫不减，只要能见到一本书，我就如饥似渴，抱着就啃。当然，大部分的书都是马克思、恩格斯、列宁和毛泽东著作这类政治书籍和屈指可数的几本革命小说。偶尔能找到几本"禁书"，如中国的古典小说和苏联的现代小说，就要偷偷地在晚上看。我还学用算盘练习算术，偷偷地学英文，用的学习工具是一台破旧的留声机和一套朋友送给我的《灵格风英语》的唱片。在那些日子里，我学会了照顾自己和弟妹的生存本领，学会了怎样料理家务和做力所能及的事情，学会了做事分轻重缓急，用最少的钱做最多的事，还学会了苦中作乐，日子居然还安排得井井有条。我十六岁那年高中毕业，妈妈坚决反对我下乡，我只好以照顾家庭和有病的妈妈为理由而留城，却被分配到一所离家三十多公里、被一望无际的甘蔗田

唐 人 街

包围着的大型国营糖厂工作[①]。厂里有自己的学校系统，从幼儿园、小学、初中到高中。我被分配到工厂的子弟中学教书，那里的学生大都跟我的年龄差不多，有些甚至比我还大。我年纪很小，没有受过教师职业培训。虽然会装老练，但与其说我已经懂得了如何教书，不如说我已经从艰辛的生活中学会了生存的本领和从容地应付和适应新环境的本领。我在那里干了整整5年。从当初中老师开始，后来调到厂部当领导的行政秘书，那是一份令不少人羡慕的美差。

在糖厂工作的那几年，我已经基本丢掉了童年时的许多幻想，变得很实际了，不过想读大学的念头还是挥之不去。但是我很清楚，我父母都有政治问题，要实现这个梦想犹如镜花水月般虚无缥缈。1966年"文革"开始，全中国大部分的中小学和大学都停课闹革命，通过高考的大学入学招生也全部终止了。1967年以后，大部分中小学开始恢复上课，叫复课闹革命。到了1970年代初，大学才恢复招生，那时没有高考，全凭家庭成分和政治表现，加上单位的领导和群众"推荐"就行了。所谓成分好，就是当上工农兵（工人、农民和解放军）或出身于工农兵的家庭。所以那些年被推荐入学的大学生叫作"工农兵学员"。那时我们厂每年都要从四千多名职工中推荐保送一两名工人上大学。我曾经争取过两次，但连门都没有。不过我仍坚信，只要我加倍努力工作，通过汗水洗刷我的"走资派"

[①] 当时，所有高中和大学毕业生都由政府"分配"工作。我被分配去当中学老师，我教书的那所中学是地处农村的一个国营工厂的工人子弟学校。

家庭的污点，就可以改造成为合格的大学候选人，就有可能被推荐上大学。

否极泰来，柳暗花明。1977年11月中国恢复高考，不论家庭出身，一律根据高考成绩择优录取。我参加了"文革"后的第一次高考。1978年初，作为百里挑一的幸运儿，我成为"文革"后的第一届大学生（称之为77级大学生），来到了梦寐以求的南方第一高等学府中山大学英语系就读，从此改变了我的人生轨道。

大学毕业后，我被分配留在母校新建的社会学系任助教，具体的工作是为该系的第一批硕士研究生当翻译，并与他们一起在职进修学习。然而，一个很偶然的机会把我引上了留学美国的道路，让我走进了社会学领域。在我念大学的时候，没有社会学这门学科[1]。中国的社会学和其他一些社会科学和人文学科一样，命运多舛，在1950年代被视为资产阶级的学科而遭到取消。直到改革开放以后，中国才试图要恢复和重建这些学科的教学和研究，与国际大学接轨。在美国富布赖特（Fulbright）

---

[1] sociology一词在中国最早出现在严复于1903年翻译的斯宾塞的《社会学研究》（当时译为"群学"），1906年社会学被列入大学课程。1912年中华民国的成立及随后的社会运动，尤其是1919年的五四运动，在大学中推动了对社会思潮、社会问题和社会学的研究。到1947年为止，中国大约有20所大学建立了社会学系。中国的社会学的发展在很大程度上受西方学界的影响，先是通过翻译欧美的社会学论著，而后又通过吸收、消化和结合西方社会工作学和社会行政管理学的理论和方法，在中国缓慢地发展。1952年，社会学作为大学的教学和研究学科被取消。1979年中国改革开放，社会学系才得以恢复和重建。详见Pen-wen Sun, "Sociology in China," *Social Forces* 27 (1949): 247-251; Yanjie Bian and Lei Zhang, "Sociology in China," *Contexts* 7 (2008): 20-25。

国际教育交流计划和海外一些大专院校和私人基金会的资助下，一批又一批来自美国和中国香港地区的社会学教授来到中国帮助重建社会学系。中山大学是国内最早重建社会学系的几所大学之一，于1982年恢复招收社会学研究生。在那段日子里，社会学研究生的很多门课程都由外籍教师讲授，如社会学概论、社会学研究法、社会心理学、都市社会学、家庭社会学等。我当时留校在社会学系当助教，主要是辅导研究生的英文和担任一些翻译工作。美国的社会学教授到中大讲学，我有幸担当他们的翻译，从中得到了很好的学习机会。我第一次接触到西方古典社会学开山鼻祖的名字和他们的理论，如孔德与实证社会学、韦伯和他的《新教伦理与资本主义精神》、涂尔干和他的《自杀论》，还有西方社会学界对马克思主义理论的新的诠释等。一大堆貌似熟悉实则抽象深奥的概念和术语，如社会结构、社会分层、阶级冲突、社会不平等，还有方法论和统计学那些陌生的概念，如因变量、自变量、相关系数、回归方程等等，令我眼花缭乱，也令我好奇着迷。我一下子就被这门学科的严谨的方法和精妙的理论所倾倒。从此，我对社会学产生了浓厚的兴趣。

  不过，我最终能踏上社会学研究之路，实属幸运之星高照。我当时为几位美国社会学教授当翻译，他们在课堂上的讲课激发了我对这门学科强烈的求知欲，在课外的交谈中也为我介绍了美国大学研究生院的情况，使我萌发了出国读研的冲动。不过，我对国内研究生的入学考试尚且感到信心不足，觉得出国留学更犹如天方夜谭，难以想象。后来我鼓足勇气，在

我 的 路

一位美国社会学教授的直接指导和帮助下,申请了他任教的纽约州立大学奥尔本尼分校,被录取为社会学硕士研究生,还获得了部分的奖学金资助①。其实,从某种意义上说,我能进入社会学领域,具有很大的偶然性。假如当时我是为人类学的教授当翻译,我很有可能就会去学人类学了。

1984年8月底,我撇下了丈夫和不足10个月大的儿子,离开了我的双亲和姻亲以及我的亲朋好友,只身漂洋过海闯荡美国。此外,我还放弃了中大这所名校的教职。当时对于一位年轻的女性来说,这份工作是相当理想的。在这之前,我从未离开过中国半步,就连上海和北京都未曾去过,更不用说飞越太平洋了。我从广州乘火车到深圳,拖着两个装满衣服和书籍的大皮箱,拿着从香港启德国际机场到纽约肯尼迪国际机场的往返机票和美国留学生签证,步行通过罗湖桥边境,在香港边境等了三个多小时才顺利过关,然后直奔香港启德国际机场。我万万没想到,飞离香港的那一刻,会是我人生轨道上的一个全新的起点。那时我刚满28岁,在美国人的眼中,我像是个来自第三世界国家的一个发育不良的高中生②。我天真单纯,对

---

① 美国著名华裔社会学家林南(Nan Lin)教授是当时来中山大学讲学的美籍教授之一,当时是纽约州立大学奥尔本尼分校社会学系教授。他热情地鼓励我留学美国,我因此也仅仅申请了他任教的那所大学。由于林教授的极力推荐和帮助,我被纽约州立大学奥尔本尼分校研究生院录取,还获得了免学费和半额奖学金。但我不知道奖学金是在开学一个月以后才发放的。当我从纽约乘坐灰狗长途汽车到奥尔本尼时,口袋里只剩下10美元了。又是林教授为我解围,借给我400美元,支付住房押金和第一个月的房租和伙食费。

② 我在纽约州立大学奥尔本尼分校读博的那几年,确实经常被邻居和朋友误认为是高中生。

xv

唐人街

美国研究生院的学习和国外的生活一无所知，毫无准备。我在纽约肯尼迪国际机场下飞机的时候，口袋里只有50美元。不过，我却像久旱的大地，期盼着能像海绵一样吸收新的知识养分。同时，我很实际地为自己确立了一个可行的目标，要在两年之内拿下硕士学位，然后打道回府。我认为只要我能集中精力，刻苦努力，实现这个目标是完全可能的。

在纽约州立大学奥尔本尼分校，我勤工俭学，夜以继日，刻苦攻读，用了15个月的时间便拿下了硕士学位。拿到硕士学位以后，在导师的鼓励下，我继续攻读博士学位。我的目标很现实，要赶在儿子上学念书前完成学业回国。此外，我也担心我的经济来源问题。当时我就读的纽约州立大学奥尔本尼分校给我的学业资助只能维持三年。在尽快与家庭团聚和经济紧张这两种压力下，我根本没心思去寻找自己有兴趣而又有"学术市场"价值的研究课题。在忙于修课的同时，我很快就选择了"唐人街"这个看上去可以利用自身的优势而并不太复杂的课题，一心只想尽快按要求完成博士论文，从未奢望会有什么原创性的理论建构和突破性的研究结论。我后来的研究兴趣是在写论文做研究的过程中慢慢培育起来的，而且越做越投入。我的博士论文不仅按时完成，还获得了1989年纽约州立大学奥尔本尼分校最佳博士论文奖。我对自己的努力和成果感到十分欣慰。1989年5月，我戴上了博士帽，大功告成。毕业典礼的次日，我跟同窗四年半的同学和教授们依依不舍挥泪道别，从纽约肯尼迪国际机场飞离美国，在回国的旅程中先飞往瑞士跟家人团聚。那时我先生在瑞士工作，五岁的儿子也在那里等着我的到来。我们

xvi

我 的 路

一家三口经过四年半的分离终于在瑞士一个叫弗里堡的小城团聚了。我打算暑假后就带着儿子回国,回到母校中山大学任教。

抵达瑞士后不久,北京发生的政治风波完全打乱了我的回国计划,也改变了我的人生和职业的轨道。我从媒体上听到这个消息,一下子令我不知所措,进退两难。一方面,我像在海外的大多数留学生一样,不敢贸然回国。另一方面,我很清楚留在瑞士是没有前途的。我不懂法语和德语这两种瑞士的官方语言,根本不可能在瑞士找到好工作,更谈不上在大学里找到教授职位。但为了生存,我不得不留在瑞士暂时居住,四处求职。由于语言问题,我到处碰壁。后来隐瞒了博士学位,在一家船务公司当总裁行政秘书。我不甘心打工度日,于是就萌生了返回美国的念头。虽然拿到美国的工作签证很难,但我相信以我的教育背景和通过我的导师们帮忙,应该可以在美国的大学里找到一个教职。我的要求不高,只要能回美国,在任何地方、任何学校教书都行。我没有太多的本钱去奢望能找到名牌大学的工作。天无绝人之路,幸运之神再次降临。我的导师约翰·罗根教授是美国著名都市社会学家,当时是纽约州立大学奥尔本尼分校社会学系的系主任。当他知道我的困境之后,十分关心,并伸出友谊之手相助。那时还没有电子邮件,罗根教授建议我买一台传真机,然后把认为适合我的职位信息传真给我,我再把简历和求职信传回给他,他再把我的申请材料整理后以我的名义发送出去,并极力举荐,助我求职。如果没有罗根教授的鼎力相助,我根本不可能在国外以一个中国人的身份向美国大学申请教职并获聘任。在我的导师和其他一些教授的

xvii

热心帮助下，我越洋向美国学术界求职成功，很幸运地获得路易斯安那州立大学（LSU）助理教授的教职，拿到了美国移民局发的工作签证，顺利重返美国。全家搬到了大学所在的美国南部巴登鲁兹市，开始了新的生活。巴市的生活节奏较慢，生活费用不高，非常适合像我们这样的新移民家庭。

美国学术界有句名言：要么出版，要么出局（publish or perish）。我很清楚，这不仅仅是一种说法，而是一种真实存在的压力和职业要求。我刚出道的时候，面临着好几个挑战。一来因为我缺乏在美国执教的经验，教学压力很大；二来我刚与分别了将近五年的儿子相聚，当时先生还在欧洲工作。我们母子俩不仅要重新互相适应，还要相依为命，我这个"单亲"妈妈可真不容易当。此外，我从美国东北部移居到南部较为保守的地区，对当地的环境、文化和人情世故都不理解，需要重新适应。此外，我是家庭的顶梁柱，全家要靠我的一份工资来维持生活开支，生活压力很大。为了增加收入，维持家庭开销，我不得不额外多教课（在LSU我每年的教课任务是四门课，但我却曾经教了八门课）。再者，我们在路州举目无亲，除了我的大学同事，别无亲朋好友。怎么办？工作一点也不可以耽搁，孩子的教育一点也不可以疏忽，那就只有挤时间，拼速度，充分利用一天24个小时，高效率地工作和生活。我曾经听我的导师说过，他的一个学生是单亲妈妈，毕业后带着五六岁的女儿从东北部移居到西部任教，她采用了早睡早起的作息时间，晚上跟女儿一起早睡，凌晨三点便起床写作，工作效率很高。我觉得这个主意不错，便照葫芦画瓢，跟着去做。闻鸡起舞，辛勤笔耕。就是靠着这些挤出来的时间，我只用了5个多月的时间完成了《唐人街》一书的写作。另外，那几年也是我发表学术论文最高产的时期之一。好几篇学术论文就是这样靠挤时间完成，发表在《美国社会学评论》和《社会力》等一流的学术刊物上的。人就是这样，大的压力会产生大的动力。当然，更重要的是要有明确的目标和正确的方法。那时候我每天早上三点钟起床，在夜深人静的时候开始写作。七点多钟就把儿子送到学校，下午五点才接回来。然后买菜做饭，操持家务。那时儿子刚来美国，人地两生，语言不通。再加上一下子从由一家老小簇拥着的"小皇帝"的热闹大家庭变为在只有妈妈陪伴而没有一个朋友的新家中生活，还要每天在充满陌生面孔的学校（80%的学生是黑人）待上近十个小时，实在是难为了孩子。看了儿子写的童年自传中特别提到的这段经历[①]，我至今还感到有些辛酸。但是，耕耘带来收获，奋斗带来成功。我在事业上的成功，有我儿子的一份功劳，也离不开我先生的理解和支持。

回首往事，我深感幸运。我的工作充满学术挑战性，总是会有新鲜新奇的研究课题去探索；我周围有很多思维敏捷、知识丰富且乐于助人的同事，每天都接触到活力四射的年轻学生，还有不少值得信赖的朋友，再加上丰富多彩的社交生活和幸福美满的家庭，我深感幸运和满足。我的经历使我深信，宝

---

① Philip J. Guo, *On the Move: An Immigrant Child's Global Journey*（《天涯童踪》），New York: Whittier Publications, 2009.

剑锋从磨砺出，梅花香自苦寒来。成功来自苦干和努力，绝无捷径。当然，成功也许包含着偶然和运气。然而，机遇总是垂青有准备的人——这就是我的切身体会。

三、成功之路：专心、专注、一步一个脚印地前行

我一直以来都很努力地为自己去设定可行的目标，然后集中精力去实现既定的目标。当然，有时也会根据现实情况去做适当的调整，从不去钻牛角尖，不做无用之功，也不去赶时髦、凑热闹。我刚到 LSU 任教，就开始打听晋升为终身教授的基本条件。一位资深的同事告诉我，除了要在博士论文研究的基础上发表学术论文和专著，还要有新的研究课题，这样才能为升级打下坚实的基础。于是我很用心地去探讨新的研究课题。当我的《唐人街》于 1992 年初出版之时，我已经开始了另外一个新的研究项目。这个新项目研究越南难民第二代青少年在美国的成长问题。我定的目标是要完成这个课题后才提出申请晋升终身教授。但我出师不利，申请研究经费到处碰壁，毫无进展。面对困境，我没有知难而退，而是重新调整策略，缩小研究的范围，靠着 LSU 提供的一笔小的研究经费，看菜吃饭，量体裁衣，埋头苦干，量力而为。在我的博士生和合作者卡尔·邦克斯顿（Carl L. Bankston III）的协助下，我于 1994 年完成了问卷调查和田野调查的资料搜集。天道酬勤，我的不懈努力终于有了成果。那年我的事业双喜临门：一是洛杉矶加州大学（UCLA）聘请我为助理教授，日后有望在那所名校晋升为终身教授。二是位于纽约的罗素·赛奇基金会（Russell

Sage Foundation）聘我为访问研究学者（resident fellow），为我提供经济资助，使我得以在纽约市居住一年，全脱产做自己的数据分析和著书。在1996年洛杉矶加州大学评审我的终身教职的晋升申请时，我的学术成果包括《唐人街》英文版和中文版以及《在美国成长：越裔青少年如何适应美国社会》（*Growing Up American: How Vietnamese Children Adapt to Life in the United States*）三本学术专著，以及20多篇在一流学术刊物上发表的论文。

"无心插柳柳成荫"。我的学术生涯始于对唐人街的研究，取得了意想不到的成功。我的一些同事把我戏称为"唐人街大姐大"（the Chinatown lady），但我并没有以此自傲，它只是我漫漫学术之路的起点。我后来的学术研究重点逐渐转向族裔方面，尤其是亚美社区的研究。有些朋友善意地警告我说，作为一个少数族裔成员，以少数族裔和本族裔作为对象进行学术研究，可能会当局者迷，容易使自己边缘化，妨碍我成为真正有分量的社会学家，对我的学术前途不利。不过，我从来都不是好高骛远的人，我追求的是认认真真地致力于每一个新项目，切切实实地制定每一个可行的目标，一步一个脚印、踏踏实实地去实现每一个既定目标。继《唐人街》之后，我的学术研究重点逐渐转向国际移民社会学、城市社会学和族裔研究学（ethnic studies）等方面，主要研究课题聚焦于国际移民的因果、移民社会融入的族群差异、少数族裔社区比较、新老华人社区的比较、少数族裔经济、族裔资本生产、聚居区族裔经济的非经济效应、移民家庭的代际关系、新移民第二代的

xxi

教育与成长、国际移民的跨国实践以及美国亚裔社会等。迄今为止，我出版了20本学术专著[①]，在著名学术杂志和刊物中发表了200余篇学术论文。我的论文在谷歌学术被引用次数至2023年8月31日止达35,500多次。近年来出版的新书包括：《美国亚裔成就的悖论》(The Asian American Achievement Paradox，合著，2015)，《美国移民第二代的崛起》(The Rise of the New Second Generation，合著，2016)，《当代海外华人社会》(Contemporary Chinese Diasporas，编著，2017)，《长为异乡客？——当代华人新移民》(中文，编著，2021)，《超越经济移民》(Beyond Economic Migration，合编，2023)等等。其中《美国亚裔成就的悖论》连续获得了美国学界的五项大奖。

  我在事业方面虽然没有惊涛骇浪般的大起大落，但也经历过颠簸起伏，走过坎坷不平的道路。我专心、专注、一步一个脚印地前行。通过埋头苦干，辛勤耕耘，克服各种困难，最终获得成功。我于2000年晋升为正教授；2009年被洛杉矶加州大学授予王文祥夫妇基金美中关系与传媒讲座教授，同时也被我的母校广州中山大学授予长江学者讲座教授——中国颁授给著名海外学者的最高的学术荣誉；2013年至2016年被新加坡南洋理工大学授予陈六使讲座教授，担任社会学系主任和华裔馆馆长；荣获2017年美国社会学学会国际移民分会

---

① 包括三部中文的学术著作：《美国华人社会的变迁》(上海三联书店2006年版)；《美国社会学与亚美研究学的跨学科构建：一个华裔学者的机缘、挑战和经验》(中山大学出版社2013年版)；《长为异乡客？——当代华人新移民》(新加坡世界科技出版公司八方文化创作室2021年版)。

杰出职业成就奖和 2020 年美国社会学学会亚洲与亚美研究分会杰出学术贡献奖；2020 年晋升为洛杉矶加州大学终身讲座教授（Distinguished Professor）；2022 年荣膺美国艺术与科学院（American Academy of Arts and Sciences）院士；2023 年荣膺美国国家科学院（US National Academy of Sciences）院士。对于我来说，这些不仅仅是荣誉头衔，更重要的是美中两国学术界对我长期不懈地刻苦努力而取得的成就的一种令人欣慰的认可。

自从我的第一本书《唐人街》出版以来，我的研究领域早已经迈出了唐人街，跨入其他不同的研究领域。但对于我来说，每出版一本专著或一篇论文，都给我提供了一个很好的机会来反思我的工作和生活。我最大的愿望是要向我的读者、同事和学生敞开心扉，使大家明白我的思路、我的观点以及为什么有时我的观点和立场会与众不同。在此基础上，我希望能有更多的同行、学生和其他读者了解我的研究和成果，促进学术研究的交流。我的社会学的学术背景，加上亚裔美国人的特殊经历，使我在过去的研究中得以融合和运用亚美研究学、少数族裔学和散居人口学等交叉学科的研究方法，对国际移民、种族与族裔以及社区研究等分支领域进行广泛深入的研究。当然，以我的绵薄之力，不可能涵盖一切。我希望能继续通过我的研究成果清晰无误地表明，如今喋喋不休地指控国际移民抢走了美国本土工人的工作机会和侵吞了社会福利，是与事实相悖和耸人听闻的谬误言论。事实恰恰相反，移民不但一如既往地对美国经济作出巨大的贡献，他们还有能力在融入美国社会的过程中为自己和社会创造新的机会，迈向新的生活。每当我

唐 人 街

完成了一个研究项目，往往会由此又引申出一系列的新问题、新思路和更加饶有趣味的新课题。如果能通过自己的勤奋和不懈的努力，继续为社会学和亚美研究学这两个学术领域添砖加瓦，继续作出点滴有意义的贡献，我深感宽慰。

我从研究纽约唐人街开始，以《唐人街》一书作为学术起点，30多年来，栉风沐雨，春华秋实。一路走来，都有亲人相伴和全力支持，家庭生活美满，事业蒸蒸日上。我先生郭南在商界和大学工作多年以后，现已退休。但他还在继续忙碌，学习新的知识，发展新的爱好。在家中研习烹调，外出研习摄影，喜欢旅游和运动，喜欢在大自然中寻找新的情趣，忙碌不停，乐此不疲。儿子郭伽在美国西海岸的名校——圣地亚哥加州大学认知科学系任教，已经是终身教授和博士生导师，在学术领域里开始崭露头角。借此书出版之际，我要再次向亲爱的父母在天之灵鞠躬致祭。母亲姚耀萍2018年春辞世。母爱似海，深沉细腻。父爱如山，宽厚仁慈。此刻，我似看到父母在天国的微笑，感觉到他们的祝福和期盼。

今年是我们结婚40周年，这本译作也是我们红宝石婚的纪念。我很幸运，十分珍惜亲人的爱和上天对我的眷顾。

"路漫漫其修远兮，吾将上下而求索。"我对自己的工作和研究将一如既往，充满热爱，充满激情，充满信心。我还将在社会学研究之路继续走下去。

周敏

2023年5月于美国洛杉矶

目 录

序 ································ 阿列汉德罗·波特斯 1
前言 ··· 7
致谢 ··· 15

第一章　绪论：唐人街的社会学研究 ············ 17
　第一节　国际移民的社会融入与同化 ············ 18
　第二节　唐人街：一个社会经济的族裔社区 ······ 26
　第三节　研究范围 ···························· 36

第二章　夹缝求生：寄居他乡的回忆 ············ 43
　第一节　金山：黄金梦幻 ······················ 45
　第二节　寄居：苦力的辛酸 ···················· 53
　第三节　排华："中国佬必须滚！" ·············· 57
　第四节　唐人街：被迫与自愿的隔离 ············ 65
　第五节　定居：黄金梦破灭 ···················· 70
　第六节　小结 ································ 73

第三章　移民美国：定居者的追求 …………………… 76
第一节　移居国：不断变化的接收环境 …………… 78
第二节　祖籍国：不断变化的移出环境 …………… 98
第三节　新移民：不断变化的心态和目标取向 …… 109
第四节　小结 ……………………………………… 115

第四章　连根拔起：当代华人移民 …………………… 118
第一节　多元化的来源地 ………………………… 119
第二节　纽约华人的人口特征 …………………… 129
第三节　首选的定居地 …………………………… 134
第四节　族裔经济资源 …………………………… 142
第五节　小结 ……………………………………… 145

第五章　突飞猛进：聚居区族裔经济的崛起 ………… 149
第一节　唐人街的传统经济 ……………………… 150
第二节　1965 年以后的快速发展 ………………… 153
第三节　多样化的经济活动 ……………………… 158
第四节　聚居区族裔经济的二元结构 …………… 178
第五节　小结 ……………………………………… 187

第六章　打工创业：族裔经济的劳动力市场 ………… 192
第一节　聚居区族裔经济理论的争议 …………… 193
第二节　纽约大都会地区的劳动力特征 ………… 201
第三节　男性劳动力的人力资本回报 …………… 209

目 录

  第四节 唐人街：一个更好的选择 ············220
  第五节 小结 ············239

第七章 半边天：唐人街的女性移民 ············242
  第一节 传统的性别角色 ············243
  第二节 纽约的华人女性移民 ············253
  第三节 华人女性移民的劳动力特征和人力资本回报 ······263
  第四节 唐人街的车衣工人 ············270
  第五节 小结 ············285

第八章 空间同化：居住流动与族裔隔离 ············289
  第一节 纽约市唐人街地域范围的扩展 ············290
  第二节 纽约大都会地区华人的居住隔离 ············300
  第三节 族裔性与居住隔离和再隔离 ············318
  第四节 小结 ············341

第九章 结论：唐人街是通向成功的有效替代途径 ······343
  第一节 唐人街与移民的社会融入和同化 ············343
  第二节 唐人街的社会学研究：理论和实践意义 ········353

参考文献 ············365
术语译文对照表 ············378

插图目录

图 1-1　纽约市曼哈顿下东城的唐人街（1986 年）············ 27
图 2-1　1851—1980 年华人移民入境美国人数（以千人计）··· 63
图 2-2　1900—1980 年美国华人人口增长趋势················ 72
图 8-1　纽约市曼哈顿唐人街附近的华人聚居状况···········292

图表目录

表 3-1　1900—1980 年美国、纽约州、加州的华裔
　　　　人口与性别构成··································· 81
表 3-2　1982—1985 年合法移民美国的华人移民：
　　　　来源地、性别、年龄组····························· 97
表 3-3　1986—1990 年中国申请出国人数与获准人数······101
表 3-4　中国各省、自治区、直辖市的国民收入、
　　　　工农业总产值、人均收入：1984 年和 1985 年······105
表 4-1　1982—1986 年获美国移民签证的华人人数：
　　　　按出境地区和职业状况分类·······················127
表 4-2　美国华人移民（外国出生）的主要社会经济特征····128

目　录

表 4-3　1900—1980 年纽约州华人：人口与性别比例 …… 132

表 4-4　美国华人移民（中国大陆和台湾）抵达美国后的定居地（州）………………………………………… 134

表 4-5　1970 年与 1980 年纽约市各郡华人（本地出生和外国出生）人口、性别、增长率 ………… 138

表 5-1　1958 年、1973 年、1988 年纽约市华裔企业一览 … 155

表 6-1　1980 年纽约大都会地区外国出生的华人劳动力特征：与外国出生的非拉丁裔白人对比 ………… 203

表 6-2　1980 年纽约大都会地区美国出生的华人劳动力特征：与美国出生的非拉丁裔白人对比 ………… 207

表 6-3　1979 年纽约市男性劳动力的教育与收入的关系：以出生地和族裔身份分类…………………… 211

表 6-4　1979 年纽约市男性劳动力的职业与收入的关系：以出生地和族裔身份分类…………………… 212

表 6-5　预测人力资本收入回报的回归分析：1979 年纽约市华人男性移民雇员…………………… 217

表 6-6　预测人力资本收入回报的回归分析：1979 年纽约市华人男性移民雇主…………………… 219

表 7-1　1980 年纽约州华人女性劳动力特征：与非拉丁裔白人对比 …………………………… 257

表 7-2　1980 年纽约大都会地区华人男性和女性移民劳动力特征………………………………… 264

表 7-3　1979 年纽约市女性劳动力的教育与收入的关系：以出生地和族裔身份分类…………………… 265

表 7-4　1979 年纽约市女性劳动力的职业与收入的关系：
　　　　以出生地和族裔身份分类……………………………266
表 7-5　预测人力资本收入回报的回归分析：1979 年
　　　　纽约市华人女性移民雇员…………………………269
表 7-6　1980 年纽约市服装加工业女性移民劳动力特征……273
表 8-1　1970 年和 1980 年纽约市唐人街华人人口：
　　　　按照人口普查区域划分……………………………293
表 8-2　1988 年纽约市老唐人街和小意大利区房屋统计和
　　　　房产买卖交易…………………………………………297
表 8-3　纽约大都会地区华人户主（25 岁以上）的特征：
　　　　1980 年…………………………………………………310
表 8-4　纽约大都会地区的人口普查区域特征………………315

序

阿列汉德罗·波特斯（Alejandro Portes）

唐人街，这个名字洋溢着异国风情。那里的居民生活隐秘，与众不同。踏入这个现代化大都市中的异国飞地，令人生出猎奇的兴奋。这种兴奋感来自看似自相矛盾的现实：来到一个陌生的国度，却犹如身处熟悉的家园。虽然居住在美国闹市，但坐一站公交车就可以抵达遥远的东方。然而，这些异乎寻常的都市景象，竟然很少引起社会学研究者的关注。也许是因为他们对这块异国飞地过于陌生，也许是因为他们对自己生活的都市社区与其他移民社区之间存在的巨大差异视而不见，所以很少有人深入到那里去做研究。唐人街就在城市之中，却又仿佛不属于这个城市——学者们似乎更愿意去研究一个陌生国家。

迄今关于唐人街的研究，大都持两种不同的观点。第一种观点把唐人街描述成资本主义的阴暗黑窝，在那里聚集着一群初来乍到、不懂英语、不懂劳工权利的贫穷新移民，饱受自己同胞的无情剥削。唐人街的血汗工厂，就是贪得无厌的资本家剥削无助的外国劳工的一个例子。更为黑暗的行业，如贩毒、非法赌博和卖淫等，都被描述成唐人街族裔经济普遍存在的现象。归根结底，这些千篇一律的负面论述，表面上披着现代学术的外衣，实际上是20世纪之交反华裔反移民学术观点的延续。从开始到如今，唐人街都被描绘成一个充满肆无忌惮的剥削和不公的黑窝。即便唐人街没有异乡客，那里的移民劳工成立了工会，结论仍然会是一样的。唐人街的负面形象不断地被新闻界和学术界强化。然而，新闻界和学术界始终都无法解释，为什么唐人街有这么多的黑暗面，这些少数族裔社区却依然能存活并且繁荣兴旺，生活在其中的大部分工人没有发出集体反抗的声音，也从未听说过唐人街将会消失这回事。

第二种观点把唐人街描述为移民在社会融入过程中的一个中转站。从这一观点出发，这些中转社区的主要功能是帮助新移民站稳脚跟，以利他们慢慢过渡，最终同化，融入移居国的主流社会。许多移民族群都有类似的中转社区，生活于此的新移民可以在短时期内免受文化冲击，获取基本的生存资源和必要的信息以适应新环境。华人移民也不例外。这些移民社区最终会被成功的移民所抛弃，最后沦为贫民区，或者会被来自其他国家的新移民所取代，成为另一个移民群体的中转社区。一些对族裔文化理解不深的社会学研究者去唐人街逛了一下，就浑身散发出对自己的知识和理解能力的自信。他们读过罗伯特·帕克（Robert Park）的书，对经典少数族裔同化理论烂熟于胸，他们认为所看到的唐人街是一个典型的移民中转社区，是新移民抵达美国后暂时栖身的庇护所。

序

错矣！唐人街最初的时候的确曾经是一个庇护所。但后来发展成一个充满活力和韧性、具有相当规模族裔经济支撑的族裔聚居区。这里不是一个像大多数城市贫民区之类的贫困住宅区，而是一个名副其实的族裔聚居区。华人移民在这里创办了许多大大小小的自主企业，发展了聚居区族裔经济（ethnic enclave economy），使他们在经济上成为美国移民史上最为成功的群体之一。大量的华裔企业为唐人街带来了繁华热闹的景象，还有群情振奋、奋发向上的创业精神，与城中贫民区的那些萧条且惰性十足的店面生意迥然不同。更为重要的是，唐人街的族裔经济为新移民提供了在主流劳动力市场以外的一种选择——这种选择对一些人来说可能是剥削，但却为华人新移民提供了有朝一日自己创业的唯一机会。

要研究华人聚居区的内在动力实非易事。因为除了要克服对唐人街已有的定论和理论盲点，即把唐人街定位于逐渐衰败的移民社区或移民聚居的贫民住宅区，研究者还需克服语言障碍、文化隔阂及不同习俗等困难。周敏利用她熟悉中华文化和方言的便利，深入唐人街，避免了受到关于唐人街的偏见和经典研究结论的影响和误导，出色地完成了这项研究。她不辞劳苦地搜集汇总了有关纽约华人的人口普查和历史数据，进行实地考察，用华人移民的方言进行访谈，得出新颖而有说服力的结论。她笔下的唐人街是一个古老而不断革新的移民社区，历尽沧桑，成为成熟的族裔社区中心。如今的唐人街不仅是贫困移民居住的地方，也是由基于共同族裔身份认同的居民、企业主和工人组成的族裔社区。在这个组织完善的社区里，同族群

唐人街

成员不仅有认同感和自豪感，还有一些独特的经济机会。

不熟悉社会学理论的观光客也许会认为唐人街是异国他乡的缩影。当今的唐人街也确实被看作是一个封闭的少数族裔社区，是寄生在美国本土的异国飞地。周敏的分析与这些印象和事实恰恰相反，唐人街是独特的美国社会产物。最早的华人移民既不是来美国谋利的资本家，也不是来美国安家的定居者。他们来自中国南方的乡村，来到美国西部打工，做矿工和铁路工人，打算在攒够黄金后返回自己的家乡。他们饱受残酷剥削和白人工人的冷酷仇视，几乎无人能够如愿衣锦还乡。为了逃避西部的排华迫害，他们东迁搬到纽约，被迫住在唐人街，在此打工为生。由于当地人的歧视和结构阻碍，他们无法在主流经济中从事有正常收入的工作，只能靠开洗衣店和廉价中餐馆这些没人想干的行当来谋生。

唐人街并不是所谓企业家精神的刻意产物，而是新移民面对移居国社会严酷现实的适应性反应。这对其后来的族裔经济和社区发展产生了决定性的影响。虽然近年来华人经济的发展显而易见，华人企业家仍被认为不可思议的冷漠，囿于自己宗族小圈子，不在意自身少数族裔劣势地位的存在。但是，华人经济的发展在一定程度上与他们早期受迫害的历史有关。唐人街是美国的产物，它有利于华人创业者和打工者适应美国社会，也有利于他们的子女取得教育成就。如今的唐人街餐馆或商铺老板，可能会比他们大部分的顾客更了解美国市场，更懂做生意。

总而言之，唐人街不仅是一个移民初来乍到的临时落脚

序

点，更是一种独特的美国现象。作为连接现代文化和希望、维系传统家庭责任和乡情的一条渠道，当今的唐人街功不可没。唐人街绝对不是悬浮在中美两国之间的一种虚拟存在。这是一个基于家庭利益、有着长久的历史渊源和深厚的族裔经济基础、不断发展的实实在在的美国都市社区。周敏的著作使我们对这个复杂的族裔聚居区及其历史和现实有了比过去更为清晰的理解。今后研究这个独特移民群体和华人社区的发展路径，我们需要进一步审视和修正现有的理论，不能用现有的理论去生搬硬套。

1991 年 2 月

前　言

本书聚焦于美国华人新移民的社会适应和社会融入经历，探讨唐人街和聚居区族裔经济的发展如何影响新移民的社会流动。现有的研究文献和主流媒体往往把唐人街视为贫穷落后、弊病丛生的城市贫民区，我却持相反的观点。我认为唐人街是充满社会经济潜力的移民聚居区，有利于促进华人移民融入美国主流社会。

1965年美国移民法的重大改革，取消了偏袒欧洲移民的民族来源配额制。此后，大量华人蜂拥移民美国，数量之大，史无前例。许多大城市和郊区小城镇的华人人口剧增，卫星唐人街应运而生。华人已经成为人数可观的少数族裔群体，展现出令人瞩目的社会经济成就，成功地迈进了美国主流社会。根据1980年人口普查数据，华人的平均受教育程度和家庭收入中位数均高于全美国的平均水平。华人被史无前例地赞许为"成功故事"，被誉为"模范少数族裔"。

然而，在掌声和喝彩的背后，几乎没有人注意到唐人街在华人移民融入过程中所起的作用，更没有人看到它所具有的社

唐 人 街

会经济潜力。这种潜力在于它如何通过强化族裔身份认同和弘扬共济精神，帮助新移民努力奋斗并成功地融入美国社会。令人不解的是，华人移民追求社会经济融入和生活安定的愿望，似乎与融入美国文化相矛盾。过去对美国唐人街的研究十分有限。很多历史学家和人类学家都倾向于认为，唐人街充其量也只是一种权宜的生存策略，或者是通向同化之路的第一站，把唐人街视作社会的底层，华人移民从这里开始他们漫长的同化进程和向上社会流动。政治学学者则倾向于把唐人街视为族裔资本家剥削廉价劳动力和无工会保护的劳工的罪恶之地。这些研究者大都或公开或暗中认为，华人移民难以同化。在本书中我试图揭示，唐人街是有助于华人移民融入主流社会的一种积极选择，深具社会经济潜力。

我选择研究纽约市唐人街出于几个方面的原因。首先，这是美国最大的唐人街之一，集中了为数众多的美籍华人和华人新移民。虽然全美各地的唐人街之间可能存在着很大的差异，但我相信这项研究的发现将会对了解其他大城市唐人街的内在机制和社会经济活力提供更为坚实的理论和实证基础。第二，纽约市的唐人街是继三藩市①之后美国最大和最古老的唐人街。具有悠久的聚居区族裔经济的历史，移民企业家一代又一代地不断涌现，生生不息。虽然我的研究基本是横向性的，但也可以为纵向性的代际研究提供借鉴。第三，纽约市的老唐人街经

---

① 本书写作时，当时唐人街的华人以讲粤语的广府人为主，他们把 San Francisco 译为"三藩市"而不是后来普通话所讲的"旧金山"，本书沿用了他们的习惯译法。——译者

前　言

历了快速的去中心化，曼哈顿以外的皇后区和布鲁克林区等外围郡区出现了卫星唐人街，聚居区族裔经济的地域范围不断扩展。虽然新华人移民大多住得较为分散，但他们的文化和经济生活仍然比较集中在新老唐人街，依靠其族裔经济。其他大城市的主要唐人街也普遍如此。从实际的角度，我研究纽约市的唐人街有着得天独厚的条件。不仅仅因为我是华人，熟悉唐人街的语言和文化，还因为我可以得益于包括我自己的移民亲属和家人朋友在内的族裔社会关系网络。唐人街犹如是我自己的社区。我对它的情感、自己作为移民的亲身经历，都与很多华人新移民相似，很容易与华人族群融为一体。我在唐人街进行实地调查、参与观察和深度访谈期间，基本都可以按计划顺利进行。我的大部分受访者都乐于接受我的采访，与我交谈就像跟他们的女儿、姐妹或好友无拘无束地闲聊一般。

对唐人街族裔经济的研究是一个相对较新的社会学领域。我注重定量和质性研究方法的有机结合，根据定量数据和定性案例的分析而得出结论。我的资料数据来源于几个方面：美国人口普查数据、文献记录、实地考察和深度访谈。

A. 美国人口统计局普查数据

（1）美国人口统计局1980年人口和住房普查数据，以个人为单位的公用微数据样本（5% PUMS）。我从该数据抽取了只包括纽约大都会地区的亚裔和非拉丁裔白人的样本，即纽约州毗邻纽约市的四个县：长岛的拿骚（Nassau）和萨福克（Suffolk）以及西南边的罗克兰（Rockland）和北边的威彻斯特

(Westchester);新泽西州的10个县：伯根（Bergen）、埃塞克斯（Essex）、哈德逊（Hudson）、墨瑟（Mercer）、米德尔塞克斯（Middlesex）、蒙茅斯（Monmouth）、莫里斯（Morris）、帕塞伊克（Passaic）、萨默塞特（Somerset）和尤宁（Union）。

（2）美国人口统计局1980年人口和住房普查数据，以人口普查区域（census tract）为单位的数据（STF3A）。我从该数据中抽取了包括上述的纽约市和新泽西州各县的数据资料。人口普查区域是比郡和县小的地域单位，而PUMS最小的地域单位是郡和县，主要用于补充PUMS数据的不足。我利用这些数据来测量和分析纽约大都会地区华人居住分散化和郊区化以及族裔隔离程度。

（3）美国人口统计局1972年、1977年、1982年和1987年的亚太裔少数族裔企业五年调查报告。这些数据提供了有关华人企业增长和发展变化的信息。

B. 其他统计数据

（1）美国移民与归化局统计年鉴。移民统计数据提供了关于移民社会经济特征的较为准确的数据。这些数据在一定程度上充实了人口普查数据。

（2）1988年曼哈顿房地产交易报告。这些数据每年由纽约市房地产公司收集汇总，显示了房产交易、所有权、支付方式以及待售房产的位置等等。我特别感兴趣的是考察唐人街的房产是在华人之间的交易，还是在华人与非华人之间的交易。这些数据用于考察唐人街社区扩展和变化的动态模式。

前　言

C. 文献资料和历史资料

华人移民在面对人口普查员和研究人员时往往会感到焦虑，因此，定量数据资料有时未必完全真实，甚至会有误导性。为了补充完善这些数据资料和提高其可信度，我通过仔细查阅对照历史文献和其他文件记录，以及通过收集质性资料来予以弥补。

（1）报纸档案。在旧报纸中，我们可以找到很多关于唐人街、族裔经济和华人移民生活经历的宝贵历史记录。报纸也提供了社区方方面面的状况，以及重大事件的线索和来龙去脉。例如：有关社区问题的后续报道、一些事件的准确日期、当事人和知情人的姓名、社区采访和有关唐人街的描述以及新闻报道等等。我主要关注《纽约时报》(*New York Times*)和三大本地的中文报纸：《世界日报》《中央日报》(《中报》)和《侨报》。

（2）政府和社区机构档案、研究报告和有关文件。在过去15年中，纽约市城市规划局对唐人街和附近街区进行过一些研究。有些政府机构、工会和民间组织也对诸如移民、种族歧视和少数族裔企业发展等一系列问题进行过研究。此外，很多因为税收原因而受政府监管的企业，需要定期向政府和公众提交报告。这些研究报告和文件有助于了解很多社区方面的问题。

（3）电话号码簿。在唐人街出版的中文电话号码簿，列出了纽约大都会地区大部分的华商企业。这些电话簿提供了有关唐人街以内和以外华商企业的类型和地址，以及跨时间段的变化。通过简单统计相关的信息，可以显示出唐人街经济活动的分布状况和规律。如比较一下1958年和1988年的电话簿，可以看出华裔经济随着时间推移而产生的发展变化趋势。

D. 田野调研

在1987年夏至1989年1月期间，我利用节假日和暑假在纽约市内和市郊作田野调研。我经常造访纽约唐人街，通过以下的方式收集资料：实地考察、参与观察和深度访谈。我广泛地采访市、郡和县政府官员，民间组织领导，社区领导，投资者和银行家，房地产经纪人，企业和物业业主，在聚居区族裔经济就业的工人和在主流经济就业的专业技术人员，华裔居民（包括永久居民，归化美籍华人以及在美国出生的华人）。

我用滚雪球的抽样方法，抽选了50个不同职业、性别的华人移民访谈对象进行深度访谈，以及对一些在田野调查时遇到的有关人士随机进行广泛的简短采访。对于政府官员、民间组织领导和社区领导，我的问题涵盖了他们对唐人街的总体看法、对社区规划不断变化的政策、政府与社区的关系、组织与社区的关系、土地使用规划，以及唐人街振兴项目等问题的看法。对于企业家和创业者，我的问题包括投资选址决策、资金和人力资本投资的回报、从前的工作经历、个体创业的优势和劣势、创业和扩张的资金来源，以及在族裔聚居区内向上流动性的可能性，或向主流经济流动的可能性。对于在聚居区族裔经济以内或以外的雇员和雇主，我的问题包括移民的过程、移民前后的教育状况、英语水平、家庭关系、族裔认同、过去的

前　言

工作经历、是否有遭受过种族歧视的经历、不同族裔之间或同族裔劳工市场的经历、对工作的满意程度、对工会组织的参与和态度等。我的访谈基本用粤语、普通话和英语进行。对深度访谈对象和一些他们的家人大多进行了面对面访谈，偶尔进行电话访谈。受访者在接受深度访谈以前被告知我的研究目的。所有访谈都作了录音或笔录，在书中所引用的访谈内容从中文翻译成英文。我对英文引文进行了适当的语法修改。为了保护隐私，除非另有注明，全书的受访者均使用化名。

除非另有说明，本书的大部分中文名称都使用汉语拼音，如：台山用 Taishan（取代 Toishan），广东用 Guangdong（取代 Kwang-tung）等等。但我保留了沿用 Canton 来特指广州或广府地区。

经过几代人的努力，当今华人在美国的社会地位不断提高。他们之所以能成功，固然说明美国社会制度的进步改革和主流社会的开放包容。但是，作者并不赞同华人是模范少数族裔的观点。我认为华人的成功，得益于国际移民的动态过程，也是族裔社区发展与主流社会制度相互作用的结果。尽管华人移民在同化或社会融入的过程中存在很多阻碍，但美国社会存在着多条不同的社会流动途径，殊途同归。唐人街无疑是其中一条有效的途径。

致　谢

这本书的研究得益于社会学学者、纽约市政府和非营利机构的专业人士以及华人社区领袖、聚居区族裔经济的雇主和雇员的热心帮助和大力支持。

在我做研究的过程中,我的博士论文导师和朋友约翰·罗根(John R. Logan)教授经常为我提供建议,进行评点,予以鼓励,从不指责,也不给我压力。我对他的不懈支持深表谢意。我也非常感谢我的博士论文委员会的其他教授:理查德·阿尔巴博士(Richard Alba),林南博士(Nan Lin)和托德·斯旺斯特伦博士(Todd Swanstrom),感谢他们的鼓励和支持以及对我的耐心、信任和建设性评议。

一直以来,我还得到以下教授的悉心指导和帮助:苏切塔·玛兹穆德博士(Sucheta Mazumdar),倪志伟博士(Victor Nee),阿列汉德罗·波特斯博士,格伦娜·斯皮策博士(Glenna Spitze),宋李瑞芳(Betty Lee Sung)教授,罗杰·沃尔丁格博士(Roger Waldinger)和沃尔特·泽纳博士(Walter Zenner)等等。

唐人街

纽约州立大学奥尔本尼分校社会和人口分析中心为我提供了人口普查数据,对此表示由衷的感谢。尤其是布赖恩·费舍尔先生（Brian Fisher）,他对我的数据分析提供了大量的帮助。

为了这项研究,我与城市规划专家、华人社区领袖、华人企业业主、新老移民工人及其家人进行了多次访谈,他们都非常热心地付出大量宝贵的时间,与我分享他们的知识、经历和信息。在此我很难一一列出他们每个人的名字。但我要特别感谢纽约市城市规划局的郭先生（Hsuan-tsun Kuo）,唐人街历史项目的威廉·戴维·陈先生（William David Chin）,中华会馆的陈炳基（Ping Kee Chan）先生,唐人街规划委员会的约翰·王（John Wang）先生,大东银行的舒曼·涂先生（Schuman S. Tu）,贝亚得街餐馆（Bayard Street Restaurant）的赵先生（Suen Heong Chiu）,东方银行的朱先生（Frank S. P. Chu）,法拉盛华商协会的程先生（Henry Cheng）,国际女装工会23-25地方分会的陈女士（May Chan）、全女士（Katty Quan）及其他工会干部。同时非常感谢我的亲戚和朋友邱其焕先生、刘沛清女士、周国财先生（Kwock Choi Chow）、方明来先生（Melvin Fung）和周舒扬先生等等。他们在我去纽约市做研究的时候为我提供食宿,帮助我跟华人社区建立联系。

我特别感谢罗素·怀斯先生（Russell Wise）,乔安妮·埃比哈拉女士（Joanne Ebihara）和郭南先生（Sam Guo）等,他们为校对和编辑我的文稿花费了大量的时间和精力。

最后,我对家人的爱心、耐心、理解和尽心尽力的支持深表衷心的感谢。他们是我努力的源泉和必不可少的动力。

第一章

绪论：唐人街的社会学研究

沿着纽约市曼哈顿下东城的街道漫步，一定不会错过唐人街。这是众多历史悠久的少数族裔聚居区之一，形成了富有纽约特色的多元社会拼图的一部分。唐人街里商铺林立，大都挂着汉字招牌；狭窄的人行道上挤满了蔬菜摊、水果摊、海鲜摊以及各类的小贩摊位；餐馆橱窗里挂满了一排排烧肉、烧鸡和烧鸭；空气中弥漫着广式点心（dim sum）和其他美味佳肴的香味[①]。无数肩挎相机的游客每天都把繁忙的街道挤得水泄不通。他们上餐馆、逛商店和小摊位，东张西望，四处徘徊，体验着这里的异国文化情调。

唐人街的华裔居民一直保持着自己的传统观念和生活方式，保留了中华文化和习俗的点点滴滴，全然没有刻意展示其独特之处的想法。这个社区似乎仍旧处于内向闭塞的状态，居民们所关注的切身事件好像与主流社会毫不相关，再加上有语

---

① 这里指的是广式饮茶的点心，美式英语采用粤语的发音 dim sum。

言障碍，外界似乎很难了解这个族裔社区内部的运作方式及其发展变化。

本书的重点在于研究20世纪60年代至80年代二十多年来华人移民的生活经历以及他们与唐人街的关系。论述这个族裔聚居区（ethnic enclave）如何促进和帮助移民最终融入美国主流社会，使之免受社区组织退化、贫困化及边缘化的负面影响。

第一节　国际移民的社会融入与同化

美国是个移民国家，被称为"大熔炉"。主流媒体和学界大都认为，任何人，无论来自何方，无论国籍、种族或族裔文化的不同，最终都会在这个大熔炉中被同化为具有共同民族身份特征的美国人。

移民社区或族裔聚居区，通常被视为同化的障碍。以往的学术研究，一直把国际移民群体的居住隔离状况看作判别该群体社会融入或同化的一个重要指标[①]。为什么许多移民抵达美国后会挤在与外界隔绝的族裔聚居区？为什么有些族裔聚居区会逐渐衰败，而有些则经久不衰呢？"同化论"是对族裔隔离和移民社会融入问题最有影响的经典理论。这个理论断定：所有族裔的移民群体，无论来自哪个国家，无论是什么种族或族裔背景，都将会通过教育和职业成就来实现经济地位的提高，获得主流社会的认可，最终融入主流社会。从这个理论视角出

---

① 引自 Lieberson, *A Piece of the Pie*, 1980, p. 290。

第一章 绪论：唐人街的社会学研究

发，族裔居住隔离与社会经济地位的关系是反比关系。新移民刚来美国时会面临诸多的劣势，如不懂英语，不了解美国社会，缺乏主流职场认可的教育文凭、工作经验和专业技能，没有找工作的门路和关系等等。这些种种的障碍，使他们难以尽快进入美国主流社会[1]。因此，他们往往在抵达美国的初期，会聚居于自己的族裔社区。

按照自然选择的普遍规律，为了在移居国社会立足，大部分新移民不得不屈居于条件较差的都市族裔聚居区，相互依靠以求生存。他们不得不从头开始，什么工作都得干。在大多数情况下，只能找到主流经济体系底层中本地人不愿意干的工作，或者到族裔经济的家庭经营、低工资的小企业去打工。他们边干边学，逐渐沿着社会经济的阶梯慢慢地向上爬。随着时间的推移，他们的社会经济状况得以改善，跟主流群体的接触也越来越多，于是陆续从原来的族裔聚居区搬出，住进条件更好的白人中产阶级城市社区或郊区。移民群体的分散居住，增进了不同族群之间的接触，提高了同化程度。因此，族裔的居住隔离只是暂时的现象。时间的推移和移民社会经济地位的提高所产生的自然且不可避免的结果，就是随着居住模式郊区化，独特的族裔性会弱化甚至消失[2]。照此逻辑，族裔经济的作

---

[1] 参见 Freeman, "The Labor Market for Immigrants in New York City", 1983; Waldinger, "Immigrant Enterprises", 1986b。

[2] 参见 Burgess, "The Growth of the City", 1923; Hodge and Hodge, "Occupational Assimilation as a Competitive Progress", 1965; Lieberson, *Ethnic Patterns in American Cities*, 1963; Park and Burgess, *The City*, 1967。

用跟聚居区一样，是有限的，仅仅是为了满足新移民短期生存的需要而已。按照同化论的预测，族裔聚居区及其经济的命运有两种可能性。第一种可能性是族裔聚居区会逐渐缩小：随着越来越多的族群成员融入主流经济，提高职场地位和接受主流文化观念，搬进较为富裕的白人中产阶级的社区，原来的聚居区最终只保留了一些象征性的族裔文化特征，而非原来意义上的移民社区。第二种可能性是族裔聚居区会逐渐衰败，最终变成穷困潦倒的人群聚居的贫民窟[①]。

以上的这些同化论，尤其是熔炉模式的主要观点和假设，已经被对欧洲移民群体如意大利裔移民的实证研究所验证[②]。然而，长期存在的族裔和种族划分，既能强化个人身份认同，也会引起偏见和歧视。经典同化论的提出，导致了社会学家对族群成员的融入过程提出了新的理论模式。熔炉（melting-pot）模式的基本观点与同化论一致，认为移民自己独特的族裔文化是阻碍移民同化和融入美国主流社会的绊脚石，因而必须摒弃，进而接受和认同主流社会的价值观念和行为准则。与熔炉模式相反，"沙拉盆"（salad-bowl）模式源自文化多元论。其基本观点是，不同的族裔文化对于移民的社会融入有促进而不是阻碍作用，也可以丰富主流社会的文化。因此，主流社会应该接受和容忍移民群体按照各自不同的方式来适应在新

---

① 参见 Alba, *Italian Americans*, 1985b; Gans, "Symbolic Ethnicity", 1979; Handlin, *The Uprooted*, 1951; Yance et al., "Emergent Ethnicity", 1976。

② 参见 Alba, "The Twilight of Ethnicity among Americans of European Ancestry", 1985a; Alba, *Italian Americans*, 1985b; Gans, *The Urban Villagers*, 1962。

第一章 绪论：唐人街的社会学研究

的国度中的生活。从这个观点出发，虽然各种生态因素都会对城市族裔社区产生影响，但这正是多元文化的活力，可以降低居住隔离所带来的负面影响。这些族裔社区虽然相互隔离，但不同的族群在都市中各有自己的社会文化圈子，在这些圈子中生活的不同族群，基于族裔文化、宗教信仰、价值观念和行为准则及其他的共同特点，就是"族裔性"（ethnicity）[1]。族裔性指的是一种共同的生活方式，相似的日常生活需求以及人际关系和互利的社会界限。族裔居住隔离可以强化族裔性，也不会妨碍与主流文化接触[2]。在隔离的族裔社区中，熟悉和可靠的居住环境给新移民提供了身心安全感。移民及其后代最终可能会搬出族裔聚居区，到更新更好的社区去住。但他们最初定居的社区，仍然会是族裔经济的中心或基于共同族裔文化的象征性存在[3]。

族裔文化理论（ethnic-cultural theory）认为，族裔社区的团结精神能够有助于移民群体应对新移民所面临的特殊处境，组织利用所需的集体资源去抓住经济发展的机遇，形成族裔经济所依赖的"选择性紧密联系"（elective affinity）[4]。族裔经济

---

[1] 参见 Fischer, *The Urban Experience*, 1984; Gans, *The Urban Villagers*, 1962; Hunter, *Symbolic Communities*, 1974; Peterson and Novak, *Concepts of Ethnicity*, 1982; Suttles, *The Social Construction of Communities*, 1972。

[2] 参见 Gordon, *Assimilation in American Life*, 1964; Suttles, *The Social Order of the Slum*, 1968。

[3] 参见 Waldinger, "Beyond Nostalgia", 1987。

[4] 参见 Aldrich and Zimmer, "Continuities in the Study of Ecological Succession", 1989; Kim, *New Urban Immigrants*, 1981; Light, *Ethnic Enterprises in America*, 1972; Light, "Immigrant and Ethnic Enterprise in North America", 1984; Waldinger, "Immigrant Enterprises", 1986b。

的发展，必须依赖族裔资源和阶级资源的结合。与此不同的是，主流经济中的企业家只利用自己本身的阶级资源，包括人力资本和资金来经营生意，族裔企业家则还有自己得天独厚的族裔资源[1]，如传统的族裔价值观和族裔群体团结精神。这些族裔资源使族裔企业能够获得较高的利润，在激烈的市场竞争中保持竞争力。族裔经济的发展不仅为族裔企业家提供了自身向上社会流动的机会，也为本族裔同胞，尤其那些因不懂英语而难以进入主流职场的同胞，提供了谋生就业的机会。

族裔文化理论并非全然否认最终同化的可能性。对于那些在来到新世界之前已经深受传统文化影响且得益于族裔社区的新移民来说，同化之路比较艰难。尽管如此，经过几代人的努力，族裔文化和族裔聚居区有可能衰落[2]。移民第二代及其后代，会逐渐离开前辈的族裔聚居区，挣脱族裔传统制度和文化观念的束缚，接受白人中产阶级的价值观、生活方式和行为准则，完全被美国化。但是，这个同化过程并非一定要以摒弃自己的族裔性和族裔身份认同为代价。

然而，一些移民群体的社会适应和融入的经历，与直言不讳的单向线性的同化模式，或隐晦暗指的族裔文化模式所描述的同化途径显然不同。阿列汉德罗·波特斯等学者提出了聚居区族裔经济（ethnic enclave economy）理论，用以解释少数族

---

[1] 引自 Light, "Immigrant and Ethnic Enterprise in North America", 1984, pp. 201-202。

[2] 参见 Bonacich and Modell, *The Economic Basis of Ethnic Solidarity*, 1980; Light, "Immigrant and Ethnic Enterprise in North America", 1984; Reitz, *The Survival of Ethnic Groups*, 1980; Semyonov, "The Effect of Community on Status Attainment", 1981。

第一章 绪论：唐人街的社会学研究

裔群体，尤其是移民群体融入主流社会的另一条途径[①]。这个理论强调了族裔经济、族裔社区及其社会网络对族裔成员在向上社会流动中所起到的重要作用。

聚居区族裔经济包括了经济和文化两个相辅相成的部分。族裔经济被视作主流经济的一个组成部分，但不是单纯从属于主流的次经济结构，而是一个基于聚居区和族裔团结或凝聚力（ethnic solidarity）的特殊经济系统，有着自己独特的同族（coethnic）资本、劳动力和消费者市场。聚居区族裔经济的二元结构（受保护型行业与外向型行业）与主流经济的二元结构（核心经济和次级经济）不尽相同。但聚居区族裔经济的经济和文化两个部分都基于族裔性，其功能是支持本族裔的工商企业，提高它们在主流经济体系中的竞争力。由于有这一替代经济系统，新移民就不一定要从主流经济的底层或次级经济的边缘行业做起，或从社会阶梯的最低台阶往上爬。相反，他们可以利用族裔资源和聚居区的文化支持机制组织起来，从事创业和商业活动。

波特斯特别指出，族裔聚居区未必会阻碍其成员的向上社会流动。对美国迈阿密市古巴裔聚居区的研究证明，移民企业在聚居区内比在聚居区以外更能够抓住和利用主流经济的优势。最明显的优势是，他们移民前的人力资本投资，如教育和工作经验等方面的收入回报率较高。迈阿密研究的结论是，虽然大部

[①] 参见 Portes and Bach, "Immigrant Earnings", 1980; Portes and Bach, *The Latin Journey*, 1985; Portes and Jensen, "What's an Ethnic Enclave?", 1987; Portes and Manning, "The Immigrant Enclave", 1986; Portes and Stepick, "Unwelcome Immigrants", 1985; Wilson and Martin, "Ethnic Enclaves", 1982; Wilson and Portes, "Immigrant Enclaves", 1980.

分古巴裔移民企业规模小且竞争激烈，聚居区内的古巴移民工人可以获得与自己人力资本投资相对应的收入。但在聚居区以外主流经济底层打工的古巴裔移民，其收入回报则相对较低[1]。

聚居区族裔经济的文化部分，指的是基于家庭或亲属关系的社会网络和其他族裔社会组织的支持机制和文化认同。从长远来看，族裔的团结精神能够帮助同族企业家调动所需的集体资源，为族裔企业的发展创造条件，不仅能为同族移民工人提供类似于主流经济所能提供的工作机会，还可以从移民前的人力资本如教育投资取得相应的工薪回报。如果族裔经济能在聚居区内多样化发展，移民个人与家庭可以在聚居区内从事自己的日常工作，享受文化娱乐活动，打工和消费都无须离开聚居区，也无须与外部社会产生广泛的互动。事实上，聚居区族裔经济多样化程度越高，族裔群体成员越愿意选择在聚居区族裔经济中的工作，而不愿选择主流经济底层的工作。因为聚居区不但给移民提供了免受种族歧视的安全感和安身之地，还增加了向上社会流动的机会。因此有效地弥补了在主流次级经济的底层就业的劣势。从这个意义上来看，移民聚集在自己的族裔社区内，并不意味着同化的"失败"，因为聚居区族裔经济的发展能够帮助移民克服种种结构性的障碍，提高他们的社会经济地位。所以，聚居区族裔经济是移民融入主流社会的一条有效的替代途径。由此可见，新移民总是要经历适应的过程，进而融入美国主流社会。后来的移民也将会继续如此。然而，第

---

[1] 引自 Wilson and Portes, "Immigrant Enclaves", 1980, p. 313。

第一章 绪论：唐人街的社会学研究

二代或其后代会从哪个方向、以多快的速度、通过什么途径同化成为美国人，取决于前辈移民的适应方式及所取得的社会经济地位[①]。

以上的几个主要理论从不同的视角探讨了研究新移民社会适应的几个重要问题。基于熔炉模式，移民必须要在主流社会中与本土工人和其他族裔工人竞争而获得经济机会和向上社会流动的成功。族裔经济的兴衰取决于主流经济所提供的机会，这些机会只能在本土工人不屑的行业中获取。因此，族裔经济对群体成员实现同化的作用是很细微的。然而，同化过程是一个分为不同阶段、不同层面的过程，个人或群体的行进步调有快有慢，但最终会全部或大部分地被主流文化和社会结构所融化，成为自身族裔性不再凸显的美国人。

与之相反，族裔文化理论强调，某些族裔文化在一定的条件下可以使其成员成功地追求和达到某些特定的具体目标。同化无须以摒弃本来的族裔文化为先决条件。相反，在多元文化的环境下，移民可以在与主流社会其他群体的互动中，保留和发扬自己独特的文化，利用自己的族裔文化资源去获得社会经济地位的提高。根据文化多元论的观点，文化价值观念和行为规范的差异，不至于导致偏见和歧视；每个族群的文化都可以相对平等地发挥作用。

最后的是聚居区族裔经济理论。这个理论反对过分强调个人因素如教育水平、动机、特长和能力等对于移民适应的决定

---

① 引自 Portes and Bach, *The Latin Journey*, 1985, p. 347。

作用。这个理论吸取了族裔文化理论的精髓，着眼于移民个人的社会经济背景和结构因素（如族群在主流社会的社会地位，族裔社区和文化资源等）的互动关系，主张移民可以通过聚居区族裔经济这一特定的经济结构实现社会融入。

第二节 唐人街：一个社会经济的族裔社区

纽约市唐人街的出现，是美国西海岸排华运动和《排华法案》的直接后果。19世纪80年代以后，华人移民千辛万苦横渡太平洋来到美国谋生，西部的排华浪潮和1882年《排华法案》的通过与实施又迫使他们不得不再横穿北美大陆来到此地。这批逃到东部的华人，对多年的辛劳没能换来黄金带回家乡感到沮丧，对在西海岸受到的不公待遇感到愤怒，对遭受白人至上的社会排斥和反华恐吓感到害怕。他们再也不愿意冒险到陌生的地方去寻找挣快钱的机会。于是他们互相抱团而居，期盼将来有一天能实现"黄金梦"，得以腰缠万贯，衣锦还乡，耀祖光宗。

最早的唐人街只有十个街区：北至坚尼街（Canal），南至柏路（Park Row），西至巴士打街（Baxter），东至与曼哈顿下东城交界的包厘街（Bowery）（图1-1）。大约有大半个世纪，纽约市的华人几乎全都住在这里。第二次世界大战后，1943年废除了《排华法案》，1945年通过了《战争新娘法案》，纽约市的华人人口大量增加。即便如此，大多数华人移民（约一万人）仍然住在狭小的唐人街。到了1980年代中期，老唐人街

第一章 绪论：唐人街的社会学研究

的边界已经从原来的十个街区扩展到北边的东豪斯顿街（East Houston），东边的埃塞克斯街（Essex），还有一小部分靠近第十四街及其周围的一些居民区。

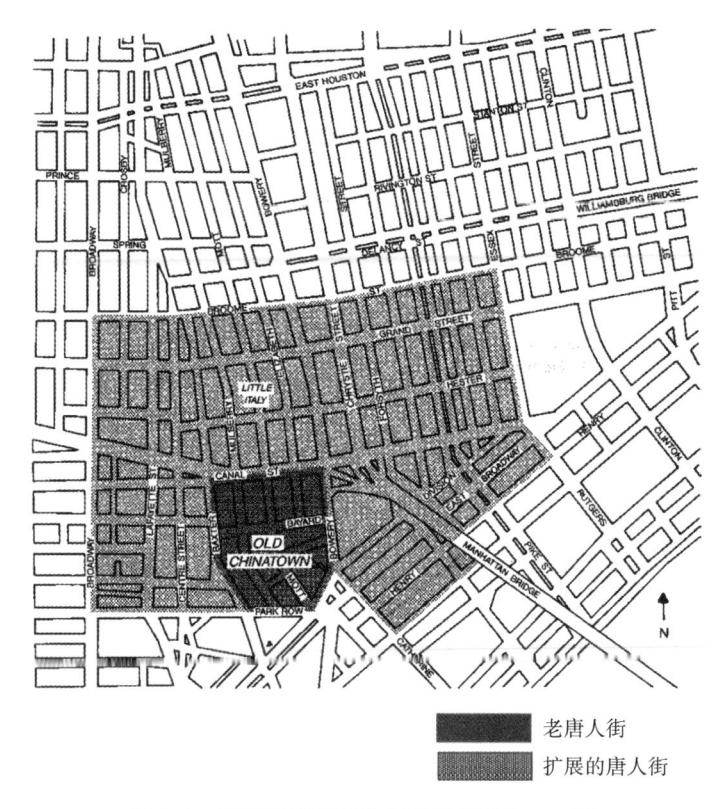

图 1-1　纽约市曼哈顿下东城的唐人街（1986 年）
资料来源：纽约市城市规划局。

19 世纪末期以来，纽约市唐人街给美国大众展现出许多不同的面目。对于成千上万的外来客和纽约市民来说，唐人街被看作最具吸引力的旅游热点之一。在这里四处闲逛，可以忘却

唐人街

烦闷的日常工作,可以犒劳自己一顿异国风味的美食,还可以与异类商家讨价还价,寻找些乐趣。除此之外,唐人街只是个不宜长久居住的都市贫民区,一个跟自己无关的陌生世界。华人移民自己却把唐人街当作安身立命之所,没什么特别之处。在这里他们有种家乡的感觉:能讲自己的方言,分享自己的快乐,诉说自己的痛苦,倾诉自己的思乡之情。他们成天忙于为生计而拼搏,根本顾不上去细想唐人街是怎么回事,在唐人街待下去会有什么样的前途。

但是,对于许多认真的学者和研究者来说,唐人街的形象是阴暗负面的。他们大都认为唐人街是日趋衰败的贫民窟:其居民由于房租高涨和贫困被迫挤在阴暗脏乱的"鸽子笼"蜗居。那里的破旧房子,令人窒息的肮脏空气以及毫无尊严的生活方式都让许多美国人感到不可思议。脏乱差的居住条件只是问题的一部分。唐人街还被频繁的犯罪活动所困扰:由来已久的黑社会勒索保护费、地下室的高赌注赌窝、逼良为娼的妓院、持械抢劫、黑帮械斗、毒品泛滥、偷运非法移民入境等等。除此之外,华人业主和社区精英利用极低的工资、恶劣的工作环境、超长的工作时间等手段,剥削同族的劳工而牟利发财。人们感叹道:"这里没有是非标准,没有规矩,没有道德理念。简直是完全乱套了!"[1] 许多学者也认为,唐人街只不过是华裔精英人物通过牺牲其他同胞的利益而发财致富之地[2]。大多

---

[1] 引自 Kifner, "Immigrant Waves from Asia Bring an Underworld Ashore", 1991。
[2] 引自 Kwong, *The New Chinatown*, 1987, pp. 6, 79。

第一章 绪论:唐人街的社会学研究

数华人移民会一直被困在这个贫民区,他们在这个新国度中永远都只能生活在社会最底层。随着新移民的人数增加,越来越多华人被困在唐人街,他们最终会加入命运悲惨的都市下层阶级[①]。

然而,唐人街作为充满活力的社会经济社区的正面形象却极少受到关注。这里到处可以看到繁荣、希望和团结的景象,生意兴隆,欣欣向荣。这个族裔社区在不断扩展,超出了传统的边界,使老唐人街周围的贫困街区焕发了生机。每天清早,住在其他城区的华人乘坐地铁涌进唐人街,送货卡车和其他车辆也随之涌入,与当地居民一起开始每天的工作。到了傍晚,下班的工人匆匆赶上地铁,融入高峰期的人流,踏上回家之路。每逢周末和假日,生活更加丰富多彩,住在别处的亲戚朋友一起在唐人街聚集,或去看电影、看戏,参加各种娱乐活动;或庆贺荣升等特别大事,如乔迁新居、新婚之喜、生日派对和家庭聚会等等。充满内在活力的唐人街日复一日,周而复始,以自己的节律生生不息。

也许,唐人街的华人居民和新移民住在拥挤的、残破失修的房子里。也许,他们每天加班加点却只拿到低微的工资。也许,他们很穷。但是,他们绝不是贫困潦倒!唐人街内具有一种充满凝聚力的族裔文化:职业操守、坚韧不拔、自强不息、自我牺牲、家庭责任,这些都有助于华人实现他们的美国

---

① 参见 Wacquant and Wilson, "The Cost of Racial and Class Exclusion in the Inner City", 1989; Wilson, *The Truly Disadvantaged*, 1987。

唐人街

梦。经历了多年的种族歧视、社会排斥、忍辱吞声、夹缝求生之后，唐人街正在不断革新，充满自信、希望和激情。如今的唐人街繁荣兴旺、充满活力，与从前的老唐人街不可同日而语。经历了一百多年，唐人街这个纽约市最古老而最富有生气的移民聚居区，已经发展成为一个坚韧而富有生机的社会经济社区。许许多多的华人新移民在此拼搏奋斗，从中寻求和成就更好的生活。我的研究聚焦于剖释唐人街鲜为人知的这个正面形象。

我选择纽约市的唐人街作为研究项目，主要有三个原因：第一，纽约市的华人人口以前所未有的速度增长，1980年成为全美国华人人口最多的城市。根据美国人口普查数据，从1960年33,000人增长到1980年124,372人。1980年，美国历史最悠久的三藩市唐人街华人人口为82,244人，只占加州华人人口的四分之一。而纽约州的华人却有85%集中在纽约市。此外，从1965年以后移居美国的华人当中，每年大约有20%—25%的新移民在纽约市定居。第二，纽约市唐人街在历史上曾经是只有10个街区的"单身汉"社会，近年来已经全方位扩展，远远超出了老唐人街的社区界线。最近几年，随着华人新移民及其家属大批涌入纽约市，不但改变了老唐人街的社会经济结构，也导致新唐人街在市内其他城区的产生和发展。纽约市内的外围城区，如皇后区和布鲁克林区，华人随处可见，形成了卫星式的新唐人街。这些新唐人街的人口，一部分是从曼哈顿的老唐人街迁出的老移民，另一部分是通过亲属网络抵达纽约的新移民。第三，唐人街的华裔经济已经从单一型经济发展为多样化经济，形成一个强大的、基于聚居区向外扩展的族裔经

第一章 绪论：唐人街的社会学研究

济，华裔商业网点遍布全市各个角落。唐人街的族裔经济历史悠久，第一代移民企业家开创的事业得到传承延续，发扬光大。尽管美国各地唐人街的情况可能会存在差异，我相信我的研究结果具有代表性，对其他大城市的唐人街研究也具有普遍意义。

唐人街是个不断变化和发展的、充满社会经济活力的移民聚居区。过去对美国唐人街的研究，大多囿于历史学和人类学的视角，或把唐人街看作仅仅是谋生的权宜之地，是华人移民相互依存和自我保护的暂居社区。或视此为单向直线同化进程的第一站，新移民首先由此进入社会经济阶梯的最底层，然后历经几代人的文化适应取得向上社会流动的成功[1]。也有些社会科学学者挑战这种传统的历史观点，把唐人街与美国资本主义制度联系起来。邝治中（Peter Kwong）教授认为，貌似自给自足和自力更生的唐人街，实际上是宏观资本主义经济制度内部的一种具有活力的非正式经济结构。由于与大资本家一样，族裔资本家唯利是图的本性不变，唐人街里有大量可供剥削的同族移民劳动力可满足他们的需要。唐人街族裔经济的发展使得华人越来越被分化成为数不多的精英阶层和人数众多的劳工阶级[2]。外部大资本家的政治经济力量与唐人街族裔精英阶层的利益相结合，共同维护和加强唐人街现有的政治经济秩序，导致这个族裔群体内部阶级分化。华裔劳工阶级的社会流动，在很

---

[1] 参见 Kuo, *Social and Political Change in New York's Chinatown*, 1977; Miller, *The Unwelcome Immigrants*, 1969; Nee and Nee, *Longtime Californ'*, 1973; Sung, *The Story of the Chinese in America*, 1967; Wong, *A Chinese American Community*, 1979。

[2] 参见 Kwong, *The New Chinatown*, 1987。

唐 人 街

大程度上受制于占主导地位的华裔精英阶层。族裔精英成功地利用族裔性把少数族裔的劣势转嫁到运气不好的同胞身上,他们全靠残酷地剥削压榨唐人街的劳工阶级而发财致富。邝治中断定,唐人街的最终结果,既不会像许多内城中的黑人区或拉丁裔聚居区那样沦为没落的贫民窟,也不会成为像"小意大利"社区那样最终缩小成一个象征性的族裔社区残迹。

我的观点与以往唐人街研究的结论不同。我认为唐人街是个动态的社会经济社区,其内部有着历史悠久并不断审时度势、自我改革的社会和经济结构,能够为华人新移民提供主流社会难以获得的优势和机会,其族裔认同和内部团结有助于社区发展,进而促进而不是阻碍新移民最终融入主流社会。在这本书里,我把唐人街视为一个镶嵌在社区族裔社会结构中的经济飞地,为新移民的社会融入提供了一条积极有效的替代途径。

我的立论依据是聚居区族裔经济理论。波特斯最初把聚居区族裔经济定义为:"在特定地域空间聚集的移民社区里,创办各种为自己族裔市场服务或大众市场服务的企业。其基本特征是,相当大部分的移民劳工受雇于同族业主所拥有的企业"[①]。波特斯后来修正了这个定义,更加强调聚居区经济的地理位置:"聚居区族裔经济的企业家是在一个相对集中的地理区域中创业和营业,在此地理区域中聚集了族裔企业雇主和这些企业

---

① 引自Portes, "Modes of Structural Incorporation and Present Theories of Immigration", 1981, p. 291。

第一章 绪论：唐人街的社会学研究

的同族雇员"[①]。

社会学意义上的族裔聚居区与一般意义上的少数族裔居住区（ethnic neighborhood）不同。少数族裔居住区通常被认为是穷人和新移民聚集的贫民区，在那里的居民生活贫困，居住区里的经济活动单一。波特斯和巴赫指出："我们必须区别族裔聚居区与移民居住区。大多数新移民最初聚集在移民居住区里，他们中的一些人会从事一些小生意，主要是卖些满足住宅区居民急需的日常消费品。这些移民居住区具有一定的社会支持功能，但缺乏族裔经济的多样性，居住区的经济活动单一，高度分工的本族裔的企业家阶层也比较小"[②]。

因此，聚居区族裔经济是一个在一定程度上既独立自主又与主流经济相联系的族裔经济体系，有自己独特的族裔劳动力市场。这个劳动力市场（可能还有一个族裔消费市场）支撑着族裔企业，有助于族裔企业更为成功地在主流经济体系中参与竞争。高度多样化的族裔经济使移民得以在族裔聚居区的经济结构中成功地实现向上社会流动。

纽约市的唐人街就是一个名副其实的族裔聚居区，而不是一般的移民居住区。其经济具有聚居区族裔经济的特点：有一个较大较明显的华人企业家阶层，有各种各样的华人企业，也有足够的华人劳动力资源和华人消费者市场。唐人街其实并非

[①] 引自 Portes and Jensen, "What's an Ethnic Enclave?", 1987, p. 769；参见 Portes and Manning, "The Immigrant Enclave", 1986; Wilson and Martin, "Ethnic Enclaves", 1982。

[②] 引自 Portes and Bach, *The Latin Journey*, 1982, pp. 204-205。

指的是严格的地理概念,而是一种组织形式。虽然大部分华人企业高度集中在唐人街,但也有相当一部分分布在全市各区的卫星唐人街。根据《1982年度少数族裔企业调查》,全纽约州的华人企业,有87%集中在纽约大都市地区(纽约州:6,216个,纽约市:5,413个)。根据《1988年纽约和波士顿大都市华人商业指南和工商名录》,在录入的5,978个企业中,大约60%的华人企业集中在曼哈顿的老唐人街,其余的华人企业多数分布在法拉盛和布鲁克林[1]。这些华人企业依靠在此聚居的华人的支持。地处较为边远的华人企业,虽然地理位置上不靠近唐人街,但是仍然与唐人街有密切的联系。至于那些地处唐人街的非华人企业,则不属于唐人街聚居区族裔经济的范畴。这些业主不是华人,尽管他们的商铺和企业设在唐人街,也可能会雇用大批华裔员工,主要的顾客群也可能是华人,但是他们与华人企业根本不同,他们掌握所有权的方式、资源、市场渠道、经营手法、管理准则、劳务管理制度等许多方面都不同于在聚居区族裔经济体系内的华人企业,他们与唐人街的基于族裔性的社会文化结构没有多大的联系。不过,这些非华裔企业也确实对唐人街的经济有较大的影响。

族裔经济聚居区的另一个重要特征是其社会"嵌入性"。正如马克·格兰诺维特(Mark Granovetter)所指出,人们的经济行为紧密地嵌入持续的社会关系结构之中[2]。这种社会嵌入性

---

[1] 参见 Key Publications, *Chinese Business Guide and Directory for Metropolitan New York and Boston*, 1988。

[2] 引自 Granovetter, "Economic Action and Social Structure", 1985, pp. 481-510。

第一章 绪论：唐人街的社会学研究

否认个体是自利的理性个体，关注的仅仅是收益的最大化和成本的最小化。社会嵌入性意味着个体还受到一些不为他/她自己所控制的资源的影响[1]。这些资源包括：特定的社会背景，广泛的家庭和亲属网络，受情感、信任、义务和其他文化价值观和规范所约束的人际关系等等。这些资源构成了个人所拥有的社会资本[2]。如果这些资源产生于族裔聚居区，它便成为一种具有族裔特性的社会资本赋予其族裔群体成员，尤其是那些物质资源和人力资本有限的成员，可以使他们在向上社会经济流动过程中获得竞争优势。

当代华人移民参与唐人街的族裔经济，在很大程度上受到特定的社会关系的影响。他们之所以依赖唐人街，不是因为他们愿意接受低薪的工作、忍受恶劣的工作条件和被剥削，而是因为他们认为在唐人街工作是一种更好的抉择。唐人街提供了他们所熟悉的工作环境，可以有效地保护他们免受语言障碍、教育程度不高、对主流社会缺乏了解等不利因素的困扰。在自己的族裔社区里，他们可以通过家人、亲戚和同胞获得有关就业和创业机会的第一手信息，无须花费时间和精力在主流劳动力市场去找所谓的"好工作"。在唐人街，他们可以通过加班加点来更快地为家庭增加积蓄，也可以通过信用标会、宗乡会馆和亲属关系等渠道调动物质和社会资源。此外，他们还可以

---

[1] 参见 Portes and Guarnizo, "Tropical Capitalists", 1991。
[2] 参见 Coleman, "Social Capital in the Creation of Human Capital", 1988; Wong, *Patronage, Brokerage, Entrepreneurship, and the Chinese Community of New York*, 1988。

在工作中得到一定的职业培训和创业信息，培养创业精神，为今后自己可能过渡到创业做好准备。因此，族裔资本（包括物质资源和社会及文化资本）使得聚居区族裔经济体系内的企业家和工人互惠互利。即便同族的工人似是"心甘情愿地自我剥削"，为同族企业家谋利。但是，同族企业家也有义务帮助工人，提高他们的职业技能，甚至还会激励他们最终过渡到自己创业[1]。唐人街近年的发展显示，族裔经济不仅为社区增加了许多工作岗位，还创造了许多创业机会。自主创业的潜力是社会流动性的一个重要标志，越来越多雄心勃勃的华人移民意欲创业。例如，1980年美国人口普查资料表明，在纽约州以及纽（约）-新（泽西）大都市地区（SMSA）的男性华人移民当中，自主创业者占13%；相比之下，该地区全部男性劳动力中，自主创业者只占7%。

综上所述，纽约市的唐人街的族裔经济是一个具有牢固族裔社会结构支撑的聚居区族裔经济。在唐人街的聚居区族裔经济研究中增加一个社会维度，可以更好地理解当代新移民融入美国社会的多元化模式。

第三节 研究范围

本书重点研究1965年以后华人新移民对唐人街的影响，以及唐人街对新移民融入美国主流社会的影响。我感兴趣的

---

[1] 参见 Portes and Bach, *The Latin Journey*, 1985。

第一章　绪论：唐人街的社会学研究

是，1965年美国移民政策改革后，尤其是1979年中国改革开放、美中建交以后，大规模华人新移民潮引起的量变如何刺激了唐人街的质变。我的研究分析以1965年为分界点。应该指出，唐人街从一个由单身汉社会转变成由以家庭为主社区的质变，早在20世纪40年代就开始了。然而，只是在1965年之后，这种变化才逐渐改变了唐人街的面貌。同样，唐人街的族裔经济在1965年以后才开始从自给自足的边缘次经济，转变为与主流经济相互依存和整合的聚居区族裔经济。

本书的各章节，主要论证下列几个假设：第一，华人移民美国，由移出和接收两大背景因素所决定。移出和接收的背景因素，也可以理解为推力和拉力（push and pull）两个因素[①]。移出背景因素（context of exit）包括移出国/地的社会文化、政治经济发展状况、个人动机及其社会经济背景。接收背景因素（context of reception）包括接收国政府的政策和主流经济劳动力市场的状况，移民社区已有的社会和经济结构及其发展状况，以及公众对移民群体的态度[②]。移民群体还不可避免地会受到移居国的阶级和种族分层制度的制约。这种制度旨在维护本土工人尤其是白人工人的地位和利益，刻意阻碍少数族裔移民群体的向上社会流动。移民群体本身也不可避免地被错综复杂的社会关系网络所维系，这个社会关系网络基于族裔性，以族群文化团结为框架，围绕着共同的族裔身份象征而动员其族裔

---

① 引自 Portes and Bach, *The Latin Journey*, 1985, pp. 3-7。
② 参见 Portes and Rumbaut, *Immigrant America*, 1990, p. 85。

群体成员。具体的适应策略和方式，会随着不断变化的移出和接受背景因素的变化而改变。

第二，唐人街无疑是一种族裔隔离形式，但也代表了华人移民适应美国社会的一种特定的方式。然而，唐人街并非与外界完全隔离。相反，它一直与主流社会有着不同程度的互动。尤其是近年来，由于新移民具体目标导向的改变，唐人街和主流社会之间形成了越来越多、日趋密切的互动。

唐人街最初是美国结构、法律和文化排斥的直接产物。其主要作用是满足华人移民作为临时栖身之地的需要。当时大部分的华人是单身汉，来美国只是为了打工挣钱，并不打算长期居留。制度性的种族歧视和《排华法案》的实施，强化了早期华人移民最终要返回家乡的暂居意识，不但抑制了华人社区的长期发展，也阻碍了华人移民融入美国社会，迫使华人移民在族裔隔离的美国社会中夹缝求生。随着美国政府废除了《排华法案》和改革了歧视性的移民法案，唐人街经历了结构性的根本转变，从一个封闭式的城市孤岛，变成了一个繁荣而有利于移民同化的族裔社区，发展了聚居区族裔经济。很多初来乍到的华人移民虽然仍会像其先辈那样先到唐人街落户，但他们的经历和实际结果，都与其先辈大相径庭。当今的唐人街，已经具有许多有助于移民最终融入美国主流社会的机会。

第三，唐人街的聚居区族裔经济，虽然大部分是小企业，但它们极具活力和竞争力，易于经营和转让。华裔企业的发展，并非仅仅局限于主流次级经济中的边缘地位。发展中的聚居区族裔经济逐渐形成二元性结构，既有受族裔社区保护的行

第一章 绪论：唐人街的社会学研究

业，也有外向型的行业，两者各自都有内在经营规则。受保护型行业主要依赖唐人街自己的族裔资本、劳工和消费市场；外向型行业则为主流经济服务并受制于主流经济。一方面，这种二元性结构既能够使资金在这两类行业之间周转，防止族裔资源外流，同时也能够增加族裔经济与主流经济的联系，逐步把自己纳入主流经济，成为其独特的组成部分。另一方面，这种二元性结构使聚居区族裔经济的发展多元化，为华人移民提供各种各样的机会，使他们能够克服新移民的先天劣势，寻找能够与自己移民前的人力资本投资相匹配的工作机会。

第四，唐人街虽然不是理想的居住地，但住在那里的华人可以获得实实在在的好处。例如，有就业的保障和创业机会，能避免公开或隐性的种族歧视。在唐人街打工还有容易换工作和得到晋升的机会。此外，以独特的家庭和亲属关系网络、互惠互助的义务和文化价值观和行为准则等为基础的社会资本，在一定程度上可以降低由于族裔隔离所带来的经济成本和负面影响，为新移民克服初始阶段的困难提供竞争优势。因此，在唐人街里生活，并不意味着陷入死胡同。表面上似乎同化"失败"，实际上却是第一代移民的以退为进的积极选择，为他们子女一代的成功同化铺平了道路。

第五，聚居区族裔经济的发展，再现了唐人街地理空间的集中与扩展的辩证关系。以纽约市的华人为例，新移民的居住模式，不仅与其社会经济地位、亲属和家庭关系相关，还与其他诸如聚居区族裔经济以及族裔房地产市场等因素相关。即使那些从唐人街搬出去分散居住的华人，他们仍然与唐人街及其聚居区族裔经济保持着不同形式的联系。居住地点的分散并非意味着唐人街和聚居区族裔经济的衰败。事实上，华人移民在纽约市其他城区建立了新的卫星唐人街和新的聚居区族裔经济，与原来的老唐人街仍然保持着密切的联系。华人新移民搬离唐人街，并非真正意义上的空间同化（spatial assimilation）。相反，这些搬离唐人街的华人，却显示出再次聚居和族裔隔离的迹象。

本项研究的方法是质性和定量研究法的有机结合。我主要通过以下三个来源收集信息：（1）我在1988年至1989年所做的实地调查和访谈；（2）对历史文献资料的梳理和分析；（3）美国人口普查数据的定量分析。对于探索和验证现有的理论和概念，发现有意义的新问题，深入理解所研究的现象等方面，实地调查和访谈、文献资料梳理与统计数据分析，都是富有成效和必不可少的方法。但是，质性和定量两种方法都各有其局限性：实地调查通过家庭和社会关系的社区网络，运用滚雪球的方法，带有一定的选择性；文献资料的运用也具有选择性；人口普查数据也可能会存在一定程度的误差——原因是部分华人移民在人口普查中未必积极地与人口统计部门配合。然而，把这三种来源的数据资料有机地整合起来，具有更高的解释性和代表性。

以上概括了第一章绪论。

第二章回顾早期华人移民美国的历史，考察影响早期华人移民及其定居模式的各种自愿和非自愿的因素。重点描述在移民过程中社会网络的作用，以及老唐人街暂时寄居的特征。

第三章探究不断变化的移居国接收环境，不断变化的祖籍

第一章 绪论：唐人街的社会学研究

国移出环境，以及不断变化的华人新移民的心态和目标取向。这些变化对华人社区和族群成员融入美国社会的模式和结果产生了重大影响。

第四章描述1965年以后至1980年代华人移居美国的状况。着重探讨纽约华人新移民的人口特征、多元来源地、社会经济背景和居住模式，分析他们连根拔起的移民过程如何影响他们在移居国定居的社会适应问题。

第五章深入剖析了唐人街聚居区族裔经济的结构，考察超越了权宜生存之计的族裔经济兴起的背景和动因。通过论述唐人街经济不同阶段的发展，探究华人新移民和外资的大量涌入对聚居区族裔经济发展的影响。本章提出了聚居区族裔经济二元结构的概念，具体阐述受保护型行业和外向型行业之间的相互关系，强调唐人街经济活动多样化发展所起的作用。多样化的族裔经济为新移民创造了大量的机会。

第六章聚焦于纽约唐人街聚居区族裔经济的劳动力市场。对华人移民与在美国出生的华人以及非拉丁裔白人在教育、就业和收入等方面进行对比。通过回归分析，探讨聚居区族裔经济对华人移民，尤其是男性劳动力人力资本的收入和职业回报。针对学术界对唐人街男性华人的人力资本投入与其收入和职业收益的关系所进行的辩论，我试图分析有关族裔经济与移民社会融入关系的几个重要问题，例如：加大人力资本的投入能否提高在经济方面同化成功的概率？人力资本对个人职业和收入有没有令人满意的相应收益？聚居区族裔经济能否对华人移民工人产生相对于其人力资本投入令人满意的经济效益？本章详细报告了定量和质性数据分析的结果。

　　第七章探究聚居区族裔经济劳动力市场的另一个重要组成部分——女性移民。通过探究女性移民作为妻子、母亲和受薪工人等多重角色的互动，着重分析女性移民如何通过就业来有效地实施向上社会流动的家庭策略。

　　第八章考察唐人街的地域扩展和华人移民居住隔离与再隔离的现象，分析空间同化问题。我的分析基于定量数据和质性资料，聚焦于聚居区族裔经济、族裔房地产市场和族裔社会关系这三者的互动，在社会融入视角下剖析新移民的居住模式变化的动因和结果，对移民居住模式的变化和持续的族裔隔离现象提出新的解释。

　　第九章总结了纽约唐人街的主要研究发现，突出强调这些研究发现对于移民融入问题的理论意义以及对城市社会学和族裔研究学的理论意义。对于深入了解美国城市族裔聚居区以及处于主流社会边缘的都市底层族裔群体，本章也具有实际意义。

第二章

夹缝求生：寄居他乡的回忆

华人移民美国的历史，可以追溯到中国在鸦片战争（1840—1842）战败以后的19世纪40年代。对于只有二百余年历史的美国来说，一百五十多年的华人移民史是一段相当长的历史。以往对早期华人移民的研究，着重于从历史的视角看待华人移民在美国各种不同时期的生活和经历[1]。这些研究对于探究当代美国华人社会是很有价值的史料。当初为什么华人会离乡背井、移居海外？是因为"美国梦"吗？答案似是肯定的。是因为渴望获得经济独立和自由吗？似乎也是对的。然而，这些原因对于当时的华人移民来说都不具有代表性，这些解释都过于笼统和牵强。以往的研究很少有人去深究除了上述

---

[1] 参见 Aubits, "Tracing Early Chinese Immigration into the United States", 1988; Barth, *Bitter Strength*, 1964; Conwell, *Why and How*, 1871; Coolidge, *Chinese Immigration*, 1909; Daniels, *Asian America*, 1988; Dillon, *The Hatchet Men*, 1962; Lyman, *Chinese Americans*, 1974; McKee, *Chinese Exclusion versus the Open Door Policy*, 1977; Nee and Nee, *Longtime Californ*, 1973; Saxton, *The Indispensable Enemy*, 1971; Seward, *Chinese Immigration*, 1970。

唐 人 街

一般意义上的移民动因以外,还有哪些特殊的动力驱使华人漂洋过海,远走他乡。与成千上万受"美国梦"所驱使的早期欧洲移民不同,早期华人的移民梦是他们自己特有的梦——"黄金梦"。

相对于渴求富足生活、追求自由平等和个人主义的美国梦,黄金梦是典型的中国式寄居者的梦。这个梦蕴含着为家族和家庭发财致富的强烈意愿、自我牺牲精神和集体主义精神。在中华文化中,黄金的象征意义远比其平淡无奇的金属属性要大得多。黄金不仅意味着钱财、食物、衣服和土地等,还象征着荣耀、高贵以及显赫的家族和社会地位。在中国古典文学和民间艺术中,寻金和淘金是最受欢迎的故事题材之一。金色从前是皇家专用的颜色。此外,只有神龙和佛像等神圣之物才能镶金[①]。金色也被视为幸运的象征,许多中国传统节日的庆典和吉祥物都用金色来做装饰。甚至为子女取名,人们也常用"金"字。当年有一个华工,离开妻子和儿女,孤身在美国打工生活了三十多年,他为七个孩子取名,全部都用上"金"字:金满、金荣、金平、金明、金辉、金根和美金。像很多华工一样,这个华工的梦想是努力寻到万两黄金,然后衣锦还乡。但事与愿违,他精疲力竭,却最后身无分文,不得不拖着病体,在20世纪40年代末回到家乡与妻子和七个"金童"子女团聚。不久后他在故乡离世,留下他的子孙继续去做黄金梦。

简而言之,黄金梦折射出早年华人移民的美好愿望,他

---

① 民间传说中,华人被看成龙的传人。

第二章　夹缝求生：寄居他乡的回忆

们希望通过自己在海外打拼，最终能衣锦还乡，落叶归根，为家庭带来美满富足的生活。其实，当时很少华人想过要背井离乡。直到他们确信真的有一条"捷径"，可以很快实现他们的黄金梦，才远足他乡到另一个陌生国度去谋生。于是，成千上万的华人劳工离开家乡，横渡太平洋，踏上寻金之路。他们在心中念念不忘的是，总有一天会回到自己的故乡，与家人团聚。

本章抚今追昔，追溯早期华人移民的历史。回顾历史有助于我们更好地理解华人移民的动态过程对当代移民融入美国社会多元模式的影响。

第一节　金山：黄金梦幻

对于广东侨乡的人来说，金山一直就是美国的代名词。许多美籍华人的根在南粤的广府地区，即现在的广东省江门五邑和珠江三角洲地区，广州是其省会。这里是当年大批华人移民美国的始发地。自从19世纪40年代末第一艘满载中国契约劳工的船驶离中国南部海岸，金山就被美化为犹如神话中遍地黄金、充满希望的发财之地，也逐渐成为留在家乡的许多广府人茶余饭后的谈资。"你阿爷去咗掘金山咩（你爷爷去了金山挖金吗）"，这句话通常用来讽刺那些乱花钱、老想买奢侈品的人，或者用来教训那些老是抱怨东西不够好或老闹着要买新玩具和糖果的小孩。

华人移民的动因是什么？通常的看法是因为家乡贫穷落后。因此19世纪40年代末美国加州发现金矿，导致第一波的华工来到美国。表面看来，脱贫和淘金是"推"和"拉"的移民动因，但这种看法掩盖了真正的决定性因素。当然，在美国干一天活比在乡下种一个月地的收入还高的这种诱惑，足以吸引人们离乡背井。但收入的差别或贫困本身，并非移民的真正原因。国际移民研究已经证明，除了家乡贫困这个原因以外，还有一系列更为重要的动因导致移民潮[1]。西方国家的影响通过与中国人的接触慢慢渗透、祖籍国和移居国的移民政策、侨乡文化和移民传统以及亲朋关系网络等，这些因素的互动都促成华人移民海外。

华人历来重视家庭和宗亲关系，他们有着勤劳、节俭的品德和为了家族利益而敢于自我牺牲的精神。为了把金子和其他财富带回家乡，他们总是不顾一切地四处去拼命干活，甚至愿意牺牲自己的个人生活需求。但是，除非迫不得已，华人不会移居他乡。他们认为离开家乡有辱家门，更不用说移居海外。极为强烈的宗亲观念和传统的家庭纽带，往往把他们束缚在自己的出生地。即使有些人不得不远渡重洋离家去淘金，他们也只是为了家庭，而不是为了个人。留在家乡的家人都总是期望他们能早日富贵还乡，耀祖光宗。

清朝制定和实施了许多法令阻止人们出国。那些离乡背井、抛弃祖坟而外出谋生的人，往往会被视为大逆不道、背叛祖宗的人渣。还会被视为有颠覆之嫌的叛逆者，甚至会被判处

---

[1] 参见 Portes and Rumbaut, *Immigrant America*, 1990, pp. 10-12; Sung, *The Story of the Chinese in America*, 1967; Ugalde et al., "International Migration from the Dominican Republic", 1979; Weiner, "International Emigration and the Third World", 1987.

第二章　夹缝求生：寄居他乡的回忆

死刑[1]。直到 1894 年，清朝皇帝才废除了对出国者的死刑。在此之前，无论是为了逃避贫困、饥荒，或者其他原因，极端严厉的迁移政策根本不允许其子民随意离开大清国。

出国谋生的念头和黄金梦，其实都来自西方的影响。19 世纪 40 年代初，中国在鸦片战争中败给英国，从此，西方殖民主义列强入侵中国。战败的结果是把香港岛割让给英国，被迫开放广州、厦门、上海、天津和宁波等五个港口对外通商[2]；对国民增加苛捐杂税；农民起义频仍；外来文化渗入（主要是通过传教而渗入沿海各省）。鸦片战争以前，清朝不承认其他国家是与自己平等的国家，而把所有的外国都视为"朝贡国"。从 1757 年至鸦片战争战败期间，前往中国进行贸易的外国船舶，仅限于广州一个港口出入，在中国的外国人，不论是经商或日常生活，都受到各种各样的严格限制[3]。鸦片战争结束后，西方进一步渗透中国，西方商人和传教士在中国的自由活动大为增加，外国商品也开始在中国市场更广泛地流通。

西方思想的入侵破坏了中国的传统价值体系，也动摇了清朝的统治。受"西风"冲击最严重的是广东省的南粤地区和福建省的厦门地区。国门被强行打开以后，大批华人最早从那里移民出国。人们开始知道海外还有不一样的世界，皇权再也不

---

[1] 参见 Sung, *The Story of the Chinese in America*, 1967, p. 10; Kwong, *Chinatown, New York*, 1979。

[2] 1842 年 8 月 29 日清政府和大英帝国签订《南京条约》，就此结束了为时三年的鸦片战争（1840—1842）。《南京条约》迫使清朝割让香港岛和开放五口通商（广州、厦门、福州、宁波和上海），允许英人自由经商和居留。

[3] 参见 Banno, *China and the West*, 1964, pp. 2-3。

能完全控制其子民了。19世纪40年代末期，美国加利福尼亚州发现金矿，华人于是开始大规模移民美国。

在众说纷纭的原因中，有关金山的传闻可能是引发黄金梦的最大刺激。鸦片战争以前，中国与西方甚少接触，几乎与世隔绝。只有极少数访客和学生出国，也有一些去了美国[①]。19世纪初期，西方殖民扩张主义兴起，出于争夺外国资源与市场和对劳动力的大量需求，西方殖民主义者在东南亚、加勒比海地区和拉丁美洲地区占据了大片土地，开垦农场，开采矿山，修桥筑路。随着买卖黑奴的贸易被取缔和奴隶制被废除，中国却通过臭名昭著的"苦力贸易"，开始输出廉价的契约劳工。这些契约劳工先是被用船运到东南亚的英、法殖民地，如印度支那、暹罗、缅甸、马来亚、印度尼西亚和菲律宾等。后来的契约劳工被运往加勒比海地区和拉丁美洲，尤其是到古巴、秘鲁、智利和三明治群岛等属于葡萄牙和西班牙统治的地方[②]。在加州发现金矿以后，大批华工被运到美国西部去开采金矿。

华工最初大多是签契约出国的。国外有赚钱发财机会的消息传回家乡后，越来越多的人通过移民关系网自己出国谋生。年复一年，有些人返回家乡娶妻后又再出国，也有些人回到家乡后就不再出去了[③]。有些在国外打拼多年的华工回到家乡后会通过各种方式显摆他们在国外挣了大钱，这在乡下是不可思议

[①] 参见 Chen, *The Chinese of America*, 1980, pp. 3-6。

[②] 参见 Barth, *Bitter Strength*, 1964, p. 50; Conwell, *Why and How*, 1871, pp. 82-93; Coolidge, *Chinese Immigration*, 1909, p. 19。

[③] 参见 Banno, *China and the West*, 1964, p. 128。

第二章 夹缝求生：寄居他乡的回忆

的。于是，出国寻金的想法逐渐在侨乡传开。那些出过国的人被称为"金山客"。他们的回归让同乡的村民们看到了新的谋生之路。住在长岛的一位80岁的老移民李先生在访谈中回忆道：

> 我是广东省番禺县人（现在是广州市辖区）。我还记得第一次见到我爷爷时的情景。他个子矮小，骨瘦如柴。我还没出生，他就到"金山"去了。爷爷离开家乡几乎有20年了，他回来时真像个"金山客"。他买了一头大水牛，一套崭新的犁具，还带了些样子古怪的衣服和好多我没有见过的糖果饼干回来。他给曾祖父、曾祖母修了新坟，又重建了我们那间破旧不堪的房子。那时，村里每个人都尊重他，羡慕他，讨好他，把他当成神。大家开始相信大洋彼岸真的有座"金山"。我也觉得村里人突然对我们家人特别好。那时，我开始梦想长大了要去掘金山，挣很多钱带回家。后来，村里不少人离开了家乡去掘金山。①

李先生的爷爷返乡后没有再回美国。大约15年后，李先生的金山梦终于实现了，移民来到了美国。他起初在叔叔的家族公司打工，从事香港和纽约唐人街之间的贸易生意。不过，他后来并没有按照原计划富贵还乡。相反，他还资助了全家人像拉链条一样移民美国。

当年出国的人，大都来自中国南方和东南沿海。到美国来

---

① 引自笔者1988年11月访谈记录。

的人主要来自广州以南的珠江三角洲①。侨乡的村民们通过金山客了解到金山的情况。他们对出国挣大钱抱有很大希望,脑子里充满幻想,以为国外到处都有容易挣钱的机会,美国遍地都是黄金,等着他们去捡。

除了回国的金山客在广府侨乡地区散播有关金山的消息,西方的思想在鸦片战争以后也逐步渗透,在华人心目中培植起日益强烈的出国欲望。同时,传教士和贸易商人传播西方文化,也鼓励人们移民海外。广州港的开放,不但打开了中国的南大门,还开拓了广府人的开放思想。他们是最早知道"太平洋彼岸有座金山"、"外面的世界很美好"的中国人。广州和西方国家之间的贸易进一步开阔了南粤广府人的视野,让他们知道海外还有很多途径可以赚钱致富。除此以外,鸦片战争后,由于连年军阀混战、农民起义以及本地与外地人的土地纷争的困扰,珠江三角洲地区的社会安定和经济秩序遭受破坏,人民陷入水深火热的苦难之中。这些预料不到的战乱和地方械斗,破坏了大众的正常生活,广府人被迫到海外去寻找谋生养家之路。然而,单是贫困还不足以解释移民原因。当时的中国确实很贫穷,但珠三角地区土地肥沃,拥有丰富的农业资源和活跃的商业活动,比起全国其他地区,珠三角地区的生活相对富裕,人民的思想比较开放。显然,这个地区不是最贫穷的地区。其实,中国最贫穷的地区在西部和北部,可是那些最贫困的地区基本没人出国,因为那里的人民根本无从获得有关国外

---

① 参见 Barth, *Bitter Strength*, 1964; Chan, *This Bitter-Sweet Soil*, 1986。

第二章　夹缝求生：寄居他乡的回忆

的任何信息，也没有任何跟国际移民有关的家族社会网络。

美国的西部扩张和殖民化对劳工的大量需求，也是导致华人移民美国的动因之一。1848年加州发现金矿，美国东部和中部的殖民者随即蜂拥而至，去到那里开采金矿。此时，资本主义在美国正在兴起。埃德娜·博纳奇（Edna Bonacich）认为，美国西海岸的发展有两条途径：一条是依赖性资本主义，依赖来自美国东部和欧洲的投资，为拓展国内外市场而挖掘原材料，发展农业和交通运输业。另一条路线是从小生产者阶级发展而来的独立性资本主义。以采矿、铁路和农业为代表的依赖性资本主义，倾向于开采原材料而不是生产商品。为了能在国际和国内的资本和销售市场上具有竞争力，这些行业必须把劳动力成本降至尽可能低的水平，因为劳动力是唯一的可变成本。但是，雇佣白人劳工的成本太高，资本家无法赚到可观的利润。此时美国已经废除了奴隶制，因此资本家不得不到太平洋彼岸去寻找廉价劳工。独立的小生产者也随着淘金热来到加州。金矿采完了，他们就转向服务于当地市场的制造业。他们依靠原始资本积累来发展生产，避免了与东部或欧洲市场的竞争。尽管劳动力的成本较高，他们会设法把成本转嫁到当地消费者身上。不过，他们也使用廉价劳动力，以利于他们自己之间的相互竞争[①]。因此，廉价劳动力成了大小资本家都急需的劳动力。但是，当时由于没有横跨美洲大陆的铁路，劳工只能从

[①] 参见 Bonacich, "Asian Labor in the Development of California and Hawaii", 1984a, p. 140。

美国东岸乘船，绕过南美的合恩角到西部来，或者要横跨美洲大陆，乘坐马车长途跋涉而至①。

  这两种交通方式都非常昂贵。一个折中解决的办法就是跨过太平洋从中国输入劳工。为满足金矿开采和美国西海岸开发的需要，开始以苦力贸易制度输入契约劳工，后来发展成为更为人性化的"信用票"制度（credit-ticket system）②。苦力贸易，也就是侨乡的乡亲常说的"卖猪仔"，是那个时候极为特殊的一种贩卖劳工的方法。像广州和厦门这样的大港口，成了苦力贸易的中心。从香港转运劳工到三藩市的主要方式是通过信用票制度。按照这种制度，在中国港口预先把旅费支付给劳工，到达加州后再从劳工的工钱中扣还③。这些劳工要先到香港或澳门，当时这两个城市都处于外国统治之下，可以找到船去美国，但越洋旅费极为昂贵，至少50美元的旅费，外加20美元的移民费用。对于广东劳工来说，这是一笔巨款，当时他们一个星期的收入大约只有1美元。只有极少数人能设法从家人、家族和村里乡亲中筹集到足够的钱来支付旅费和移民费。大多数人被迫签订劳工契约和借债，背负了日后才发现难以偿清的债务。

  苦力贸易的契约并非仅仅是运送劳工的方式，也是一种剥削形式。按照契约，苦力每月必须支付一笔钱或工作若干时间作为偿还他们渡洋的费用。但是，华工们大多目不识丁，根本

---

① 参见 Kwong, *Chinatown, New York*, 1979, p. 20。

② 参见 Barth, *Bitter Strength*, 1964; Chan, *This Bitter-Sweet Soil*, 1986。

③ 参见 Barth, *Bitter Strength*, 1964; McCunn, *An Illustrated History of the Chinese in America*, 1979, p. 22。

第二章 夹缝求生：寄居他乡的回忆

不理解契约的具体内容，通常就在契约的签名处画押按手印。这种方式使西方的劳务公司、航运公司、华人苦力捐客和人贩子有很大的空子可钻，趁机赚钱。到1851年底，据估计加州约有2.5万华人在矿山劳作或从事农业、家政和其他小作坊的体力劳动[1]。随着劳工需求和运送人数的增加，这些公司赚取了巨额的利润。仅在1852年一年，就有3万华人从香港被运到三藩市，从中轻而易举赚取的利润高达100万美元[2]。

华工被运送到加州，不仅满足了美国西海岸不断扩展的经济对廉价劳动力的需求，同时也满足了华人劳务承包商赚取高额利润之需[3]。当时大部分出国的华工都是只做短期打算，去美国挣些快钱，然后打道回乡。他们中的大多数人并不知道自己究竟要去哪里，干什么活。他们幻想中的加州是遍地黄金之地。实际上，他们只是苦力，一旦踏上了这漫长而孤独的旅程，就很可能永远无法实现他们短期寄居的挣钱目标。即使有些人预料到前程的艰辛和风险，但对黄金的渴求和为家庭致富而不惜付出代价的愿望，使他们心甘情愿去拼搏。

第二节 寄居：苦力的辛酸

早期华人移民的黄金梦具有暂时侨居的特点。与渴望在美国建立新生活的大批欧洲移民不同，早期的华人移民只想在美

---

[1] 参见 Coolidge, *Chinese Immigration*, 1909, p. 17。
[2] 参见 Barth, *Bitter Strength*, 1964, p. 62。
[3] 参见 Saxton, *The Indispensable Enemy*, 1971; Chan, *This Bitter-Sweet Soil*, 1986。

国作短暂居留。由于语言文化的障碍，他们往往与外界隔绝，对所谓同化兴趣缺乏，根本不想在美国永久定居[①]。对于早期的华人移民来说，横跨太平洋的主要目的是挣钱发财，为了能定期汇钱给国内的家人。大部分华人移民深信，美国遍地都是黄金和机会，只要辛勤劳动，自我牺牲，就可以淘到黄金和挣得钱财回家。这种侨居的特点，影响了早期华人在美国的适应模式和唐人街的发展轨迹。

早期的华人移民主要是农民，来自珠江三角洲的农村，如广东的台山、开平、恩平、新会、顺德、南海、番禺和中山等县。这些地区是最早知道有关金山消息的地方。珠江三角洲地区土地肥沃，那里的农民也极富冒险精神。数百年来，他们不仅在田间劳作，还大胆尝试各种谋生的手段。他们知道光靠种田不能致富，有不少人跑到附近的城市去经商，当小贩、小店主，或做小生意。要么就在农闲时外出打散工搞副业，例如当木匠、养鱼、木制工艺、编织篮子等等。他们走南闯北，见过世面，熟悉香港、澳门尤其是广州等大港口的对外贸易活动。广州是当时中国南部唯一向西方人开放的通商口岸。广东人的冒险精神和前卫的移民意愿及灵通的信息，使他们能下定决心漂洋过海，到国外谋生。

广府人的另一个特点是宗亲家族观念强。这个地区的村庄大同小异，同村的人几乎都是同姓，或者有宗亲关系，家庭和宗族关系密切。他们有相同的传统价值观，说相同的方言。无

[①] 参见 Siu, *The Chinese Laundryman*, 1987, p. 4。

第二章　夹缝求生：寄居他乡的回忆

论走到何地，他们都会组织同乡会或宗亲会，互相帮助，以适应新的环境。因此，当他们出国去碰运气时，往往会得到早先出国的同乡和同族宗亲的帮助[①]。

远渡重洋来到美国的大多是青壮年男子，大部分是已婚男人，他们把妻子留在家乡抚养子女、照顾老人、耕田种地。他们出国只是为了打工挣钱，并不打算永久定居。与家乡亲人的情感纽带、对祖先的崇敬以及存够钱回到家乡买房置地过好日子的愿望，支撑着他们在陌生而且充满敌意的环境中劳作。即使是那些为数极少能带家眷到美国的华商，也仍然认为他们的家在中国。广东省是历史上两大侨乡之一（福建省是另一个传统侨乡）。早期移民美国的华工基本源自广府地区。因此，早期美国唐人街的族裔文化带有浓厚的南粤特色，例如粤菜、粤语和四邑方言等等。

华工在美国西部的工作十分辛苦，生活更为艰难。华人移民开头几年与当地人相安无事，甚至受欢迎。他们要么在矿山采矿，后来去修铁路，要么提供做饭或洗衣服等基本服务，这些服务正好满足了离家来寻金的白人男性工人的需要[②]。但到了1852年，地表层的富矿已经挖尽，矿工们不得不深钻到地下去开矿，以求有好的回报。深层采矿需要只有大公司才掌握的资本，还需要雇用更为廉价的劳动力即苦力去开发。华人这时才发现自己在与白人矿工抢饭碗。这种竞争后来引发了反华人的

[①] 参见 Chen, *The Chinese of America*, 1980, p. 21。
[②] 参见 Nee and Nee, *Longtime Californ*, 1973, p. 33。

敌意。对于华工来说，美国是他们可能挣大钱的地方，但并不是他们归属之地。美国的一切对他们来说都不值得留恋。他们在极为孤独的环境中生活，只能自我抱团，相互依靠，赖以得到社会和情感方面的支持。

华工的工资非常微薄，每月从中还得扣掉相当大部分去偿还给捐客和劳务承包商。更糟的是，他们还要缴纳重税。1852年，加州对外国矿工征收每月3美元的许可证税。一年以后，此税升至每月4美元。大部分的税收其实是从华工身上征收的，因为他们是"永远的外国人"，大多数不是公民，也不想成为永久公民。华人缴纳的税款是刚成立不久的加州政府财政收入的最大来源之一。直至1870年，在华人已经交了16年的外国工人人头税以后，美国最高法院才裁决此税违宪。至此，华人已经缴纳了共500万美元的税，占此税收总额的85%。然而，华工没有获得一分钱的退税①。

19世纪50年代末，大部分金矿枯竭，对廉价劳动力的需求转移到修筑铁路。中央太平洋铁路公司雇用了大批华工去修建横跨北美大陆的铁路②。华工总是被派去干最困难、最危险而白人劳工不肯干的重活，在完成落基山脉中最困难的路段中作出了不可磨灭但又鲜为人知的贡献。当铁路完工之后，华人遭遇种族歧视和排斥，被迫又默默地转到西部的其他行业去寻求新的工作机会，尤其是建筑业、农业和制造业，如毛纺针织

---

① 参见 Chen, *The Chinese of America*, 1980, p. 48; Coolidge, *Chinese Immigration*, 1909, p. 37。

② 参见 Chu and Chu, *Passage to the Colden Cate*, 1967, pp. 50-77。

第二章　夹缝求生：寄居他乡的回忆

厂，小规模的生产靴子、鞋子和雪茄烟的工厂等等[1]。

早期的中国移民对开发美国西部和建造横跨大陆的铁路作出了巨大贡献。然而，随着时间的推移，他们中几乎没几个人能真正发财致富，衣锦还乡。大部分人终身劳碌、极端贫穷和异常孤独。为了寻金而命丧他乡的例子也层出不穷。

第三节　排华："中国佬必须滚！"

华人移民为了掘金山而来到美国，但事与愿违，他们竟没得到一丁点的黄金。相反，他们很快发现自己成为种族歧视和排斥的对象。他们对西部开发的贡献和辛勤劳动不仅得不到承认，反而被指控为在美国社会营造"罪恶腐败的脏窝"，用"偷偷摸摸"的竞争方式排挤白人工人[2]。他们被蔑称为"黄祸""中国威胁""天生的敌人"。反华的怒火最后变为白人劳工运动的一句政治口号："中国佬必须滚！"这个口号是加州工人党（Workingmen's Party of California）在19世纪70年代末为推进《排华法案》的制定和通过而提出的[3]。

19世纪末加州强烈的反华运动，见证了以白人为主的社会对非白人少数族裔群体的排斥和剥削[4]。淘金热吸引了大量外国

---

[1] 参见 Kwong, *Chinatown, New York* 1979, p. 23; Chan, *This Bitter-Sweet Soil*, 1986。

[2] 参见 McCunn, *An Illustrated History of the Chinese in America*, 1979, p. 75。

[3] 参见 McCunn, *An Illustrated History of the Chinese in America*, 1979, pp. 70-82; Miller, *The Unwelcome Immigrants*, 1969; Saxton, *The Indispensable Enemy*, 1971。

[4] 参见 Saxton, *The Indispensable Enemy*, 1971。

廉价劳工，也吸引了从东海岸和中部过来的许多贫困潦倒的白人劳工。19世纪70年代初，美国经历了严重的经济危机。祸不单行，倒霉事接踵而来：旱灾、采矿业减产、股票市场和房地产投资波动而引发的恐慌、土地垄断、工人运动兴起等。第一条横贯大陆铁路建成以后，2.5万名筑路工人失业。加上100多万人从东海岸和中部迁移到西海岸，失业情况更为严重[1]。加州人和外州的白人工人的就业机会本来就有限，可是，华工还继续被运来加州。资本家为了获取高额利润，把劳工成本压到最低水平。思想意识中带有"劳动者尊严"观念的白人劳工阶级，联合了农民和工匠，形成了反资本家、反剥削、反奴工制的联盟[2]。白人工人与资本家之间的矛盾被转嫁到外国和少数族裔廉价劳工，特别是华人劳工身上来泄愤。

由于华人劳工是临时寄居者，他们与外界隔绝，毫无兴趣被同化。苦力贸易实际上是一种奴役形式。华人劳工除了夹在白人劳工阶级与资产阶级之间，他们被完全排除在美国的劳工阶级之外。由于他们无意在美国定居，一心只想挣快钱带回家乡，因此他们甘愿接受不人道的工作条件和远低于最低标准的工资，这种做法与白人劳工阶级的尊严、权利和意识形态格格不入。随着越来越多华人被送到美国来顶替白人劳工的工作，这种直接的竞争导致了反华情绪持续发酵和高涨。华人劳工很快成为种族偏见和歧视的攻击对象。反华工运动迅速动员起

---

[1] 参见 Kwong, *Chinatown, New York*, 1979, p. 24。

[2] 参见 Bonacich, "Asian Labor in the Development of California and Hawaii", 1984a, p. 131。

第二章 夹缝求生：寄居他乡的回忆

来。从1877年加州工人代表团向州议会提交的提案中可见一斑。其中一项提议写道：

> 外国人不得进行贸易、销售或做任何生意；任何不具有公民资格的人不允许在本州居留，任何鼓励他们居留的人都应被罚款。任何不具有美国国籍的人不得携带武器，不得在涉及白人的案件中出庭作证，不得在本州内陆水域捕鱼，不得受雇于任何公共工程。应该对每个华人移民征收每人250美元的人头税。[①]

这些提案虽然没被通过，却被用来为反华工运动做辩护。白人劳工阶级以"中国佬必须滚！"为口号的政治运动的结果，是美国国会在1882年通过了《排华法案》。这是美国为数极少的基于国籍而把整个族群排除在外的联邦法律之一。该法规定：

> 兹暂停输送中国劳工来美国。在此暂停期间，任何华工来美皆为非法，或在上述90天后仍留在美国境内者，皆为非法。……无论来自任何外国港口或地方，任何船的船长故意将华工带入美国，或允许其上岸，应被判为轻罪。一经定罪，每带进一个华工处以不超过500美元的罚款，或可能被处以不超过一年的监禁。
>
> ……
>
> 此后，任何州法院或联邦法院均不得接受中国人加入

---

① 引自 Coolidge, *Chinese Immigration*, 1909, p. 119。

美国国籍；所有与本法案相抵触的法律均予废止。①

该法案旨在将华工排除在美国劳工市场之外②，为期十年之内暂停所有熟练或非熟练的华人劳工移民。但中国的外交官员、学者、学生和商人以及短期访问的旅行者除外。该法还禁止所有已经在美国的华人加入美籍，原因是华工的到来，对美国地方的良好秩序造成危害。

1888年9月，国会通过了另一个法案，禁止中国劳工进入美国。该法案规定：

> 自美国与大清皇帝陛下于公元1888年3月12日相互交换签署的条约生效之日起，任何华人，无论是大清的臣民还是其他国家的臣民，进入美国均属非法……本法案通过后，在美国的华人劳工一旦离开美国，不得再进入美国……除非他在美国有合法妻子、孩子或父母，或在美国拥有价值1000美元以上的财产，或别人欠他的债等同于上述的金额且正在等待了结，否则不得允许上述条款范围内的华工返回美国……
>
> ……
>
> 如果没有向入境口岸的海关官员提交所要求的返回证明，不得允许华工重新进入美国。持有本条规定证件的

---

① 引自1882年5月6日通过的《排华法案》（第126章），*United States Statutes at Large*, vol. 22, pp. 59-61。

② 参见 McKenzie, *Oriental Exclusion*, 1927。

第二章 夹缝求生：寄居他乡的回忆

华工，只能在其离开的港口进入美国。除了中国的外交或领事官员及其随行人员，任何华人不得进入美国。但三藩市、波特兰、俄勒冈、波士顿、纽约、新奥尔良、汤森港或由财政部长指定的其他港口除外。[1]

从1888年起，对抵达和再次入境美国的华工的限制更为严厉。回中国探亲的华工不允许再次进入美国。虽然也偶有例外，但大部分的华工都不在此列。极少有华工能满足再次入境所要求的法律条件，因为他们中没多少人在美国有家庭。在《排华法案》实施后的几年中，大约有两万多名华人回国探亲后被拒绝再次入境美国，尽管他们中许多人持有规定的再次入境证件[2]。

1892年美国国会又通过了1882年《排华法案》的延长法案，变本加厉地排华，此法案禁止所有的华人劳工进入美国[3]。在随后几年中，限制华人移民的立法范围扩大到美国所管辖的岛屿和领地[4]。同时，把"华工"的定义扩大到尽可能多的职业类别，包括推销员、文员、采购员、簿记员、会计、经理、店

---

[1] 引自 "An Act to Prohibit the Coming of Chinese Laborers to the United States", September 13, 1888, Public Law 1015, *United States Statutes at Large*, vol. 25, pp. 476-479, 504; "A Supplement to the Chinese Exclusion Act of 1882"，禁止中国劳工返回美国，October 1, 1888, Public Law 1064, *United States Statutes at Large*, vol. 25, p. 504。

[2] 参见 McCunn, *An Illustrated History of the Chinese in America*, 1979。

[3] 参见 Public Law 60, *United States Statutes at Large*, vol. 27, pp. 25-26。

[4] 参见 "An act supplementary to the 1882 Chinese Exclusion Act"，授予美国地方检察官对任何非法华人发出逮捕令的权利，March 3, 1901; Public Law 845, *United States Statutes at Large*, vol. 31, p. 1093; 下一年，《排华法案》扩展到美国所属的岛屿地区，April 29, 1902; Public Law 641, *United States Statutes at Large*, vol. 32, pp. 176-177。

主、学徒、经纪人、出纳、医生、餐馆老板和厨师、管家、洗衣工、小贩以及许多其他的职业，按照新法律，全都算作不得入境的"劳工"[1]。

随着白人工人的愤怒和不满情绪的增长，他们对华人劳工的非法迫害和非法监控，加剧了《排华法案》的负面影响。华人被赶出矿山、农场、毛纺厂和其他工厂。在这种恶劣的环境下，华人为了自我保护，被迫在城里的贫困街区抱团而居，这些聚居区后来慢慢发展成为唐人街。然而，即使在唐人街，他们也难以独善其身，免受干扰。武装暴徒不断用辱骂、殴打和用手枪来恐吓华人。他们向走在街上的华人扔石块，剪掉他们的辫子，闯入他们的住所，放火烧毁他们的房子，抢劫他们的商店[2]。

在此期间，许多华工被迫永久返回中国。大多数没钱回国的华工（没路费钱，或没钱可带回家买房置地），大都搬离他们打工的地方，一部分迁到东海岸去，继续追求自己的黄金梦。那些短期回国探亲的人，再也不准返回美国。许多在美国持有少量股份做生意或者别人欠了他们债的商人，也因为无法回到美国而遭受惨重损失。

由于《排华法案》和随后的立法，来自中国的入境人数急剧下降。19世纪80年代从中国进入美国的人数（61,711人）比前面十年（123,201人）减少了一半。中国移民人数在20世

---

[1] Nee and Nee, *Longtime Californ*, 1973, pp. 55-56.

[2] 参见 Saxton, *The Indispensable Enemy*, 1971; McCunn, *An Illustrated History of the Chinese in America*, 1979.

第二章 夹缝求生：寄居他乡的回忆

纪 30 年代减至最低点，为 4,928 人（见图 2-1）。这种趋势直至 20 世纪 70 年代才发生显著的变化。

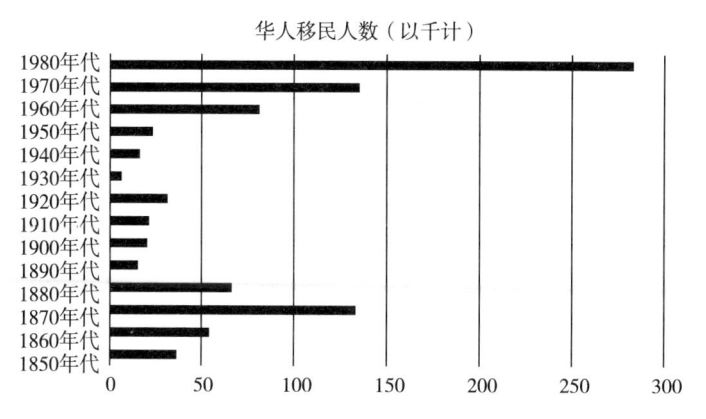

华人移民人数（以千计）

1980年代	▇▇▇▇▇▇▇▇▇▇▇▇▇ 280
1970年代	▇▇▇▇▇▇ 130
1960年代	▇▇▇ 80
1950年代	▇ 25
1940年代	▇ 15
1930年代	▏5
1920年代	▇ 30
1910年代	▇ 20
1900年代	▇ 20
1890年代	▏15
1880年代	▇▇ 60
1870年代	▇▇▇▇▇▇ 130
1860年代	▇▇ 55
1850年代	▇ 40

图 2-1　1851—1980 年华人移民入境美国人数（以千人计）
资料来源：《美国移民与归化局统计年鉴，1986 年》。

在排华的年代，不允许任何华人劳工移民，也不允许在美华人加入美国国籍。根据排华法律，只有一些华商及其家属可以合法来到美国。其他人则只能通过非正式途径。最常见的是利用假出生证明。新入境者手持美国出生证，声称自己是在美国出生而被美籍华人送回了中国，或者是归化的华裔美国人的儿子。这种做法之所以可能，是因为 1906 年三藩市大地震销毁了这个城市大部分的官方出生记录。一些可以合法出入美国的华商充当"父亲"，把一些华商的儿子（包括一些已经去世的小孩）的美国出生证卖给家乡想出国的乡亲，让他们凭真的或假的美国出生证冒名顶替，进入美国。这些凭假身份证明入境的人被称作"纸仔""纸儿子"，或"证书儿子"（paper

唐 人 街

son）。纸儿子终身背负着假名字和假身份，他们这样做主要是为了尽家族的责任①。类似的故事经常可以在纽约唐人街听到。一位九十二岁的唐人街退休商人，住在纽约市郊的威斯彻斯特（Westchester）县，他经常去唐人街。他回忆说：

> 那时候很难进入美国，因为法律禁止华人移民。我是商人，来往于纽约唐人街与香港之间做贸易，我太太和孩子留在台山乡下。每次我从中国回到美国，我都申报又生了一个儿子，因此获取出生证明。就这样，我把在中国出生的小儿子和几个侄子带到纽约来，让大儿子留在家乡照顾我太太。她一直住在乡下，直到最近才来美国。很多华商都是这样做的。要不然谁能够来美国呢？②

《排华法案》的直接结果，是唐人街在美国各地的建立和发展。最早作为华人寄居者落脚地而建立的三藩市唐人街，成为愈加巩固的华人移民社区，与外部社会隔离以求自我维系和自我保护③。不久以后，华人开始分散到美国的其他地区，大部分人向东迁徙，以逃避加州白人劳工阶级的敌意和歧视。于是，许多大城市都涌现出相当规模的唐人街，包括纽约、芝加

---

① 参见 McCunn, *An Illustrated History of the Chinese in America*, 1979, p. 88; Nee and Nee, *Longtime Californ*, 1973, pp. 62-63; Siu, *The Chinese Laundryman*, 1987, pp. 196-197。

② 引自笔者 1988 年 5 月访谈记录。

③ 参见 Nee and Nee, *Longtime Californ*, 1973。

哥、波士顿、巴尔的摩和费城。那些到纽约市投亲靠友的华人，大都在唐人街落脚定居。当时的唐人街只不过是曼哈顿下东城区一个不起眼的移民聚居区。随着时间的推移，唐人街与外界逐渐隔绝，华人被迫从事一些边缘性的经济活动以维持日常生活需要。与最初那些打算暂居的劳工不同，这些华人从事另一种类型的工作，他们在唐人街开洗衣店、餐馆、商铺，或者当白人家庭的佣人。与欧洲移民相比，早期到美国的华人移民饱受更加严重的剥削、苛捐重税、种族歧视以及社会不公。

第四节　唐人街：被迫与自愿的隔离

美国唐人街的建立，既是被迫的族裔隔离，也是心甘情愿的无奈选择。归根到底，唐人街是法律排斥、系统性种族歧视和社会偏见的产物。反华人和歧视性言论在报刊上屡见不鲜。司徒亚特·米勒（Stuart Miller）从《纽约时报》摘录了一个典型例子：

> 虽然他们是有耐心和可靠的工人，但他们身上固有的根深蒂固的恶习，使他们不适合同化为我国国民的一部分。他们的宗教信仰与我们的完全不同，他们会下毒和伤人。除非他们的表现是对我们非常的有利，才可以把他们介绍到我们家里来当佣人。至于以平等的地位与他们相处，那是根本不可能的。我们与他们的平等交往，对改善

唐人街

我们的种族没有任何好处。①

如果早期的华人矿工能够忍受在矿业公司的严格控制下，在与其他工人隔离的工地中干活还能固守和保持自己的传统生活方式，那么唐人街无疑是在充满敌意和歧视的美国社会中夹缝求生的一种生活方式。华人被排除在美国社会和生活以外，在社会、政治、法律和经济等各个层面都受到排斥。于是唐人街发展出自己的应对机制，对付这个充满敌意的生存环境②。

在对唐人街的经典研究中，袁（D. Y. Yuan）指出，唐人街与外界隔离，既是被迫的，也是自愿的③。由于种族歧视的影响，华人被拒绝于结构性同化之外。他们别无选择，只有建立一个与外界隔绝的族裔聚居区以求生存和自我保护。在一个可供选择的机会极少的社会中，华人移民只能互相依靠。这种被迫的族裔隔离，反而增强了族裔认同感和团结精神，但结果却是强化了族裔隔离的状态。

然而，有几个很实际的原因，致使华人自愿地自我隔离，在唐人街聚居，在本族裔的人群中扎堆。首先，他们打工只是为了挣钱，并不打算长期居留。他们对美国社会的适应，只是为了这个短期的目标。因此他们觉得没必要学英语，

---

① 引自《纽约时报》1868 年 6 月 7 日的社论，见 Miller, *The Unwelcome Immigrants*, 1969, p. 171。

② 参见 Kuo, *Social and Political Change in New York's Chinatown*, 1977; Yuan, "Voluntary Segregation", 1963, pp. 258-259。

③ 参见 Yuan, "Voluntary Segregation", 1963。

第二章　夹缝求生：寄居他乡的回忆

没必要接受教育，没必要为争取工人的权益而参与政治活动，也没必要与美国人同化。他们需要的只是找份工作，积累些钱。当他们被主流社会排斥时，为了应对困境，他们就在唐人街建立起自己的小天地。此外，他们大部分都是单身汉，没有家庭。他们需要一种类似于家庭的社交生活方式。所以他们来到唐人街，在这里他们可以用自己的语言交流，吃自己熟悉的东西，玩自己喜欢的游戏，交换来自家乡来的信息，经常与乡亲分享共同的经历。他们可以在一个有共同身份认同的族裔社区中相互依靠，同甘共苦。他们大多数人通过家庭或亲属网络来到美国。刚到异国他乡，他们自然而然地会向自己的亲属求助，然后顺理成章地被带进唐人街。在唐人街里，人们按照宗族或以同姓分为不同的小群体，这些小群体各有自己的组织和规矩。

　　早期的纽约唐人街主要有三种功能。第一，早期唐人街是一个作为华人躲避社会敌视的避难之地。纽约唐人街住着数百名从西海岸的矿山和农场被赶出来的劳工，他们被迫向东迁移，投亲靠友，以求另谋生计。纽约的唐人街在19世纪80年代以前就已经形成，是一个大约有四个街区的小族裔聚居区。但唐人街真正发展起来是在排华期间[1]。当时的唐人街是一个人口结构畸形、男女性别比例高度扭曲的单身汉社会。在20世纪之交，大约有4000名男性和36名女性住在唐人街，比例为

---

[1] 参见 Wong, *Patronage, Brokerage, Entrepreneurship, and the Chinese Community of New York*, 1988, pp. 30-31。

110名男性对1名女性。即便到了1940年,唐人街仍然是个单身汉的庇护所(60名男性对1名女性)。但那时的地域已经扩展,增加至9个街区,北至坚尼街,南至柏路,西至巴士打街,东至包厘街,大约1万名华人移民住在这里。

第二,早期唐人街是族裔经济发展的重要基地。华人劳工在这里找到工作,可以挣到钱,足够维持他们的黄金梦不至破灭,同时也是对美国的一种默认。为了避免与白人劳工阶级冲突,华人劳工不得不去寻找不会直接与白人劳工竞争、主流经济余下的工作机会空缺[1]。随着对手工洗衣的需求不断增加,大部分华人转为洗衣工,以洗衣业维生。洗衣业成了唐人街经济的支柱。在20世纪20年代,纽约市的华人大约有37.5%从事洗衣工作[2]。直至蒸汽洗衣和洗衣机广泛使用以前,手工洗衣业一直是以华人为主的行业。自助洗衣店出现后,也有相当部分的自助洗衣店由华人经营。

除了洗衣业,华人也从事白人劳工甚至欧洲移民都不屑一顾的边缘经济活动。不少人在大户人家中当佣人和厨师,有些人则自己经营礼品店或做其他小生意[3]。

在制度排华期间的单身汉社会,唐人街经济的另一个支柱行业是餐饮业。与服务白人顾客为主的洗衣业不同,餐馆业的出现主要是为了满足短期寄居华人的需要。这些单身汉把家

---

[1] 参见 Siu, *The Chinese Laundryman*, 1987。

[2] 参见 Chen, *The Chinese of America*, 1980, p. 198。

[3] 参见 Wong, *Patronage, Brokerage, Entrepreneurship, and the Chinese Community of New York*, 1988, p. 81。

第二章　夹缝求生：寄居他乡的回忆

眷留在家乡，夜以继日地工作，他们几乎没时间、更没兴趣自己做饭。随着单身汉的人数越来越多，茶楼、咖啡店（老唐人街的华工酷爱喝咖啡）和餐馆如雨后春笋般涌现。这些通常都很小的饮食店和茶餐厅，最初只是为了满足华人劳工的迫切需要。后来中国菜逐渐被美国大众所接受，才扩展到满足更广泛的客户需求。

第三，早期的唐人街是族裔社会支持的中心。聚居唐人街会使身处异国他乡的华工有一种家乡的感觉。大部分在唐人街居住的是已婚男人，他们把妻子留在家乡，孤身来到美国挣钱。这些勤劳的男人一门心思只想攒钱回国，但他们十分孤独寂寞。他们不懂英语，对美国文化一无所知，又经常被种族偏见困扰，所以他们不可能走出唐人街，不可能在美国这个大熔炉中分享"快乐"。因此，餐饮业在唐人街的重要性，远非仅仅是经济的原因。对于这些短期寄居的华人劳工来说，吃饭的地方也是他们能聚在一起度过不多的空闲时间的地方。一天劳累之后，与其回到拥挤不堪的贫民窟休息，不如聚在餐馆一起吃饭，聊聊家乡和自己身边发生的事，打打扑克，小赌一把，或者彼此开些无伤大雅的玩笑，在一天劳顿之后解解闷，排解思乡之情。

尽管中国人似乎固执地坚持使用筷子，保持传统的生活方式，重视宗族观念和关系，但他们并非与生俱来不可同化。他们的自我隔离是有原因的。根深蒂固的短期寄居意识与外部因素，如法律和制度的排斥相互作用，注定了他们在唐人街聚居生活。

第五节　定居：黄金梦破灭

准确描述早期华人移民的人口和社会经济状况的统计数字极少。然而，普遍的看法和显而易见的事实是：早期的华人移民绝大多数是男性寄居者。他们大多是贫穷农民，文化程度低，不懂英语，但满怀黄金梦。不幸的是，对于大多数寄居者来说，黄金梦只不过是海市蜃楼而已。

早期华人移民的梦想和生活，围绕着三个主要目标：挣钱和存钱；还清债务；衣锦还乡，在家乡买房置地，与家人过上安逸生活。但是，华人移民在美国灾祸不断，遭受歧视虐待，加上中国国内战事频仍，情况令人失望。1949年中华人民共和国成立后，由于美中断绝外交关系，致使他们实现黄金梦的最后一线希望破灭。加上受到美国麦卡锡时代极端反华宣传的影响，他们害怕私有财产被共产党政府没收，不敢回国。既然回国前途未卜，遥遥无期，这些寄居者第一次意识到自己要长期留在美国，才开始重新考虑自己定居后的前途。

与此同时，历时60多年的《排华法案》在1943年被废除，《战时新娘法案》在1945年通过，华人有资格归化为美国公民，他们的家属也能够来美国团聚[①]。此外，随着美国社会的逐渐

[①] 参见"An Act to Repeal the Chinese Exclusion Ac", passed on December 17, 1943, 废除了大部分针对华人的歧视性法律。参见 public law 344, *United States Statutes at Large*, vol. 57, pp. 600-601。"The War Brides Act", passed on December 28, 1945, 允许美国军人的妻子进入美国。下一年，美国军人的未婚妻子被允许移民美国。Public law 271, *United States Statutes at Large*, vol. 59, pt. II, p. 659.

第二章　夹缝求生：寄居他乡的回忆

开放，种族偏见有所收敛，华人长期闭塞的眼界逐渐睁开，意识到唐人街以外还有不同的世界，那里可能会有充满机会的前途。他们开始放弃回乡落叶归根的一贯想法，转为决定永久在美国生活。无论如何，唐人街的这些寄居者终于慢慢地转变为定居者。战后来美的许多华人，一来就打算在美国定居安家，不再是寄居者了。

一位五十多岁的移民回忆起他在20世纪50年代初来到纽约的情景：

> 我十几岁的时候，全家人刚逃离战乱的内地到了香港。然后我从香港来到纽约，住在我伯父家里。我父母对我耳提面命，要我尽全力争取早日定居，以便将来可以帮助我弟弟移居美国。我跟很多唐人街的工人不同，我在中国没有任何牵挂。我脑子里唯一记住的就是父母要我在美国定居的叮嘱，然后把弟弟弄过来。我是靠着伯父的帮助才能来美国的。我一开始就想在这里定居，根本不想回香港[①]。

在二战后，华人妇女开始来美国与她们的丈夫团聚。1947年，大约有9,000名华人妇女移民美国。在1945年至1947年间来美国的全部华人移民中，大约有80%是女性。此后，华人女性进入美国的比例一直略高于男性。男性移民通常会返回中国结婚，不久后会把妻子和年幼子女带到美国。结果，美国华

---

① 引自笔者1988年10月访谈记录。

人社区的男女性别比例逐渐趋于平衡（见图2-2）。

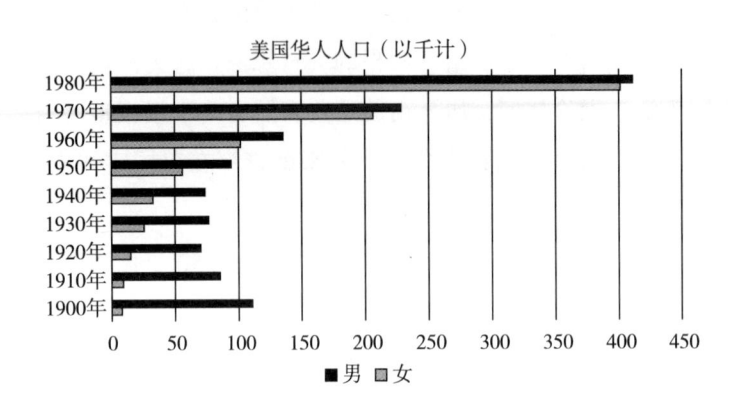

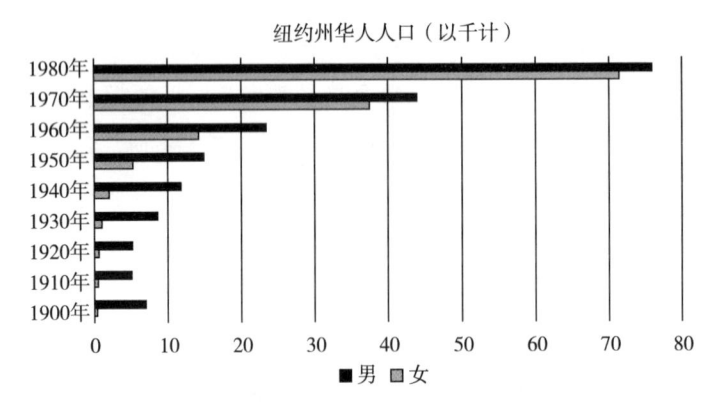

图 2-2　1900—1980 年美国华人人口增长趋势
资料来源：1980 年美国人口普查数据。

还有另外一些华人是被迫在美国安家的。1949 年中华人民共和国成立以后，大约有 5,000 名持旧中国身份的公民被困在美国，他们是二战后因为各种原因而入境美国，包括留学生、观光客、生意人、政府官员、记者和其他临时访客，他们来美

第二章　夹缝求生：寄居他乡的回忆

国的时候原本没有打算定居[1]。还有大批解放战争的难民逃离家园，获得庇护进入美国。这些滞留者和难民大多来自中国的精英阶层。这些精英阶层的新移民和那些已经放弃短暂寄居的华工，开始了从暂居到定居生活模式的转变。他们慢慢从不可同化的寄居者的旧刻板形象——"肮脏和不守规矩为第二天性的下等人"——转变为模范少数族裔的新刻板形象。在经历了一个多世纪的寄居者生活以后，华人终于抛弃了传统的落叶归根观念，转而追求落地生根，探讨一种新的活法——不仅是为了生存，而且是为了追求向上社会流动，最终融入美国主流社会。

第六节　小结

华人移民美国的历史要比大多数欧洲裔和拉丁裔的移民历史更长。本章以考察老唐人街和早期华人移民为起点，为在后面的章节中深入分析当代华人移民对族裔社区和个人同化模式的影响作铺垫。华人移民美国的历史，几乎有三分之二的时间遭受法律和制度的结构性排斥和种族歧视。对于许多老一辈华人来说，淘金之路漫长而痛苦，到头来一无所获，黄金梦最终破灭。为什么他们来美国？为什么他们聚居在唐人街？为什么他们不能如愿返回家园？这些问题都是有答案的。他们带着"黄金梦"而来，他们为了生存而建立了唐人街，他们留在美国是因为还没能达到自己黄金满贯的目标和对新中国未知前景

---

[1] Tsai, *The Chinese Experience in America*, 1986, p. 120.

的担忧。他们的经历是充满矛盾的：他们一方面渴望挣够了钱打道回国；另一方面，他们却不得不留在美国，忍受艰辛，那时几乎无人能够衣锦还乡。当初短暂寄居的目标和最终落地生根的现实，这种矛盾的存在构成了唐人街独特的生活方式，影响了老一辈人的定居模式。

　　总而言之，二战前的这段华人移民美国的历史表明，华人移民从一开始就具有网络的特征。国外谋生的信息由西方商人、游客和牧师，以及已经移居海外的移民通过家庭和亲属关系网络传回给留在家乡的乡亲。亲属关系网络有助于汇集资源，帮助乡亲踏上越洋移民之路。假如没有广泛的亲属关系网络所提供的信息、支持和帮助，跨太平洋的旅程就不可能实现。华人移民在海外的定居模式也取决于他们自己的动机和期望。他们移民的主要目标只是打工挣钱，在移居国仅仅只是短暂寄居。所以，无论什么活，无论收入多少，华人移民都会尽可能拼命去干。他们的生活很简单，除了干活还是干活。他们对外部社会漠不关心，疏远隔绝。其实并非华人天生喜欢抱团，不可同化，只是他们根本不想、也不愿意同化。因此，他们聚居唐人街，最初是心甘情愿之举。但他们后来的居住隔离更多的是迫不得已。原因很明显，因为他们遭受到移居国社会的排斥和种族歧视。尽管华人只是想短暂居留，但他们的存在对白人劳工阶级构成了直接的威胁。加上他们的生活方式与外部社会格格不入，于是他们被社会排除在外。种族仇恨和歧视，迫使他们抱团而居，建立起自给自足的聚居区，从事主流经济边缘的低档工作。由于大部分华人都有寄居倾向，唐人街

第二章 夹缝求生：寄居他乡的回忆

自然也成了暂时栖身之地，不可能成为移民通过社会经济方面的成就而跃入主流社会的跳板，因为华人移民根本就不想跃入主流社会。由于华人移民既需要同胞和族裔社区的社会文化支持，同时也要保持与家乡的亲缘关系，于是唐人街为他们提供了一种让他们想起家乡的生活方式。这种自愿的居住隔离造成了一种不可同化的刻板印象。这种受制度歧视影响的负面刻板印象反过来又加剧了华人社区与美国主流社会的脱节与族裔隔离。

第三章

移民美国：定居者的追求

1965年是美国移民史上的一个重要里程碑。那一年美国国会通过了《移民与国籍法》(Immigration and Nationality Act)[①]。这一变革性的移民法案取消了1924年移民法的民族来源配额制。以前的移民法偏向来自西欧和北欧的移民，这些移民大多是白人、盎格鲁－撒克逊新教徒[②]。在过去二百年中，美国人口的增长主要来源是国际移民。19世纪50年代，当美国急需劳动力以促进其工业化发展时，大批移民潮水般地涌入美国。20世纪的头十年中，移民人数再次激增，达到创纪录的870多万人，其中85%以上来自欧洲。1968年移民法实施以后，大量来自四面八方的移民抵达美国。他们被泛指为当代移民。美国移民法的改革对美国社会和人口结构都产生了巨大影响。根据1980年人口普查报告，美国人口中有1400多万人在

[①] 1965年移民法也称为《哈特－塞勒法》(Hart-Celler Act)，1968年生效实施。

[②] 参见 Public Law 236, *United Slates Statutes at Large*, vol. 79, pp. 911-922.

第三章 移民美国：定居者的追求

外国出生，约占总数的6%。尽管这个比例远低于20世纪20年代移民人数占美国总人口13%的水平，但随之而来的移民潮持续高涨，不仅提高了外国出生人口的比例，也逐渐改变了人口族裔成分的比例。据移民研究中心报告，1981—1990年间，合法移民人数超过了1901—1910年间的移民人数，成为美国移民历史上自1820年以来的第二个高峰[①]。

自1965年以来，美国移民的来源地发生了逆转。与20世纪初的高峰期相反，20世纪末的高峰期大约有85%的新移民来自亚洲、加勒比海地区和拉丁美洲。欧洲移民的比例只占移民总数的11%左右。这与以欧洲白人和新教徒占多数的美国人口形成鲜明的对比。在20世纪60年代初期，每年总共只有7%，即大约2万人来自亚洲。从20世纪70年代起，亚洲移民到美国的人数激增，20世纪80年代每年平均有24万亚洲移民抵达美国。最大的跨太平洋移民潮主要来自中国（包括香港和台湾地区）、韩国和其他东南亚国家，如菲律宾、越南、老挝和柬埔寨。20世纪70年代末越南战争结束，美国从印度支那撤军，导致继二战结束后新一轮的难民潮涌入美国，东南亚难民中有一部分人是华裔。亚洲移民占美国移民总人数的三分之一以上。在20世纪头十年，亚裔美国人仅占美国总人口的0.3%；到了1990年，这个百分比增加至3%。据估计，到2080年，亚裔美国人将占美国总人口的10%。

华人不仅是最早移民美国的亚裔群体，也是20世纪末最

---

① 引自《华盛顿邮报》1988年7月23日，第A1页。

大的亚洲移民群体。预计在1990年代来自中国的华人移民潮将继续以每年三万至四万人的速度增长。此外，中国台湾地区1981年后每年单独有两万配额，还有相当数量的华裔移民来自其他东南亚国家[1]。1990年的移民法修正案把中国香港地区作为一个特殊的来源地，每年单独有一万个配额[2]。美国当代华人移民的快速增长是移居国的接收环境与祖籍国的移出环境的互动，以及新移民观念等变化的直接结果。本章考察大规模华人移民发生的条件和背景因素，以及这些宏观变化如何影响华人社区的发展和移民的社会融入。

第一节　移居国：不断变化的接收环境

在《移民美国》一书中，阿列汉德罗·波特斯和鲁本·伦博（Ruben Rumbaut）指出，移居国接收环境包括国家移民政策、劳动力市场的状况以及先前已经存在的族裔社区等宏观和中观因素，这些因素受制于移居国的社会分层制度，他们之间的互动直接影响移民群体在移民国的境遇和社会流动结果[3]。这些环境因素的改变，对移民趋势和移民同化模式产生重大影响。

---

[1] 参见 Sung, *The Adjustment Experience of Chinese Immigrant Children in New York City*, p. 22。

[2] 1990年11月29日，美国布什总统签署1990年移民法修正案，参见 Public Law 101-649。

[3] 参见 Portes and Rumbaut, *Immigrant America*, 1990, p. 85。

第三章 移民美国：定居者的追求

美国的移民政策

1965年以前，美国移民法对欧洲移民有利。在此之前，大多数亚裔美国人要么是19世纪挖掘金矿和修建铁路的华人后裔，要么是日本农民的后裔。歧视性民族来源配额制度有效地阻止了除欧洲以外其他国家移民的进入美国。在19世纪的美国，华人是除欧洲人以外人数最多和历史最长的移民群体之一，他们深受一系列严厉的法律排斥和种族歧视之害。从1882年的《排华法案》开始，在美华人的家属被拒绝入境长达60多年。在严苛的移民政策控制下，20世纪20年代以后，极少新移民合法地从中国进入美国。因此，美国的华人人口增长速度缓慢。即使在1943年废止《排华法案》并在1945通过《战争新娘法》后，每年分配给中国人的移民名额只有105名（直系亲属不受名额限制）。表3-1显示美国华裔人口1900年至1980年的状况。在20世纪的头20年，人口呈下降趋势，性别构成严重不平衡，在三四十年代略有回升。纽约和加州这两个华裔人口移民最多的州，显示出相似的趋势。

1965年10月3日，林登·约翰逊（Lyndon B. Johnson）总统签署法律，结束了偏向欧洲移民的民族来源配额制，平等对待每个移民输出国。输出国不论大小，均平等享受每年两万移民的定额。移民法的重大改革反映了当时时代的需要和两个政策取向，一是促进家庭团聚的人道主义取向，二是从国外招揽专业技术人才和熟练工人的经济取向。

根据放宽了的新移民法，移民签证分为六个优先类别：(1)美国公民的未婚子女（20%）；（2）永久居民的配偶和21岁以下的未婚子女（26%）；（3）杰出人才（10%）；（4）美国公民的已婚子女（10%）；（5）美国公民的兄弟姐妹（24%）；（6）美国劳动力市场紧缺的熟练技工和非熟练技工（10%）。成年美国公民的父母、配偶和未成年子女不受配额限制。美国公民的直系亲属短期访问，也不受配额限制。

1965年以后，主要有三大类人获得移民签证进入美国：三分之二以上是家庭移民，大约20%是职业移民，其余是各种不同情况的移民。根据新移民法，每年允许两万人从中国（包括香港和台湾）移民美国。1981年，允许台湾单独有每年两万个名额，因此华人移民的移民定额实际上翻了一番[①]。还有数量相当多的移民，如美国公民的父母、配偶和未成年子女等不受任何类别的定额限制。从1943年废除《排华法案》的每年105个配额增加到1965年的两万个，绝对数量的增长相当巨大。作为移民法改革的直接影响，在1961年至1970年间，有109,771华人移民美国，为前十年的四倍（1951—1960年间共有25,201华人移民）。20世纪70年代，华人移民人数达154,957人，比1961—1970年的人数增长41%。此后，源自中国大陆和港台两地的移民入境人数持续远远超过了每年两万人的配额。这意味着大量新来的移民是通过非配额类别，即美国公民的直系亲属而入境。移民人数的激增也使美国华裔总人

---

① 参见 Sung, *The Adjustment Experience of Chinese Immigrant Children in New York City*, 1987, p. 22。

第三章 移民美国：定居者的追求

口大幅度增加。从 1970 年至今，外国出生的华人占美国华裔总人数的 60% 以上：从 1960 年的 237,292 人增加到 1970 年的 435,062 人以及 1980 年的 812,178 人（详见表 3-1）。根据人口普查资料，纽约市的华人人口占纽约州的华人人口的 84%，全市华人人口从 1960 年的 33,000 人增加到 1980 年的 124,372 人。

表 3-1　1900—1980 年美国、纽约州、加州的华裔人口与性别构成

年份		美国	纽约州	加州
1980		812,178	147,250	325,882
	男	410,938	75,885	163,060
	女	401,242	71,365	162,822
1970		435,062	81,378	170,131
	男	228,565	43,919	87,835
	女	206,497	37,459	82,296
1960		453,062	81,378	170,131
	男	228,565	43,919	87,835
	女	206,497	37,459	82,296
1950		150,005	20,171	58,324
	男	94,052	14,875	36,051
	女	55,953	5,296	22,273
1940		106,334	13,371	39,556
	男	73,561	11,777	27,331
	女	32,773	1,954	12,225

续表

年份		美国	纽约州	加州
1930		102,159	9,665	37,361
	男	76,388	8,649	27,988
	女	25,771	1,016	9,373
1920		85,202	5,793	28,812
	男	70,141	5,240	24,230
	女	15,061	553	4,582
1910		94,414	5,266	36,248
	男	85,210	5,065	33,003
	女	9,204	201	3,245
1900		118,746	7,170	45,753
	男	110,750	7,028	42,297
	女	7,996	142	3,456

资料来源：1900—1980年美国人口普查数据。

美国劳动力市场的状况

人们为什么要移民？持"推与拉"理论观点的学者认为，一方面是由于移居国/接收国的经济发展对劳动力的需求以及劳动力市场的就业机会职业结构变化的拉力。另一方面是因为祖籍国/移出国劳动力市场的职业结构与教育水平不相匹配和收入差距，以及移民自身的动机和他们的成长或工作经历

第三章 移民美国：定居者的追求

的推力[1]。这种观点着眼于接收国和移出国宏观经济结构的变化[2]。移居国的主流经济的劳动力市场由二元结构组成：核心经济和边缘经济，分别对应于一级劳动力市场和次级劳动力市场[3]。核心经济由资本和知识密集型的大企业所主导，相对应的是一级劳动力市场的职位结构。其特点是教育水平和专业技术要求高，高工资、高福利，有良好的工作环境，工作稳定，有晋升机会等等。相反，边缘经济，或次级经济，则由大量劳动密集型制造业和服务业的中小企业组成，相应的次级劳动力市场职位的特点是低收入、少或无福利、工作时间长、晋升机会少，工作不稳定。这两个劳动力市场之间一般互不竞争，分别为不同的企业和公司提供不同的工作岗位和职位流动机会[4]。

劳动力市场的二元结构描述了类似于排队的过程。次级劳动力市场所提供的工作岗位对当地工人没有吸引力，对这一类的工作避而远之，他们只对有长远职业前途的工作感兴趣。随着越来越多的本地工人被吸引到核心经济，次级经济便形成严

---

[1] 参见 Piore, "The Shifting Grounds for Immigration," 1986, p. 24。

[2] 参见 Bach, "Immigration", 1986, p. 147。

[3] 参见 Averitt, *The Dual Economy*, 1968; Beck et al., "Stratification in a Dual Economy", 1978; Edwards, "The Social Relations of Production in the Firm and Labor Market Structure", 1975; Galbraith, *The New Industrial State*, 1971; Gordon, *Theories of Poverty and Unemployment*, 1972; Hauser, "On Stratification in a Dual Economy", 1980; Houston and Kaufman, "Economic Dualism", 1982; Tolbert et al., "The Structure of Economic Segmentation", 1980; Wallace and Kalleberg, "Economic Organization of Firms and Labor Market Consequences", 1982。

[4] 参见 Piore, "The Technological Foundations of Dualism and Discontinuity", 1980。

重的劳动力空缺①。吸收移民工人是填补这个空缺的有效办法之一。也就是说，移民来美国大多是因为次级劳动力市场的大量需求。新移民进入美国后，他们面临劣势，如不懂英文，缺乏相对应的工作经验和劳动技能，或者教育程度较低。他们难免会遭遇结构层面的障碍，甚至被剥夺了直接进入主流经济体的平等机会。由于这些原因，他们几乎没有机会进入一级劳动力市场，大多数人只能从事本地人不屑一顾的边缘经济的工作。随着时间的推移，他们会通过在劳动力市场上排队，逐渐转做更好的工作。

虽然国际移民可能是由移居国经济发展和劳动力需求而引发，但其后果也取决于移民的动机和他们在移出国的经历，这种动机和经历因不同的移出国而异。二元劳动力市场理论对此因素不予关注，因而解释不了移民群体特征如何影响移民个体在接收国劳动力市场的就业和结果。一方面，移民的迁移过程把移民个人在出国前的社会经济背景与他们在接收国的社会经济境遇联系起来，这种联系对于来自不同移出国的移民群体来说往往不尽相同。另一方面，国际移民往往会引起本地工人与移民之间的利益冲突，因为移民与奴隶不同，在理论上他们可以自由出卖自己的劳动力，在劳动力市场上自由转换工作②。此外，后工业经济发展使核心经济产生较大的结构变化，其一级

---

① 参见 Piore, "The Shifting Grounds for Immigration", 1986, p. 24。

② 参见 Kwong, *Chinatown, New York*, 1979; Miller, *The Unwelcome Immigrants*, 1969; Portes and Bach, *The Latin Journey*, 1985; Portes and Stepick, "Unwelcome Immigrants", 1985。

第三章 移民美国：定居者的追求

劳动力市场对劳动力的需求有限，且对教育程度和专业技能要求较高，因此大部分工人包括本地工人，不得不转到次级劳动力市场，竞争低工资工作岗位，或转至福利经济，甚至地下经济[1]。结果，次级劳动力市场只能不成比例地依靠少数族裔、妇女和移民工人。这个变动中的经济结构需要某些群体去从事那些不受欢迎的工作[2]。由于移民在政治和经济方面脆弱无助，他们会经常遇到各种由社会和劳工市场所造成的障碍，这些制度性的障碍阻碍了他们融入主流经济和向上社会流动。

近年来的研究表明，到美国来的移民都具有高度的选择性[3]。美国移民法一直以来都根据美国的经济需求和劳动力市场状况而作出相应的调整。在第一批欧洲定居者之后，国际移民成了满足美国劳工需求的制度。19世纪中叶美国的工业发展，吸引了成千上万的欧洲移民涌入美国。在19世纪50—60年代，大批华工的到来，主要是为了满足西部大开发和修建横贯大陆铁路对廉价劳动力的需求。但美国国内的政治、社会和经济体

---

[1] 参见 Bailey and Waldinger, "A Skills Mismatch in New York's Labor Market?", 1984; Kasarda, "Entry-Level Jobs, Mobility, and Urban Minority Unemployment", 1983; Miller, "Patterns of Employment Difficulty among European Immigrant Industrial Workers during the Great Depression", 1982; Sassen-Koob, "Growth and Informalization at the Core", 1987; Sassen-Koob, *The Mobility of Labor and Capital*, 1988; Tyler, "A Tale of Three Cities", 1987。

[2] 参见 Piore, *Birds of Passage*, 1979。

[3] 参见 Borjas, *Friends or Strangers*, 1990; Meadows, "Immigration Theory", 1980; Portes, "Determinants of the Brain Drain", 1976; Portes, *Unauthorized Immigration and Immigration Reform*, 1989a; Portes and Rumbaut, *Immigrant America*, 1990; Zolberg, "The Next Waves", 1989。

系却阻碍着华人劳工融入美国社会。19世纪70年代美国经济衰退，华人首当其冲，成为替罪羊和受社会排斥的牺牲品，理由是华人劳工影响了美国白人工人阶级的工资和就业机会的保障。

正如各国在全球经济竞争中争夺商品和服务交易一样，美国一直在与其他国家在全球化市场上争夺移民的人力资本和物质资本[①]。对于1965年的移民法改革，有人担心移民会对美国劳动力市场产生负面影响。也就是说，新移民法强调家庭团聚，是否会引起爆炸性的家庭链移民，因而造成低技能人口涌入、压低工资以及用移民取代本地工人的现象。但是，研究结果表明，国际移民筛选性（immigrant selectivity）因不同移出国群体而异，源自某些移出国，如中国、印度、菲律宾等的移民倾向于高端筛选，这些高端筛选的移民群体实际上提高了移民流动的教育和专业技能水平，他们的亲属移民也会因此而减少移民过程中的不利因素[②]。此外，许多移民既可以利用其现有移民社区的物质和文化资源，又可以为社区建设和发展作贡献。面对结构性的限制，移民社区内部可以通过不同的途径来

---

① 参见 Borjas, *Friends or Strangers*, 1990, p. 7。

② 参见 Borjas, "Economic Theory and International Migration", 1989; Borjas, *Friends or Strangers*, 1990, pp. 190-191; Heinberg et al., "The Process of Exempt Immediate Relative Immigration to the United States", 1989; Muller and Espenshade, *The Fourth Wave*, 1985; Papademetriou, "Contending Approaches to Reforming the U.S. Legal Immigration System", 1990, p. 8; Papademetriou et al., "The Effects of Immigration on the U.S. Economy and Labor Market", 1989; Parcel, "Race, Regional Markets, and Earnings", 1979; Parcel, "Development and Functioning of the American Urban Export Sector", 1982。

第三章 移民美国：定居者的追求

调动族裔资源[1]。因此，美国经济为移民所提供的机会，未必只局限于次级劳动力市场。

当今的移民在美国劳动力市场上比以前有更多的机会，尤其是那些教育程度和专业技能与本地工人旗鼓相当或更优秀的移民。尽管有些移民已经开始占据主流劳动力市场的中高端位置，似乎有些顶替了本地工人的位置[2]，但总体而言，移民未必会大量地涌进主流劳动力市场去抢当地工人的饭碗。许多移民通过调动本族裔社区的资源，发展出与核心经济相似的具有竞争性的族裔经济[3]。不同的移民群体可能在经济活动中有不同的经历，可能会根据主流经济的机会结构和族群内部的人力和物质资源的相互作用而采取不同的族裔策略。

当代华人移民大多数是亲属移民，他们带来两种主要类型的资本，即人力资本和物质资本，从而有助于发展多样化的唐人街族裔经济。与早期贫困和教育水平低的寄居者不同，当今华人移民倾向于在美国永久居留，其人口构成及其社会经济状况具有多元性。1980年的人口普查资料显示，来自中国（包括香港和台湾地区）的高中毕业生比例高于美国总人口的比例（华人移民76%，美国人67%）；移民大学毕业生的比例几乎是美国总人口比例的三倍（华人移民44%；美国人16%）。虽

---

[1] 参见 Bach, "Immigration", 1986, p. 148。
[2] 参见 Briggs, "Mexican Workers in the United States Labor Market", 1975。
[3] 参见 Light, "Immigrant and Ethnic Enterprise in North America", 1984; Wilson and Portes, "Immigrant Enclaves", 1980; Zhou and Logan, "Returns on Human Capital in Ethnic Enclaves", 1989。

唐 人 街

然中国大陆或内地移民的社会经济地位低于港台移民，他们的教育程度仍高于美国总人口的平均水平，也高于其他少数族裔群体。中国移民家庭收入中位数超过美国的平均水平。

那些具有雄厚人力资本的华人移民，通常在移民之前已经获得中产阶级的地位，过着安稳无忧的生活。根据移民及归化局的报告，在1982—1986年期间进入美国的华人移民中，大约有42%曾经担任过高级管理、行政和企业管理或具有专业技术特长的职位。这部分移民往往比其他的移民更有优势，因此不愿逆来顺受，不愿意也无须从社会经济阶梯的最底层开始打拼。这些移民主动性强，愿意而且有相当的资本去冒险创业，希望通过创业能够使他们保持移民前的生活水平并改善家庭的社会经济地位。然而，尽管拥有雄厚的人力资本，他们还会受限于新移民的劣势，可供的选择十分有限。他们大多不会说英语，无法获得主流社会的有关信息，很难利用主流劳动力市场的就业网络。许多新移民根本不知道在主流经济中是否有适合他们的就业机会。他们甚至认定，任何在族裔社区之外可能获得的职位，都是低端职位，即几乎没有晋升机会或跟他们的人力资本不相匹配的工作。出于这个原因，他们要依靠和利用唐人街的族裔网络和社区资源。即使对于那些不得不从事低薪工作活的人来说，他们首先考虑的不是个人的得失，而是家庭和子女的利益。

近年来涌入纽约的新移民，通过创业和大量的人力和物质资本的投入，振兴了唐人街的族裔经济。老移民从短期寄居模式转变为永久定居模式，越来越着眼于长期投资和再投资，尤其是在他们的家人来美重聚以后。新移民和家人连根拔起，彻

第三章　移民美国：定居者的追求

底离开祖籍国，带着所有的家财来到美国开始新的生活。此外，中国香港、台湾和东南亚的政治前景扑朔迷离（如香港将于1997年回归中国），导致投资者在美国寻找安全的资本港口。结果，纽约唐人街的房地产业投资暴增，各行各业生意兴旺发达。唐人街制衣业的兴起是最明显的变化之一。20世纪70年代后，唐人街的制衣业已经取代了洗衣业，成为唐人街族裔经济的支柱工业之一。此外，会计行、银行、保险业和房地产业，餐馆、超市、食品和礼品商店以及珠宝店，中西医和牙医诊所；理发店和美容院等等面向华裔顾客的各个服务行业，全都蒸蒸日上。纽约唐人街族裔经济发展的例子有力地证明了当代亲属移民并没有取代当地工人在主流劳动力市场中的位置。相反，他们避开在主流职场中与本地工人的直接竞争，发展聚居区族裔经济，并积极在其中创造了就业和创业的机会，对美国的整体经济做出了巨大贡献。

基于亲属和家庭关系的移民网络

大部分20世纪70年代和20世纪80年代涌入美国的华人新移民，得益于1965年移民法改革后所体现的人道主义和同情心精神。美国移民政策的核心在于促进家庭团聚。这一政策取向可以使家庭起到调节和缓冲新移民在新环境中所产生的文化冲突和社会心理错位[1]。由于家属移民优先的政策，20世纪

---

[1] 参见 Papademetriou, "Contending Approaches to Reforming the U.S. Legal Immigration System", 1990, p. 12.

唐人街

70年代和20世纪80年代来到美国的华人新移民中大约有80%是美国公民或永久居民的直系亲属或近亲。因亲属和家庭关系而派生出的移民网络，有助于移民更好地融入美国社会。

离开祖籍国移民到另一个全新的国家安家落户，并非完全是个人的决定。法律的效力足以压制个人的移民动机和束缚他们办理移民的行动。拥有广泛的亲属和家庭关系网络的人要比那些没有的人更有可能移民[1]。如果没有亲属或家庭关系，移民美国的机会几乎为零。目前的研究，大部分把1965年美国移民法改革看作是20世纪末第二次移民高潮的主要动因。链式移民或网络化已经成为一种明显的方式[2]。然而，移民政策的非预期后果不容忽视。其中推波助澜的另一个动力就是基于亲属和家庭关系的移民网络的激活和重建。

利用美国移民法中促进家庭团聚和亲属优先的政策取向，美裔华人与他们的中国亲友断绝了将近三十年的联系得以激活，加上他们与其他国家或地区的亲属一直彼此保持着密切的联系，这样一来，现存的亲属和家庭关系在移民过程中得以重新建立并不断扩大，形成推动移民的强大网络动力。目前华人移民美国的趋势，在一定程度上是1965年美国移民政策改革的非预期后果。大部分华人新移民并非申请者的直系亲属，但

---

[1] 参见 Borjas, *Friends or Strangers*, 1990, p.177。

[2] 参见 Choldin, "Kinship Networks in the Migration Process"; Nishi, "The New Wave of Asian Americans", 1979; Portes and Rumbaut, *Immigrant America*, 1990; Sung, *The Adjustment Experience of Chinese Immigrant Children in New York City*, 1987; Wong, "Post 1965 Asian Immigrants", 1986.

第三章 移民美国：定居者的追求

他们大多是利用政策优先取得移民签证的亲属。他们领到绿卡成为永久居民后会如期（五年）加入美国国籍。成为归化公民以后，他们会用尽各种可能的手段，让他们的亲戚符合移民条件，帮助他们获得美国绿卡。

帮助亲属办理美国移民签证的程序通常始于以下两种情形之一：一是本人已经成为美国的归化公民，二是本人已经持有绿卡获得永久居民的身份。按照规定，永久居民在美国住满五年才能申请归化，获得美国公民身份后，才可以为其配偶、未成年子女和父母（不受配额限制）以及已经成年未婚子女（第一优先）申请来美国。申请已婚子女来美，大约要等两至三年（第四优先）；申请兄弟姐妹来美，大约要等五至六年（第五优先）。公民的配偶必须等待大约三年才能申请归化加入美国国籍。一旦持移民签证抵达美国，他们就会马上获得绿卡，然后有资格为自己的配偶或父母（和岳父母）或未成年子女申请移民签证。大约五六年以后，他们可以入籍成为美国公民，然后就可以复制自己的移民申请过程，把他们大家庭的其他成员申请来美国[①]。此外，未婚子女可以通过婚姻关系创建另一个亲属移民网络，岳父岳母又可以创建另一个新的家庭移民链。这个基于亲属和家庭关系的移民网络周而复始地循环，不断扩展。现有的研究发现，来自中国大陆的新移民最为积极地申请归化入籍，成为美国公民后又最为积极地为他们的父母和亲人申请

---

① 参见 Sung, *The Adjustment Experience of Chinese Immigrant Children in New York City*, 1987, pp. 18-19。

移民（为父母申请者占84.5%，为配偶申请者占14.3%，为子女申请者占1.2%）。在为父母申请移民的华人中，女性（52%）多于男性（48%）。而出生于美国的华裔申请人，多数为自己的配偶提出申请[①]。华人移民另一个同样有效的方式就是设法连接到家庭链的移民网络。最常见的捷径也许就是通过婚姻。例如，没有任何海外关系，或与家庭移民链毫无关系的中国女性（或男性），可以通过与美国公民或有绿卡的人结婚而移民美国。然后这个配偶一旦取得永久居民身份就可以申请她/他的父母，然后他们父母又可以申请其未成年子女。当这些移民成为美国公民时，他们就可以申请他们的兄弟姐妹或已婚子女等等。笔者在唐人街采访时发现，很多人都用自己的亲身经历，证实跨太平洋的婚姻可以为后续移民创建新的家庭链。彭先生的经历相当典型。他回忆道：

> 我姐夫是入籍公民。但我们来美国不是靠他申请的，因为这至少需要八年的时间。我们能来是因为我们的女儿。她在1982年跟唐人街的一个工人结婚，随后移民美国。在1986年获得公民身份，第二年就把我们办到美国了。然后我们可以帮两个儿子申请，很快他们也能出来。假如是我女儿申请她的两个弟弟过来，起码要等上五到六年。但是我们很快就把他们弄出来了。我的大儿子现在

[①] 参见 Heinberg et al., "The Process of Exempt Immediate Relative Immigration to the United States", 1989, pp. 844-846。

第三章　移民美国：定居者的追求

> 二十六岁，他会回中国和他的女朋友结婚，然后她就可以出来，她的家人也很快会过来。大家都非常聪明，他们知道怎样才能通过家庭关系尽快把亲人带出来。[①]

婚姻关系看来是最有效的移民方法之一，所以有些中国女性会用这种方法。她们之所以能走这条路，是因为许多男性华人移民喜欢找同族的人结婚，而美国的同族婚姻市场上根本没有足够的未婚中国女性。因此这些男性华裔会通过他们的家庭或亲属网络在中国寻找妻子。

在20世纪80年代初的中国，一个二十岁出头的姑娘嫁给一个跟她父亲年龄相仿的"金山客"并非罕见。这种婚姻关系有时可以在初次见面后的一个月之内建立。结婚以后，她可以在六个月以内来到美国，然后她就有义务帮她的家庭成员申请移民。一般来说，"金山客"由亲戚介绍认识他未来的妻子，这位姑娘只能通过中间人的描述和亲属网络来了解她未来的丈夫。此时此刻，对于她来说，能够移民美国可能比她在中国未来的生活更为重要。她关心的不是自己个人的幸福，而是要想办法让自己和家人去"金山"。至于将来的生活是否如意，以后再说。程太太通过结婚移民纽约，现在是唐人街的制衣工人。当被问及当初如何认识她丈夫时，她给我讲了她的故事：

> 我的家乡在南海县的一条村。有一天，邻居上门跟我

[①] 引自笔者1988年9月访谈记录。

唐人街

父亲说，她有个表弟在纽约，表弟的儿子想回家乡娶妻，他是个诚实而勤快的工人。我父亲很相信这位老邻居。不过邻居本人其实对纽约的那家亲戚也不太了解，她跟我讲了这件事，我便同意跟这个陌生人见面。我一直梦想去美国，觉得这也许是个好机会。当我第一次跟那个男人（我现在的丈夫）见面时，我满脑子里想着的是怎样给这个男人留下好印象，愿意娶我为妻，然后带我去美国。然后我就可以把我的弟弟们都带出国。他在家乡只住了三个星期，我们同意在他下次回来时就结婚。几个月后，他真的回到村子来同我结婚了。我就是这样来到这里的。我不是村子里唯一这样做的人。

回想起来，真是有点后怕。这就像拿自己的生命来赌博，一点都输不起的。我认为我还是很幸运。我们相处得很好，我对我的现状很满意，我们有个孩子，我每个月都有钱寄回去给我父母。下一步我就要申请我的弟弟们来美国。

在纽约有很多年轻姑娘像我一样嫁出来，但不是所有人都像我这么幸运。有些女人被丈夫打骂，但她们在这里举目无亲，不得不逆来顺受。也有一些女人，特别是那些爱慕虚荣的城里姑娘，占自己老实巴交丈夫的便宜。我认识一个通过结婚来美国的杭州女子，来了一年多以后就把丈夫甩了，跟别人跑了。在中国仍然有很多女子想在这里找人结婚。唐人街的中文报纸和中国的报纸，都可以看到有很多这样的征婚广告。那些靠广告来找配偶的人，要比通过亲戚介绍的冒更大的风险。有亲戚介绍，你会更有安

第三章　移民美国：定居者的追求

全感。但是如果你不想去尝试一下，去赌一把，那你就只能永远留在中国。[①]

对美国公民和永久居民的配偶不受亲属移民名额的限制，无意中为移民美国开辟了一些旁门左道。还有一些人用假结婚的非法途径移民美国，尤其是那些通过亲属和家庭关系的假结婚，移民局官员很难识破。尽管这是风险很大的赌博，但这对一些迫切想移民美国的中国人很有吸引力。一位34岁的唐人街电工同意让我引用他的例子：

> 我和我表妹至今仍然是合法夫妻，但在现实生活中我们并不是夫妻。她是一名十九岁的大学生，她母亲是我的亲姑姑。我现在和她的父母和她两个弟弟住在布鲁克林。我姑姑的一家是姑姑的公公在1981年帮他们办亲属移民到这里的，他们全家在去年（1987年）入了美国国籍。我父亲希望姑姑能把我办出去，因为我是家里唯一的儿子。而唯一可行的办法就是让姑姑帮我找个美国妻子。于是我姑姑安排她女儿在名义上嫁给我，把我办出来。这招很顺利，我就这样来美国了。
>
> 再过一年左右，我就会跟表妹离婚。我打算回中国找老婆，因为这里合适的女人不多。我表妹会继续上大学，将来可能会跟她所爱的人结婚。我并不担心这样做是不是

---

① 引自笔者1988年9月访谈记录。

合法。这纯属是我们家庭内部的事。如果没有家庭的帮助，我根本不可能在这里跟你说话。①

这些通过假结婚帮助亲属移民的家庭，这样做主要是为了履行传统的家庭义务。不过也有人确实要收钱作为回报，通常是四千到一万美元。但是跟三藩市、洛杉矶、纽约等大港口城市中非法经营的地下机构所收取的价格相比，这笔钱显然微不足道。如果双方是亲戚，假结婚的风险要小很多。虽然跨太平洋的婚姻是移民的捷径，但也有负面的影响。例如，现在唐人街的家庭暴力和虐待妻子比以前更为频繁，有很大一部分的原因是婚姻不是建立在相互理解和厮守终生的承诺之上，而仅仅是为了移民美国的短期目标。

美国移民法对假结婚施以严厉的惩罚。根据1986年的《移民婚姻欺诈修正案》，配偶只能持"有条件移民签证"来美②。持有这种签证的移民，按照法律必须维持婚姻关系两年以后才能申请永久居留权。婚姻欺诈会受到重罚和驱逐出境。该法律旨在防止婚姻欺诈行为，但却无意中使妇女更容易遭受家暴或受到虐待。她们不愿意举报这类罪行，也不敢离开施虐者，因为她们担心会被驱逐出境。然而，移民局想要堵住这个由家庭参与作弊的渠道，实非易事。

近年来，华人女性移民的人数明显高于男性，尤其是在20—59岁的年龄段（表3-2）。这一统计数据表明，妻子已经

---

① 引自笔者1988年1月访谈记录。

② Public law 99-639, *United States Statutes at Large*, vol. 10.

第三章 移民美国：定居者的追求

来到美国与丈夫团聚，但这也意味着更多的华裔美国人可能回到中国去娶妻，日后再把妻子带回美国。

表3-2 1982—1985年合法移民美国的华人移民：
来源地、性别、年龄组

	大陆（或内地）	百分比	香港	百分比	台湾	百分比
总数	101,027	100.0	21,555	100.0	53,955	100.0
男	46,459	46.0	10,496	48.7	25,185	46.7
女	51,320	50.8	10,599	49.2	28,535	52.9
不详	3,248	3.2	460	2.1	235	9.4
20岁以下	19,151	19.0	10,796	50.1	16,205	30.1
总数	19,151	100.0	10,796	100.0	16,205	100.0
男	9,740	50.9	5,612	52.0	8,155	50.3
女	8,774	45.8	5,041	46.7	8,005	49.4
不详	637	3.3	143	1.3	45	0.3
20至59岁	65,868	65.2	10,342	48.0	35,745	66.2
总数	65,868	100.0	10,342	100.0	35,745	100.0
男	29,385	44.6	4,712	45.6	16,122	45.1
女	34,172	51.9	5,322	51.5	19,445	54.4
不详	2,311	3.5	308	2.9	178	3.5
60岁以上	16,008	15.8	417	1.9	2,005	3.7
总数	16,008	100.0	417	100.0	2,005	100.0
男	7,334	45.8	172	41.2	908	45.3
女	8,374	52.3	236	56.6	1,085	54.1
不详	300	1.9	9	2.2	12	0.8

资料来源：《美国移民与归化局统计年鉴，1982—1986年》。

无论是通过合法的还是非法的途径移民，华人都不可能只靠个人的力量去实现其移民目标。在不同程度上，他们在一个错综复杂的移民网络中得到家人和亲属的支持。家庭链式移民对移民在美国的社会融入和同化具有积极的作用，因为亲属移民是永久定居而不是短暂寄居。家庭有利于促进新移民适应新环境和新生活，有助于他们成功地融入美国社会[①]。此外，家庭还能提供重要的社会支持和信息，帮助新移民克服初来乍到、人地生疏的不利因素[②]。按照现行的移民法，亲属移民将会继续影响华人移民美国的趋势以及华人社区的发展。

第二节 祖籍国：不断变化的移出环境

中国的移民政策

中国近年来较为宽松的移民政策对中国人移民到美国至关重要。从前中国人不能自由地移居海外。在明清时期都有严厉的法律阻止中国人离开中国。即使在民国时期（1911—1949年），中国在法律上限制国民移居国外。1949年中华人民共和国成立后，中国通向西方的大门再次紧闭。中国与西方世界完

[①] 参见 Papademetriou, "Contending Approaches to Reforming the U.S. Legal Immigration System", 1990, p. 12。

[②] 参见 Perez, "Immigrant Economic Adjustment and Family Organization", 1986; Tienda and Angel, "Headship and Household Composition among Blacks, Hispanics, and Other Whites", 1982。

第三章 移民美国：定居者的追求

全隔绝，实行了维持 30 年（1949—1979 年）的限制性移民政策。在此期间，即使国门有时会稍微打开一点，但仅仅是为很小部分人而开。几乎没什么人可以获准出国，即使是去外国旅行或探亲。在严格限制国民出国的时期，中国护照只发给因公出国的人员，尤其是外交官员。只有少量的出境许可证件发给那些申请移民澳门和香港与家人团聚的人。极少有人能够获得出境许可证来美国或到其他西方国家。

中国与西方国家之间的冷战切断了信息和通信渠道。中国人得到的移民信息寥寥无几，与国外家人的联系也中断了。虽然美国早在 1945 年二战结束时就通过了《战争新娘法》，允许华裔现役和退役军人的配偶不受移民定额限制移民美国。加上 1965 年移民法改革，给予中国公民每年两万个配额（直系亲属不受此限制），但在中国却很少有人能够受益于改革的移民法。那时候中国即将卷入从 1966 年到 1976 年史无前例的文化大革命①。在此期间，中国人仅仅因为有海外关系，就会被打成外国间谍，被送去劳改营或关进监狱。

美中于 1979 年建交。在 20 世纪 80 年代，中国逐渐解除了对国民出国和移民的限制。然而，那时的放松是有选择性的，只有那些有直系家庭亲属关系和有资格获得外国移民签证的人才有可能申请中国护照和出境许可。那些有特殊专业技能和高学历的人（如高级医生、教授、科学家、工程师等）、在政府担任敏感职务的人、在科研机构任职的人员，如情报人

---

① 参见 Kung, "Cultural Revolution in Modern Chinese History", 1975。

员、国防研究和太空科学研究人员等等，都不允许移居国外，甚至不能与家人团聚。此外，各级政府的行政壁垒故意拖延申请和审查过程。从申请人所在单位到上级主管单位，再到当地公安局，最后到省公安局签发普通护照，通常需要起码三个月或更长的时间。

在20世纪80年代，公派交换留学生和自费留学生到国外留学也受到限制。获得本科学历的要工作满五年，硕士研究生学历的要工作满七年才能申请出国留学。否则，他们必须向政府缴付三万元，用以补偿政府已经支付的大学培养费用。这笔费用相当于当时普通大学毕业生十五年的工资。所有政府资助的交换留学生在离开中国之前都必须与政府签订合同，承诺他们将在一定的年限内返国，否则他们的父母必须要支付最高五万元的罚款。对于在读的大学生，如果想在毕业前出国，必须要支付每年大约2500元的培养费，才能获取出境许可证，还必须要提供不少付费公证材料，如经济担保文件和大学录取通知书等等[①]。

尽管对出国留学实施这些严格规定和行政方面设置的障碍，但是政府对以家庭团聚为理由的移民申请，相对比较宽松。据官方的统计数字，中国公民申请移民的人数在不断地增加。表3-3提供了1986—1990年期间的护照申请信息。

[①] 在20世纪80年代中期至20世纪90年代初期，中国政府管控留学生的政策会随着政治形势的变动而改变。我在这里所列举的规定是1987—1991年期间执行的。

第三章 移民美国：定居者的追求

表 3-3 1986—1990 年中国申请出国人数与获准人数

年份	申请人数	获准人数	获准百分比
1986	80,828	77,064	95.3
1987	118,074	107,297	90.9
1988	244,243	212,182	86.9
1989	248,689	238,301	95.8
1990	290,235	278,988	96.1
每年平均	196,413	182,766	93.0

资料来源：《人民日报》（海外版），1991 年 5 月 21 日；*South Overseas Chinese Journal*（1990 年 6 月）。

在这五年期间，平均每年有 196,413 份需要省公安厅审批出国许可的申请，其中大约有 93% 获得批准。从 1979—1990 年间，中国有 1,554,916 人申请出国，其中获批者为 1,346,909 人，批准率为 87%。尽管批准率看起来相当高，但这些统计数据可能会存在误导性。因为能进入最后一轮到省公安厅的申请人，是那些通过了前两次或更多次各级政府机构筛选的申请人。中国放宽了的移民政策，只是放开了部分人移民国外的权利。当时的政策依然带有很多的限制性和选择性。

尽管如此，越来越多的人被批准出国是一个事实。一个很突出的问题是，他们去哪些国家？通过什么途径？美国每年给中国公民两万个移民配额，再加上相当数量的不受配额限制的直系亲属移民签证，已经成为中国移民的最大接收国。还有不少中国人成功地移民到加拿大或其他西方国家。许多人尽管获得了出境许可，但却未能离开中国。在1979—1990年期间，那些持有出境许可证的人（总共1,346,909人）中，只有略多于一半的人（大约70万人）能获得外国的入境签证，成功移民。从1986—1990年，只有大约54%的人能获得外国的入境签证。大部分的美国移民签证由美国驻华大使馆或领事馆签发。按照1965年移民法，分为六种优先类别。专业人士或在科学和艺术方面具有特殊才能的人，属于第三类优先移民签证，主要是发放给那些已经在美国的中国留学生和持临时工作许可证者。由于符合家庭链亲属移民条件的人数远远超过每年两万人的配额，第五类优先类别（公民的兄弟姐妹）的等待时间长达八到十年。至于非移民入境签证，如旅游签证或学生签证，批准率也相当低。以美国驻广州总领事馆为例，据说1988年不到1%。许多旅游和学生签证申请遭到拒绝，原因是怀疑申请人有移民倾向。有些人拿到中国护照四年多（中国护照一般有效期为五年），仍然无法出国。

生活期望与现实之间的差距

中华民族不是个喜欢迁徙的民族。对故乡的依恋根植于深厚的传统观念和民族中心主义。即使在从前，人们为了谋生而要出国时，他们也只打算作短暂寄居而不是在异乡定居，只要可能，他们会最终返回自己的故乡。如今情况完全不同了。很多中国人迫切地想要离开自己的国家。为什么这么多中国人想出国移民，尤其想去美国呢？

有人认为，祖籍国的经济不景气、失业、低工资和贫困

第三章 移民美国：定居者的追求

是主要的推动因素，而移居国经济繁荣、工作机会多、高薪工作和富裕生活是拉动的因素。有人认为之所以要移民国外，是因为经济拮据、前途无望。一方面，他们对自己的祖国能兴旺发达不抱太大的希望。另一方面，他们认为美国是一个充满机会的天堂。他们相信，只要下定决心，辛勤努力，他们就能获得成功。他们不是为了个人的私欲，而是为了子女的前途。移民到美国并最终融入美国主流社会，是他们梦寐以求的理想。

然而，许多研究结果却显示出相反的结论。几项有关在美国的拉丁美洲和加勒比海地区移民的独立研究发现，许多来自发展中国家的移民并不是最贫穷的人群或失业人口。其他相关的研究也表明，很少墨西哥移民是在墨西哥失业的人。大部分来自多米尼加共和国的移民来自城市，他们的文化水平和技能比本国很多人要高[1]。最近出现的亚洲移民潮，也显现出类似的趋势。正如下面的章节所描述，大多数的中国移民来自比国内其他地方更为开放、经济更为繁荣的地区。来自香港和台湾地区的移民，大多属于中产阶级、教育程度较高、有专业技能的人才。第一拨来自越南和柬埔寨的"船民"，大多是逃离战后政权交替不稳定政局的企业家、贸易商、资本家及其家属[2]。韩国移民几乎都是来自大城市的中产阶级[3]。因此，国际移民不是

---

[1] 参见 Portes and Rumbaut, *Immigrant America*, 1990, pp. 11-12。

[2] 参见 Sung, *The Adjustment Experience of Chinese Immigrant Children in New York City*, 1987, p. 27。

[3] 参见 Kim, "The Koreans," 1987, p. 223。

因为贫穷或失业，而是为了移居国有更多的就业和创业机会、更优厚的工资待遇、更多的自由。此外，美国的移民政策和经济发展状况以及亲属和家庭关系的移民网络等多种因素，也促使中国新移民涌向美国。

人们移居国外，有各种各样的原因。很多中国人希望政治稳定、经济繁荣和家庭幸福。他们对"文革"和中国现行的政治制度不满、不抱希望，他们开始意识到，自己的期望和理想与在中国实现这些期望和理想之间的鸿沟越来越大。移出国和接收国之间存在着巨大的经济差距或收入差异，但这并非移民的唯一原因。事实上，许多中国移民本身属于富裕阶层，来自国内经济最繁荣的地区。因此，个人理想与在中国实现这些理想的不确定性，可能是移居美国更为重要的原因。

1976年文化大革命结束，一批思想开放的高级政府官员采取了开放政策，领导了全国性的经济改革。1979年美中实现邦交正常化。随后几年，中国打开对外开放的大门，经济改革带动了全国经济的大幅增长。在此期间，人民的总体生活水平显著提高。据中国国家统计局的数据，国民总收入从1964年的11.66亿元增加到1981年的39.40亿元，1985年的68.22亿元[①]。东部和东南沿海地区以及北京、上海、天津三个直辖市受益最大。例如，移民美国人数最多的广东省，1985年在29个省的国民收入中排名第四。工农业总产值和农村人均纯收入均居全国第五（见表3-4）。城镇人均年收入从"文

---

① 引自国家统计局编，《中国统计年鉴，1986》，第40、576页。

第三章 移民美国：定居者的追求

革"前1964年的243元增加到1981年的500元，1985年又增至821元[1]。

表3-4 中国各省、自治区、直辖市的国民收入、工农业总产值、人均收入：1984年和1985年

省份	国民收入[1] 1984 （以亿元计）	工农业总产值[2] 1985 （以亿元计）	人均收入 1985 （以元计）
北京	157.30	356.08	775.08
天津	121.68	326.50	564.55
上海	341.20	892.67	805.92
广东	397.38	895.47	495.31
安徽	221.17	405.24	369.41
福建	128.70	236.22	396.45
甘肃	83.07	160.59	255.22
广西	128.17	213.77	302.96
贵州	94.51	144.76	287.83
河北	282.01	560.61	383.23
黑龙江	264.84	468.08	397.84
河南	306.16	567.41	329.37
湖北	293.39	620.01	421.21
湖南	247.88	448.19	395.26
内蒙古	96.18	159.07	360.41

[1] 引自国家统计局编，《中国统计年鉴，1986》，第582页。

唐 人 街

续表

省份	国民收入 1984 （以亿元计）	工农业总产值 1985 （以亿元计）	人均收入 1985 （以元计）
江苏	466.31	1,268.70	492.60
江西	141.65	264.51	377.31
吉林	147.18	301.95	413.74
辽宁	354.15	805.97	467.84
宁夏	18.27	32.95	321.17
青海	19.51	30.58	342.95
山西	152.10	285.07	358.32
陕西	121.71	255.87	295.26
山东	477.86	895.47	408.12
四川	403.34	759.49	315.07
西藏	9.10	8.66	352.97
新疆	74.26	123.95	394.30
云南	122.64	204.57	338.34
浙江	276.70	677.97	548.60

资料来源：国家统计局编，《中国统计年鉴，1986》，第37、44、586页。
1 "元"是中国人民币的单位。在1986年，一元相当于三分之一美元。
2 工农业总产值（Gross Output Value）是农业和工业产值的总和。

与此同时，美中关系正常化，致使两国的亲属之间恢复了频繁的联系。那些曾经因为海外关系而成为"文革"受害者的人，突然被人景仰，令人羡慕，脸上有光。有海外亲戚的家

第三章 移民美国：定居者的追求

庭，来自国外的汇款使他们能够购买很多高档消费品，他们的生活水平要比没有海外关系、只靠工资生活的人高很多。例如，在20世纪80年代初期，彩色电视是中国普通家庭中很少见的高档商品。只有那些有海外汇款的家庭才买得起，因为那时一台彩色电视机的价钱，大约相当于一个普通工人三年的工资。自费留学生是中国新移民的组成部分，他们大部分来自富裕的家庭，有或多或少的海外关系。例如，1988年有近4万名中国学生在美国留学，其中40%以上是自费，依靠国外亲属的资助。在改革开放时期，很多申请移民的家庭，在出国以前都享受过开放的好处，生活安逸，有社会地位，也有面子。

既然如此，他们为什么还要抛下所有的一切，举家搬迁到一个陌生的新国度呢？显然不是因为贫困和就业问题，而是因为他们对生活的期望与他们能否在中国实现这种期望之间的鸿沟。在个人自由和职业升迁受到严格限制的中国，人们常常发现自己的能力没有得到充分肯定，也无法充分发挥自己的潜力。尽管他们在移居美国之前也不太确定在这个新国家能否实现自己的理想，但可以肯定的是，他们有选择生活方式的自由和更多能够实现自己理想的机会。廖先生26岁，是从中国南方的大城市移居美国的新移民，在唐人街做电工。我在采访他时，他就谈到这种看法：

> 我来美国之前，和父母住在一间宽敞的三居室公寓里，我们的家里应有尽有，像彩色电视、钢琴、高级音

唐 人 街

响、豪华沙发、冰箱、微波炉、洗衣机,还有很多其他值钱的东西。这些东西大部分是我爷爷从台湾寄钱回来买的。我在工厂当电工,有一份相当稳定的工作。跟我的同事比起来,我的收入还不错。但现在我还没有当初我在中国时所拥有的东西。我每周要打工干起码 60 个小时,默默无闻。不过没关系。我相信这只是暂时的。再过几年我肯定会熬出头的。即使不成,我也会坦然接受,因为运气不好或能力不足,但无论如何,我已经试过所有可能的机会了。①

赵太太是个制衣工人,几年前从广东台山来到美国,先生是唐人街餐馆的洗碗工。她回忆说:

> 我一直都认为自己是一个没有读过多少书的乡下女孩子,但我相信努力工作会有回报。在台山的乡下,我在稻田里辛辛苦苦干一年,连吃饭的钱都不够,更不可能买漂亮衣服了。在那个地方,是不是努力工作都无所谓。但在这里,就会有区别。我只要努力工作,就可以赚到很多钱。我现在在制衣厂打工,计件付薪。我很努力工作,一天平均能赚 50 到 60 美元。而我有些工友,一天才赚 40 美元左右。②

---

① 引自笔者 1988 年 9 月访谈记录。
② 引自笔者 1988 年 4 月访谈记录。

第三章　移民美国：定居者的追求

从香港来的大批华人移民也证实了她的看法。近期的移民不仅是为了摆脱贫困、为赚钱等的经济原因而移居的。他们中有许多人在香港已经有良好的物质和社会基础。他们是有钱的企业家，受过良好教育的专业人士，在香港已经取得了上层或中上阶层的地位。他们来到美国主要是为了政治稳定、人身安全和自由以及保护他们已经获得的地位和财产。很多来自香港的受访者认为，1997年以后不可预测的政治局势会威胁到他们的生活和工作。因此，祖籍国的政治制度，难以预测、左右摇摆的政策法规，拉大了人们对生活的期望与实现这些期望之间的距离，因此强烈地推动了华人移民的浪潮。

第三节　新移民：不断变化的心态和目标取向

与早期的老移民相比，1965年后抵达美国的华人移民在很多方面都有所不同。最明显的差别在于心态的变化，这是由于移居国的接收环境和祖籍国的移出环境的变化而导致的。

在移居国美国方面，第二次世界大战期间废除了《排华法案》，为少数的华人移民重新与海外家人团聚打开了大门。然而，中国并没有在二战结束后敞开大门让国民自由出国。相反，1949年以后美中两国陷入冷战，反美的中国政府禁止出国移民。此后，中国遭受了长期源源不断的革命运动的打击。在随后的30年中，几乎没有人被批准出国定居，同样也很少人被允许进入中国旅游或定居。中国的大门紧锁，难以逾越。只有少数人冒着生命危险偷越边境，很多偷渡到香港，然后在香

唐 人 街

港利用美国给予中国人的移民配额到美国去①。还有一波华人移民是那些早先已经逃离大陆去了台湾的人。

  对于在美的华侨华人来说，1949年的政权交替，国内家人在生活和工作等各个方面受到的打压控制，加上冷战期间美中两国之间的负面宣传，彻底粉碎了美国华人一直以来幻想的最终返回故乡的黄金梦。这种失望和压抑在各个唐人街都可以直接感受到。虽然许多老一辈华人倾向于支持逃到台湾的国民党政府，但他们都变得十分现实，放弃了短暂寄居的想法，决定在美国长期定居，重建自己的新生活。对于他们来说，回到一个废除了财产私有权，个人的社会和私人生活各方面都受到管控的国家，除非脑子坏了，完全没有意义。陈先生68岁，住在唐人街，是唐人街一个宗亲会的头领，他回忆起当时许多老一辈人的共同感受：

  我们很多人都一直希望能够"返唐山"（回中国），买块地安居乐业。但是突然之间，我们与中国家乡的所有联系都中断了。知道回不去了，这个打击对我们实在太大了。要知道，我们大多数人家里都有年迈的父母、妻子和孩子，我们一直都经常寄钱回去，保证以后会回家乡去尽家庭义务。我们在这里孤苦伶仃、卖力干活，就是为了这个目的。现在一切都不可能了，我们还有什么盼头呢？不

---

① 参见 Sung, *The Adjustment Experience of Chinese Immigrant Children in New York City*, 1987, p.15.

第三章 移民美国：定居者的追求

少人有一段时间情绪低落、惶恐不安，担惊受怕。有些人于是靠拼命喝酒、赌钱、找妓女鬼混来消愁。但过了一段时间，我们开始希望有朝一日，能够把家人接到这边来。虽说是这样，我到现在也还为不能回家乡而感到难过。我一直很想能够叶落归根，在故土终老。不过现在已经无所谓了。[①]

那些美国华侨华人留在中国的亲属受到的打击更大，他们连挂念海外的亲人都不允许，更不能心存任何与家人团聚的希望。阶级斗争和政治运动接踵而来，文化大革命时达到了高潮。那些稍微有点海外关系的人，都被认为是异己分子和无产阶级的敌人，被怀疑为企图帮助台湾国民党政府和美帝国主义颠覆中国的叛徒汉奸，被认为是不可信任的人。他们老是成为群众批判的对象。他们在教育、就业、住房分配、晋升和许多其他方面的机会都受到严重的歧视。有些人因为"里通外国"的罪名被抓进监狱达数年之久。所谓的证据只不过是国外亲戚的来往家书。还有些人被遣送到穷乡僻壤或劳改场去接受"再教育"，经历难以忍受的艰辛困苦。就连孩子也会因为有国外亲戚而受到牵连，他们和他们父母也许跟这些在外国的亲戚连面都没见过。

在那个年代，有海外关系是一种拖累，也是一种耻辱[②]。这

[①] 引自笔者1988年9月访谈记录。
[②] 详见 Cheng, *Life and Death in Shanghai*, 1987。

唐 人 街

些未来有可能移民的人，大部分都活在严峻的政治压力下，面对无法预测的未来，生活在无休止的恐惧之中，对日后能在这个国家心安理得地过上简单的生活不抱任何希望。所以，只要一有可能，他们就想出国移民，很可能永远都不想再回来了。彭先生回忆说：

> 20世纪50年代初，我随解放军南下，在市政府规划局担任行政干部。那时我才二十二岁，是一个很单纯的革命青年，也就是说没有任何的海外关系。
>
> 后来我结婚了，我太太有个弟弟偷渡到香港，后来又移民到美国。婚姻带来的海外关系给我和我的家人惹来很多麻烦。从此以后，我再也没有晋升过。在没完没了的历次政治活动中，我的工作断断续续，时有时无。政治运动一来，我就成了受批判和调查的对象，然后又给我平反。在过去30年中，这种事一次又一次地重复发生，我在劳改场过了差不多八年的时间。
>
> 我太太是个护士，从没当过领导，总是得不到信任。我的三个孩子在学校里都表现很好，但是他们经常得不到应得的奖励和荣誉，也被剥夺了参加校外活动的权利，例如参加科学小组、歌唱团和舞蹈团等等。最荒唐的是，我从没见过这个小舅子，我太太也从来没有跟他联系过。他其实是在唐人街当工人，百分之百的无产阶级。我情绪低落，十分压抑，但一声也不敢抱怨。有一段时间，我对这个小舅子简直是恨之入骨。

第三章　移民美国：定居者的追求

> 后来我变了，真希望小舅子能把我们办出国。在这种压制和僵化的政治制度下，你得不到任何好处。文化大革命以后，情况好像有了改善，但毛泽东说每隔七八年就要搞一次大革命，我还是提心吊胆，对前景不抱什么希望。我实在受不了了。这个世界很大，我干吗非要在中国混下去？①

彭先生的小舅子没有帮他和家人移民去美国。彭先生自己的女儿嫁给了唐人街的一个工人，她后来也成为美国公民，于是就把全家办到美国了。彭先生这个时候才第一次跟小舅子见了面。其实有很多像彭先生这样的移民，他们出国的目的只是过上安稳一点的生活而已。

在闭关锁国时期，那些没有海外关系的人通常被认为是政治上可靠的人，他们被迫操着一致的步伐，喊着一致的口号，反美帝国主义、反西方的颠覆，反资产阶级的腐败生活方式和反各种"洋垃圾"。随着时间的推移，受压制的负面影响逐渐显现。人们开始怀疑这种制度的合法性，慢慢失去信心。即使那些积极的革命者，也开始感到困倦，设法让自己的孩子出国到别的地方去。官方媒体也经常有这类的报道，如政府的许多高官滥用权力为自己谋私利，不惜通过讨好西方人来帮助自己的子女出国②。

政府官员的腐败进一步引发民族认同危机。这个逻辑简单

---

① 引自笔者1988年9月访谈记录。

② Deng, "China's Brain Drain Problem", 1991, p. 9; Strebeigh, "Training China's New Elite," 1989, p. 89.

明了：如果工作中没有好的激励和回报，那就只会产生越来越多的惰性和不满。还有，如果一个大学毕业生挣的钱比摆地摊的要少得多，那就只会助长读书无用论的观念。再者，如果一个人一天挣不到 2 美元，而他知道在另一个国家一个小时起码可以挣 3.25 美元，那他肯定就会受到诱惑。但最重要的一点是，如果要面对政治的不稳定和无法预测的未来，那就只会加深忧虑和失望。越来越多的不满、消极和挫败感以及放弃理想追求，会形成一个恶性循环，反过来侵蚀民族自豪感和认同感。

中国近来的人才流失问题和所谓香港"1997 年综合征"[①]，就是这种民族危机侵蚀的最好证据。最近美国政治学中国学生会对十所名牌大学中国留学生所作的一项调查显示，在受访的 360 名中国留学生中，不到百分之三的学生打算毕业后回国，而三分之二的学生把政局稳定和自由民主列为留在美国的主要原因[②]。在香港，人才外流仍在持续。那里的中产阶级很多是 20 世纪 50 年代初逃离内地的难民，他们担心 1997 年香港回归时，会像四十多年前接管上海一样，没收私有财产。随着最后期限的临近，很多有钱的商人和企业家把他们的大公司财产和资产转移到海外，到美国、加拿大、澳大利亚和东南亚国家去投资。受过良好教育的专业人士则想方设法获得外国移民或工作签证，移居国外。

---

① 引自《世界日报》，1990 年 8 月 8 日。
② 引自《金融时报》，1990 年 6 月 12 日。

第三章　移民美国：定居者的追求

许多中产阶级花费数万美元，通过合法或非法的手段获得外国护照和签证离开香港。据统计，仅在1989年，加拿大就为香港人签发了22,130个移民签证，澳大利亚签发了14,000个。时任香港政府估计，1990年大约有62,000人从香港移民海外，平均每周超过千人，创历史最高纪录[①]。很多人放弃了很好的工作和家境，去到新的移居国重新开始，宁可忍受开头几年在移居国较低的社会地位和工作待遇。大部分人移民是由于1997年香港回归和民族认同危机。对于很多香港人来说，一张美国绿卡或一本外国护照就是一种"政治保险"。

第四节　小结

从"落叶归根"[②]到"落地生根"，形象地反映了当代美国华侨华人的心态转变。然而，仅仅是心态转变，并不至于导致华人新移民移居美国的数量的不断增长。这只是反映出一种与早期老移民不同的心态和动机，以及当代新移民不同的社会适应和向上社会流动模式。对于当代华人移民美国状况变化的原因，可以得出以下几个初步的结论。

第一，美国放宽移民政策，是导致当代华人移民潮的最

[①] 中英两次鸦片战争，中方战败，清政府割让香港岛给英国。1898年，英国占领香港全境。英国政府与中国政府于1982年开始谈判，1984年签订中英联合声明，1997年7月1日香港回归中国。

[②] 中国成语"落叶归根"意为：一个远走他乡的人，最终总会返回故土，终其余生。比喻中国文化中浓厚的乡情。

重要因素之一。美国移民法决定了移民条件、类别和规模。此外，由于新移民法中家庭团聚类别的影响，基于亲属和家庭关系的移民网络得以激活和扩展，进一步推动新移民潮的持续高涨。每一个来到美国的新移民，无论通过哪一种优先类别取得移民签证，都有可能通过家庭团聚的优先而带来后续的移民。这种家庭链式的移民，已经产生了许多社会后果。总体而言，1965年的移民法改革，不仅取消了赤裸裸的带有种族歧视的民族来源配额制，而且把家庭团聚作为移民签证的主要优先类别。对于美国公民的直系亲属（父母、配偶和未成年子女），移民人数不设限制，使此类移民的人数成倍增长，数量十分庞大。其直接的政策效应就是华人家庭团聚移民（包括直系和旁系亲属优先类别）的数量急剧增加，远远超过其他类别的合法移民。此外，家庭链式移民对于新移民在新国家中的社会融入模式也产生了很大的影响。一方面，新移民在年龄、人力资本和经济资源等方面成为一个更加多样化和异质性的群体。他们在社会流动方面所走的途径可能会更为宽广，会有更多选择，不会只限于一些边缘性的选择。另一方面，移民从一开始就与亲属和家庭关系的社会网络捆绑在一起。因此，他们很可能会采用集体主义或以家庭为中心的策略去攀爬移居国的社会经济阶梯。这与基于个人主义观念的欧洲移民同化过程相异。此外，由于家庭网络实际上是更大的族裔社会网络的一个分支，因此新移民更有可能依靠和不断地寻求族裔社会网络的支持。因此，华人社区必须要扩大，才能满足新移民的需求。如此一来，这有助于保持族裔认同，为具有凝聚力的华裔美国人群体

第三章 移民美国：定居者的追求

提供一个体制基础。

第二，从短暂寄居到连根拔起移居海外的转变，祖籍国移出环境的变化是另一个原因。1949年中华人民共和国成立后，中国关门锁国，随后不断的阶级斗争和政治运动的打压，以及美中双方对冷战的负面宣传，给海内外的华人造成民族认同感危机。有些中国人意识到，美好的愿望是否能够实现，在中国并非易事，他们逐渐意识到，移民海外是实现美好愿望的最有效的途径。对于大多数中国新移民来说，他们想要在移居国站稳脚跟并成功地融入主流社会的雄心和动力，要远比那些仅仅是为了短暂寄居的老移民要强烈得多。

最后，中国新移民的跨太平洋之旅具有连根拔起、落地生根的定居性质，与老移民的短暂寄居完全不可同日而语。"落叶归根"的中国传统观念，一直是老移民"黄金梦"的精神寄托，如今已经时过境迁，不再思返。新来者不再重蹈前人的足迹，到美国来短暂寄居寻找黄金，梦想带着黄金荣归故里。恰恰相反，他们像许多欧洲移民一样，举家搬迁或与家人团聚，在美国重新开始，努力奋斗，实现美国梦。与这种做法相伴随的新观念就是"落地生根"。心态的改变意味着新移民会更加愿意融入和认同他们的新国家。他们可能不必再走老移民漫长的传统融入途径。他们很可能会改变或重构自己族裔文化的某些重要方面，利用族裔资源去帮助他们取得向上社会流动的成功。

第四章

连根拔起：当代华人移民

"我们终于来到金山，就在这安家立业了"。这句话表达了许多当代华人新移民的新想法，他们要在美国安家落户，融入这个新的家园，过上好日子，而不是单纯来寻找"黄金"，然后荣归故里。自从1965年以来，华人不再是美国人眼里不可同化的边缘人。由于国际移民潮，美国华人人数在1960—1980年期间激增了三倍以上，达到创纪录的812,178人。与早期一心只想挣钱然后衣锦还乡的短暂寄居者不同，新移民的目的是来定居。他们辛勤劳作，努力实现发财致富和追求自由的梦想，他们作为一个社会经济背景多元化的移民群体，在新的国家中脱颖而出，以更高的姿态为美国的经济和社会发展不断做出贡献。

越来越多的华人移民涌入，使从前相对同质和单一的华人社区变得更加多元化。新移民表现出与老移民明显的不同，不仅体现在心态和志向方面，而且体现在社会经济特征和社会适应模式等方面。本章旨在描述华人新移民的特点，探究他们移出的背景和连根拔起的移民过程对他们社会融入的影响。

第四章　连根拔起：当代华人移民

第一节　多元化的来源地

当代美国华人移民的特点之一是来源地的多元化。早期的华人移民大部分是低技能劳工，他们大多来自中国南方珠江三角洲地区的农村。虽然他们讲各种不同的方言，但台山话最为普遍，这些老移民基本都来自广府地区，基本都讲粤语。由于老移民相同的来源地和方言，很多吸收到英语中的中文词汇来自粤语，尤其是与食物有关的词汇，如：点心（dim sum）、白菜（bok choy）、云吞（wanton）和炒／捞面（chow/lo mein）等等。1965年以前，粤语是美国唐人街的唯一语言。

第二次世界大战以前，美国华人移民以广府农村人为主，包括少数来自香港的广府人。在此之前，很少有台湾本地人移民。然而，当代华人移民来自不同的地方。虽然如今的唐人街仍然以广府语言和文化习俗为主，但非广府人口正在迅速增长。粤语不再是美国华人社区使用的唯一语言。现在，在中国的大陆和台湾，官方和民间使用最广泛的语言是普通话／国语。在纽约法拉盛这个新唐人街中，普通话现在是最常用的语言。按照来源地来划分，美国当代华人移民大致可分为三大类：来自中国大陆（或内地）的移民，来自中国香港的移民和来自中国台湾的移民。

来自中国大陆的移民

20世纪80年代来自中国大陆（或内地）的移民，大部分都属于亲属优先类别。根据美国移民与归化局的年度报告，在1982—1985年期间入境的中国大陆（或内地）移民中，大约有五分之一属于配偶团聚，不受配额限制。而94%的移民属于受配额限制的第一（美国公民的未婚子女）、第二（永久居民的配偶和未婚子女）、第四（美国公民的已婚子女）和第五（美国公民的兄弟姐妹）优先类别。由于中国严格控制国民移居海外，属于第三优先（杰出人才和专业技术人士）和第六优先（熟练工人）类别以及难民类别的人数很少。由于担心人才流失，中国不鼓励杰出人才和高级专业人才移民，也禁止持不同政见者离开中国。然而，最近中国大陆（或内地）高技能移民人数的增加，主要是因为留学生和部分访问学者在完成学业和学术交流计划以后决定留在美国。

来自中国大陆（或内地）的移民移出的原因有很多，有经济的、也有政治的原因。出国的主要推力不仅来自生活水平低下、缺乏经济发展机会、缺乏激励机制的工作和物资匮乏如住房拥挤、食物、衣服和消费品短缺等等，还有来自政治上的压制，如不断的阶级斗争和受限制的个人自由等等。随着美国废除了不平等的民族来源配额制，放宽了亲属移民优先政策，加上中国打开对外开放的大门，出国定居的移民逐渐增多。但只有那些在国外有直系或旁系亲属赞助的国民才有可能获准出国。

因此，1980年抵达美国的中国大陆（或内地）新移民大多是家庭链移民，祖籍广东的移民居多，这与华人移民美国的历史有关。大部分早期移民和有移民渠道的人来自广东农村，那

第四章 连根拔起：当代华人移民

里是最早开始移民美国的来源地，也是大多数在美华侨华人的家乡。虽然家乡还有很多亲人，然而，在过去的三十多年中，广东侨乡相当数量的人及其子女已经搬到全国各地的城市。因此，有条件依赖亲属移民的，不仅仅局限于广东侨乡，也有很大一部分源自广东以外的地区。

由于中国城乡发展差别很大，许多来自侨乡农村背景的移民和他们从前的移民亲戚一样，贫穷、教育程度低、不懂英语、没有职业技能和城市生活经验。他们到了美国以后，这些劣势令他们即使在族裔经济的劳动力市场上也缺乏竞争力，更不用说进入主流经济的核心劳动力市场。

来自城市的移民各有不同的背景。他们来自中国的不同地区，不仅仅是广府地区。虽然他们随家人搬离广东侨乡，到全国各地的城市定居，但他们仍然保持与美国亲戚的联系，即使断了联系也会在改革开放后得以激活，因此他们能够依靠亲属赞助移民出国。也有很多移民并非源自广东侨乡，这些人要么通过婚姻进入家庭移民网络，要么通过留学或学术交流等途径来到美国，然后获得永久居留身份。无论如何，城市背景的移民要比农村背景的移民受过更好的教育，有更强的职业技能，但他们的英语水平则普遍较低。

虽然来自不同地区和各具不同的社会经济特征，无论是从农村或城市来的中国大陆移民，都具有相似的动机、文化价值观及对未来的憧憬。他们移民是为了过上更加富足、安稳和自由的日子。他们认为移民是提升家庭社会经济状况的有效途径，他们拼命努力工作，争取尽快融入美国社会。

唐 人 街

来自中国香港的移民

根据美国移民与归化局的统计资料，1951—1960年的十年间，香港移民到美国人数约为15,544人。在随后的十年间，这个数字增长了5倍，达到75,007人。而1971—1980年的十年间，移民人数更增加至113,467人。香港是个传统的移民地区，人口频繁流动司空见惯。但是对内地的政治形势很敏感，当中华人民共和国成立后，大批内地难民经由香港移居美国。随着1997年大限的临近，香港人又掀起移民海外的高潮。有钱人、有才华和受过良好教育的人大量离开，移民英国、加拿大和美国。

许多来自香港的华人移民及其家人原本都是广府人。他们有些人（资本家、小业主和民国政府官员）在20世纪50年代初逃离内地，还有一些人在后来偷渡到香港。这些人从一开始就不相信中国政府，因此他们对香港在1997年回归中国后的前景没有信心，担心历史会重演，香港会变成另一个上海。他们离开香港的主要原因是害怕1997年以后会失去私有财产和人身自由。

当代香港移民潮是以人才流失和资本外逃为标志的移民潮，这完全是因为"1997年综合征"所致。香港民意调查研究机构（Survey Research of Hong Kong）1988年的报告显示，38%的金融界经理和专业技术人员表示，他们准备在未来九年内移民，离开香港。由于打算移民的员工流动性很大，使银行和其他主要服务行业很难进行长远规划。据估计，到1997年，

第四章　连根拔起：当代华人移民

550万人口中的10%将会离开香港，即每年5万多人离开[①]。此外，根据香港上海汇丰银行的月度报告，1989年，由于对香港商业丧失信心，资本外流预计会增加十倍，总量高达223.4亿港元（28.6亿美元）。经济学家们预测，到1990年，还将会有320亿至330亿港元（42.3亿美元）的资金会继续外流[②]。

很多香港人移民到加拿大和澳大利亚，因为那里鼓励高教育、高技术技能和投资移民。美国每年有五千个香港移民配额，主要得益于有亲属和家庭关系的人。1988年美国又增加了一个新的移民类别，为愿意投资至少100万美元、雇用至少10名当地员工的企业家而设[③]。因此，虽然大部分香港移民属于亲属移民的类别，已经有不少、今后还会有更多资本雄厚的精英会移民到美国。1990年秋，美国国会进一步改革移民法，通过了1990年移民法案（Immigration Act of 1990），经乔治·布什总统签署后实施。该法案将香港视为一个"独立"的特殊地区，在三年内把香港的年度配额从五千增加到一万。1994年以后，每年移民签证配额增至两万。此外，在香港为美国公司工作的专业人士享受额外配额，优先移民。

与内地移民相比，香港移民主要有四个方面不同：第一，几乎所有的移民都来自城市。他们来自亚洲工业化程度最高和发展最快的地区，习惯了西方自由放任的资本主义生活方式。他们所熟悉的生活方式、职业道德和心理状态跟美国的大环境

[①] 引自《波士顿环球报》，1988年7月28日。
[②] 引自《金融时报》，1990年5月8日。当时1美元约合7.8港币。
[③] 引自《华尔街时报》，1988年3月30日。

相似。因此，他们会更容易适应美国社会。相比之下，相当大数量的内地移民来自农村或小城镇，来自不同的政治和经济制度。第二，他们的教育制度受英国，尤其是西方影响很深。英语是香港的官方语言之一，所以他们能更好地掌握英语。在这方面，他们比内地移民面临更少的语言障碍和接受教育方面的阻碍。第三，他们在香港所获得的工作经验、职业培训和专业技能更容易在美国派上用场，因为香港的大环境十分西方化和全球化。因此，他们在美国主流劳动力市场上的选择通常比内地移民更多。第四，他们的经济状况更好，家庭积蓄较为充裕，不少人带着足够的资金在美国开始新的生活。

来自中国台湾的移民

由国民党政府统治的台湾，是西太平洋区域经济发展较为成功的地区之一。20世纪80年代以来，台湾经济从一潭死水转变为蓬勃发展的工业化经济体，贸易顺差总额达190亿美元[①]。该岛的外汇储备在1987年达到高峰，为767亿美元。在1990年仍达到694亿美元，在世界上名列前茅，其外汇储备足以支付两年的进口总额[②]。

台湾有两千多万人口，享有良好的教育水平和医疗设施，人们生活水平稳步提高。但是，台湾在政治上却没有与其经济成就同步发展。台湾实行戒严令达38年之久，直至1987年才取消，

[①] 引自《华尔街时报》，1988年1月8日。
[②] 引自《金融时报》，1990年5月17日。

第四章 连根拔起：当代华人移民

1986年底才准许成立反对党，但是权力仍然集中在大陆背景的"外省人"手中。立法机关仍然由近四十年前选出的成员所控制。由于缺乏政治自由，台湾日益强大的中产阶级变得越来越不满和愤懑。本地台湾人（占人口的84%）中的一些政治活跃分子组成了反对团体，呼吁"台湾独立"。无论是大陆的共产党还是台湾的国民党，对"台湾独立"都不能容忍。与此同时，大陆不排除要对国民党采取军事行动。岛内不稳定的政治局势，加上来自"台独"运动和大陆的潜在威胁，困扰着许多本地台湾人和来自大陆的外省人。因此，台湾移民的推力主要是由于岛内的政局不稳，以及对两岸统一前景的恐惧。1949年国民党政府败退以后，原本逃离大陆的人，开始陆续移民到美国和世界各地。近几年来，台湾的移民潮方兴未艾，日益高涨。

从台湾移民美国，这是一个较新的现象。台湾大规模向外移民发生在1949年以后，从大陆逃到台湾的人开始移民到美国，留学是其中一条有效的途径。持有非移民签证的留学生，在美国完成学业以后，设法在美国找工作，把学生签证换为工作签证，然后根据新移民法第三优先类别（杰出人才和劳动力市场所需的专业技术人才）申请永久居民身份。20世纪60年代和20世纪70年代期间，台湾留学生是美国高校中最大的国际学生群体之一。他们中很多人会争取获得永久居留的移民签证。一旦他们有了绿卡，他们就会通过家庭链移民申请家人移民美国。这一移民策略，也为中国香港以及后来的中国大陆（或内地）留学生所采用。此外，正如香港一样，台湾的资本外流也十分严重，除了紧张言论不绝于耳，大量的台湾资金向海外直接投资，使这个外汇储备和资本充裕的地区出现了资金净流出，影响了岛内民众对台币和经济的信心。

一般来说，来自台湾的移民和大部分来自香港的移民一样，家庭殷实富足，受过良好教育，有熟练的技术，很多人在美国受过教育和培训。大多数台湾人不是广东籍。他们讲普通话、福建方言和客家话，他们的文化传统与广东文化略有不同。由于社会经济背景和文化传统和来源地的差异，他们抵达美国后，通常会远离以广东人为主的老唐人街，建立自己的新华人移民社区或新唐人街。纽约的第二唐人街法拉盛区和加州郊区的唐人街蒙特利公园市就是其中两个典型的例子。

职业分布

当代华人移民的另一个明显的特点是移民前职业分布和工作经历的多样化。这与来源地的经济发展和劳动力市场的职业结构有关。如表 4-1 所显示，从 1982 年到 1986 年，大约 47% 来自中国大陆（或内地）的移民在有无工作经历一栏填报有职业。那些填报无职业的大多为 20 岁以下的年轻人、农民或退休老人（见第三章表 3-2 的移民人口年龄分布）[①]。在中国大陆（或内地）的移民中，劳工和农业工人的比例较高（不包括农民），占 42%。具有行政管理经验和专业技术职位的比例则要低于中国香港和中国台湾的移民。然而，与早期几乎是清一色

[①] 中国农村的农民不是领工资的工人，他们没有被纳入国家经济劳动力市场的职业结构。因此，他们在美国移民申请表格上职业一栏填"无职业"。

第四章　连根拔起：当代华人移民

农民背景的老一辈移民相比，华人新移民的职业分布已经呈现多样化。他们有近三分之一的人在出国前曾有过行政和企业管理或专业技术的工作经验。因此，他们拥有比老移民更有价值的人力资本。来自中国台湾和中国香港的移民有更大的比例曾经担任过高级行政、管理和专业的职务，大约68%的台湾新移民和45%的香港新移民曾经担任过行政主管、经理和专业技术职位，大陆（或内地）移民只有31%（表4-1）。

表4-1　1982—1986年获美国移民签证的华人人数：按出境地区和职业状况分类

职业	总数	中国大陆（或内地）	中国香港	中国台湾
移民总数	220,087	126,132	26,576	67,379
曾有过职场经验者占移民总数百分比（%）	41.7	46.5	31.4	36.8
曾有过职场经验者总数	91,752	58,613	8,349	24,790
行政主管或经理（%）	15.8	11.1	16.4	26.6
专业技术人员（%）	26.1	19.4	28.4	41.2
销售行业人员（%）	6.3	4.7	7.0	10.0
行政助理及秘书（%）	7.9	6.3	17.0	8.7
技工（精密仪器技师、维修工、手艺人等）（%）	4.6	5.3	6.7	2.1
制造业劳工（%）	16.1	22.8	9.8	2.4
农林渔业工人（%）	12.8	19.3	0.8	1.4
服务行业职工（%）	10.4	11.1	13.9	7.5

资料来源：《美国移民与归化局统计年鉴，1982—1986年》。

表 4-2　美国华人移民（外国出生）的主要社会经济特征

来源地	中国大陆（或内地）	中国香港	中国台湾	美国[1]
总人口	286,120	80,380	75,353	226,545,805
性别比例（男：女）	102	102	86	95
1975—1980年间移民美国（％）	27.2	34.9	54.6	—
归化美国公民（％）	50.3	38.3	28.9	—
高中毕业生[2]（％）	60.0	80.3	89.1	66.5
大学本科学历以上[2]（％）	29.5	42.7	59.8	16.2
专业技术人员[3]（％）	16.8	19.1	30.4	22.8
服务行业职工[3]（％）	24.4	18.6	13.7	12.9
平均家庭年收入（美元）	$18,544	$18,094	$18,271	$16,841

资料来源：1980 年美国人口普查数据。
1　美国全国人口（包括土生和外国出生）平均计算。
2　25 岁以上成年人。
3　16 岁以上成年人。

尽管来自不同的地方，大部分华人新移民尤其是来自香港和台湾的移民，他们移民的目的是保持他们已经建立起的小康生活，保持他们的中产阶级生活水平，免受政治制度不稳定的威胁。他们不仅带着人力资本，即工作经验、专业知识和所受的教育，而且还带着一些金钱资本。他们连根拔起，举家搬迁，离开祖国，为了一个清晰的目标，他们或子女在美国过上更好和更安稳的生活。他们抱着必须成功的决心，有了这种雄心壮志和明确的奋斗目标，新移民宁愿冒险去打拼，努力打入主流社会，不甘心像老移民那样生活在社会边缘。虽然很多新

第四章　连根拔起：当代华人移民

移民会发现自己在中国的大陆（或内地）、香港或台湾获得的教育和专业知识无法直接转移到新国家的职场，可能会在最初几年经历短暂的向下社会流动，但他们通常能够迅速地做出调整，逐渐积累新职场的工作经验和提升工作技能，从而恢复到原来的社会地位。即使是来自中国大陆（或内地）农村的贫穷和受教育程度较低的人，也有着相同的目标、动力和决心，为实现自己的梦想而努力工作。

表4-2根据1980年人口普查的数据，显示了来自中国的大陆（或内地）、台湾和香港的移民的主要社会经济特征。如表所示，比起香港和大陆（或内地）的新移民，台湾大量移民美国是近期发生的事，其中超过一半（54%）是最近五年入境的；不到30%归化加入美籍（一般需要住满五年）。在华人移民中，不管来自哪里，他们的平均教育程度比美国人要高，大陆移民有大学本科学历的比例，要比美国人高出近两倍，台湾移民的比例几乎是美国人的四倍。他们中曾担任过专业技术职务的比例，接近美国总就业人口中所占的比例，这反映了华人新移民的教育与职业不相匹配。华人移民的家庭收入中位数也略高于美国家庭收入中位数。

第二节　纽约华人的人口特征

年龄

从年龄分布来看，超过半数（53%）的纽约市华人在25—

64岁之间，属于就业年龄。这个就业年龄组的比例与该市非拉丁裔白人的比例相似。但是，华人在年轻和年长两个年龄组的比例，与白人相距较大：38%的华人年龄不超过25岁（白人的比例是28%）；只有9%的华人年龄超过64岁（白人的比例是20%）。

在外国出生的美籍华人移民中，就业年龄组（20—59岁）的比例特别高。1982—1985年的移民统计数字显示，65%来自中国大陆（或内地）的移民、48%来自中国香港的移民和66%来自中国台湾的移民，年龄在20至59岁之间。19%的中国大陆（或内地）移民，50%的中国香港移民和30%的中国台湾移民，年龄在20岁以下。大约有16%的中国大陆（或内地）移民超过60岁，而只有2%的中国香港移民和4%的中国台湾移民超过60岁（详见第三章表3-2）。纽约的外国出生的华人移民人口也呈现出类似的年龄结构。

华人新移民年龄构成以青壮年为主，这种特殊的年龄结构意味着对华人社区的发展会产生一些较为显著的影响。首先，他们会带来自己多年来在祖籍国/地已经形成的文化习俗、生活方式、行为模式和社会关系网络。这种从前的经历对他们的社会适应会产生不利和有利的影响。不利的一面是，他们的文化习俗、价值观和行为模式已经形成，这些跟美国社会不相吻合的文化传统和行为模式会对他们融入美国社会形成不同程度的阻碍。而有利的一面是，他们有可能通过自己的族裔社区、族裔经济和社会网络，更充分地利用他们的人力和物质资本来组织和发展不同的适应模式，通过族裔社区的途径促使自己及

第四章 连根拔起：当代华人移民

其子女取得向上社会流动的成功，最终融入主流社会。此外，大批青壮年移民的涌入，为族裔经济提供了巨大的劳动力资源，他们的文化传统和族裔性可以转化为有利的社会资本。当他们踏上美国大陆以后，马上就能找到工作。他们可以依靠他们过去的工作经验和经历进入聚居区族裔经济的劳动力市场，因而有利于克服他们初来乍到的劣势。如此一来，也为族裔社区及其族裔经济的发展，源源不断地补充移民劳动力和注入移民带来的物质资源。

性别

纽约华人人口的性别特征也显示了当代华人移民的变化。1943年之前，华人移民没有资格归化，不能加入美国国籍，因此也不能带家属来。他们没有政治权利、没有正常的家庭生活，甚至在许多州没有与白人通婚的权利[1]。结果他们不得不自我隔离，蜗居在三藩市和纽约等几个大城市的唐人街。在这些以男性寄居者为主的"单身汉"社会中，极少女性。20世纪初的人口普查显示，美国每100名华裔男性中只对应7名华裔女性；加州每100名华裔男性中只对应8名华裔女性；而纽约州每100名华裔男性中只对应2名华裔女性（见表4-3）。在纽约市的唐人街，19世纪后期的性别比例为每100名男性中只有1名女性。

早期的华人移民在美国过着单身汉的生活。由于严苛的

---

[1] 参见 Sung, *A Survey of Chinese-American Manpower and Employment*, 1976, p.4。

《排华法案》，他们无法把家人带来美国，也不允许他们与白人通婚。虽然有利用假出生证的"纸儿子"和无证移民的不断涌入，他们也只能局限在极少华裔女性的唐人街生活，成为实际意义上的单身汉。为了履行家庭义务传宗接代，大部分年轻的单身汉像他们的父辈一样，不得不回国娶妻。这种做法导致了更多的"纸儿子"移民美国。很多人都希望在美国有一个真正的家庭，但在《排华法案》和其他种族歧视的法律废除以前，这是不可能的。

表4-3　1900—1980年纽约州华人：人口与性别比例

年份	总数	男	女	每100名男性对应的女性人数
1980	147,250	75,885	71,365	94
1970	81,378	43,919	37,459	85
1960	37,573	23,406	14,167	60
1950	20,171	14,875	5,296	36
1940	13,731	11,777	1,954	17
1930	9,665	8,649	1,016	12
1920	5,793	5,240	553	11
1910	5,266	5,065	201	4
1900	7,170	7,028	142	2

资料来源：1900—1980年美国人口普查数据。

1945年《战争新娘法》通过后，美国开始接收少量在美军现役和退役的美籍华人的妻子入境。从1945年到1954年，女性华人移民人数平均是男性的八倍之多。例如，在1948年，

第四章 连根拔起：当代华人移民

有 3,317 名中国女性移民美国，而中国男性只有 257 名。在随后的十多年中，华人女性移民美国的数字多于男性。因此男女比例失衡的现象开始得以扭转，到了 1980 年趋于平衡。表 4-3 显示了纽约州华人人口和性别比例。1940 年以前，纽约的华人社会是典型的单身汉社会，女性比例不到五分之一，随后逐渐增加。到了 1980 年，华人人口的性别比例是 94 名女性对 100 名男性（非拉丁裔白人的性别比例为 114 名女性对 100 名男性）。性别比例从 1950 年女性占 36% 上升至 1960 年的 60%、1970 的 85%，在 1980 年达到 94 名女性对 100 名男性。

随着越来越多妇女和儿童的到来，唐人街不再是处于社会边缘的单身汉临时栖身之地。唐人街已经逐渐地成为一个以家庭为主和成熟的族裔社区，开始缓慢地融入纽约的大社会之中。与此同时，新移民在定居和同化方面所面临的压力和问题，对华人社区产生了新的需求。因此，唐人街需要在发展经济的同时，建立更多的社会和文化机构，以便解决日益增多的有关商业、民生和社会服务等问题，尤其是那些主流社会现存的机构和机制无法解决的具有族裔特殊要求的问题。同时，华人移民的人口增长不断给唐人街带来很多需求，刺激了很多与移民适应问题相关的经济和商业活动的产生，为族裔经济发展提供了新的机会。此外，由于移民廉价劳动力的大量涌入，也刺激了许多投资门槛低、小规模的劳动密集型企业的出现。总而言之，唐人街的结构从一个清一色男性暂居栖身之地，转变为一个以家庭为主的社区，为族裔经济的发展提供了社会基础。

第三节 首选的定居地

美国华人新移民几乎全都在大都市定居。在 1965 年至 1980 年期间进入美国的华人移民中,只有不到 3% 的人在农村地区定居。虽然他们的定居地比早期移民分散,遍布于各个州,但大部分移民都聚集在几个大城市。长期以来,他们首选的定居地基本集中于东西两岸,超过一半的华人移民把加州和纽约当作首选(表 4-4),他们特别喜欢聚集在三藩市和纽约市,美国两个最大和最老的唐人街就在这两个城市。

表 4-4 美国华人移民(中国大陆和台湾)抵达美国后的定居地(州)

年份	总人数	加州	占总人数的百分比	纽约州	占总人数的百分比	其他州	占总人数的百分比
1960	3,681	1,430	38.8	1,040	28.3	1,211	32.9
1961	3,213	1,168	36.4	818	25.4	1,227	38.2
1962	4,017	1,562	38.9	1,058	26.3	1,397	34.8
1963	4,658	1,695	36.4	1,132	24.3	1,831	39.3
1964	5,009	717	14.3	954	19.0	3,338	66.7
1965	4,057	1,597	39.4	926	22.8	1,534	37.8
1966	13,736	6,316	46.0	3,526	25.7	3,894	28.3
1967	19,714	6,700	34.0	5,150	26.1	7,864	39.9
1968	12,738	4,193	32.9	3,323	26.1	5,222	41.0

第四章 连根拔起：当代华人移民

续表

年份	总人数	加州	占总人数的百分比	纽约州	占总人数的百分比	其他州	占总人数的百分比
1969	15,440	5,584	36.2	3,845	24.9	6,011	38.9
1970	14,093	4,460	31.7	3,290	23.3	6,343	45.0
1971	12,908	3,079	23.9	3,607	27.9	6,222	48.2
1972	17,339	4,340	25.0	4,919	28.4	8,080	46.6
1973	17,297	4,648	26.9	4,782	27.6	7,867	45.5
1974	18,056	5,449	30.2	4,548	25.2	8,059	44.6
1975	18,536	5,654	30.5	4,536	24.5	8,346	45.0
1976	18,823	6,085	32.3	4,215	22.4	8,523	45.3
1977	19,764	7,027	35.6	3,546	17.9	9,191	46.5

资料来源：《美国移民与归化局年度报告：1960—1977年》。

纽约市是华人移民最集中的大都市之一。根据1980年的人口普查资料，全市超过五分之一的华人在1975年以后移民美国。他们抵达美国以后，往往会住在同一个街区，靠近自己的族裔社区。纽约市华人的区位流动性不大。在1980年的人口普查中，大约57%的华人报告说，他们在同一间房子里住了至少五年。另外有20%的华人说，他们在最近五年虽然搬过家，但仍住在同一个郡或区。

美国华人移民一直聚居在传统的东西部入境口岸，主要原因包括就业机会、唐人街的社会支持系统以及家庭移民社会网络。首先，在大城市和经济高速增长的城市更容易找到工作，尤其是入门级的工作。城市工作机会多，是吸引移民涌入的主要原因之一[1]。新移民要克服初来乍到的劣势，例如缺乏主流劳动力市场的信息、缺乏适用的教育背景和工作技能以及英语不好等等。从这个意义上来说，新移民集中在大城市，便于他们更好地适应新的经济环境，更容易找到工作。然而，城市较多的就业机会并不能解释为什么某些城市会成为国际移民特别青睐而且大量涌入的原因。近年来的研究发现，主流社会的经济状况对移民的定居地点没有显著的影响。例如，在20世纪70年代，纽约市遭受了严重的金融和经济危机，导致不少本地人迁离，人口急剧下降。制造业受到的打击最大，就业机会减少了近三分之一。很多廉价房屋年久失修，无法再出租。尽管人口、住房和就业机会都在减少，国际移民仍然源源不断地涌入纽约市，势头有增无减。

  移民聚居在城市的另一个原因，与已经在城市中建立起来的族裔社区有关。原有的移民社区以及族裔经济的发展为新移民提供了亟需的社会支持和就业机会，因此吸引着同族裔新移民的继续涌入。新移民的涌入，反过来又刺激了族裔经济的发展，以适应族裔人口的增长和新移民的需求。例如，在1969年到1980年间，作为美国制衣业中心的曼哈顿中城区，制衣岗位急剧下挫，从4万个下降到2.5万个。但在同一时期，唐人街华人经营的制衣厂数量却大幅增加，工作岗位数量翻了一

---

[1] 参见 Portes and Rumbaut, *Immigrant America*, 1990, p. 48。

第四章 连根拔起：当代华人移民

番，从八千个增加到一万六千个，在 1982 年接近两万个[1]。随着唐人街及其族裔经济的繁荣和由此而产生的大量就业机会，使纽约市对华人新移民的吸引力犹如磁铁一般，大部分华人新移民被吸引到族裔经济中，聚居在唐人街，或便于乘坐地铁到唐人街就业的其他街区。

第三个原因，也许是最重要的原因，与华人移民的家庭链的移民网络有关。新移民追随着前辈的足迹，在他们的亲属或社会关系网络所在地落脚和定居，因此一直延续着聚居的习俗。虽然当代华人移民大都希望融入美国主流社会，他们也不再受到社会的排斥，但他们的聚居模式与 1965 年以前老移民的模式大同小异。然而，新移民并非亦步亦趋。当今的华人移民之所以比他们的前辈更容易被同化，不仅仅是因为他们致力于在美国安家落户，也不仅仅是因为他们在同化的过程中遇到较少的结构性障碍。

新移民来到美国以后，发现他们想做的事和所能做的事之间有道鸿沟。大多数新移民意识到，为了完全"美国化"和尽快融入主流社会，他们要远离唐人街，少跟唐人街有密切关联。但是他们往往发现，他们不得不依赖于唐人街。因为在主流社会中，他们有语言障碍，即使主流社会有很多机会和很多选择，往往也轮不到他们，他们只能望洋生叹。

纽约市有五个郡，官方称之为县：纽约郡（曼哈顿区），皇后郡（皇后区），金斯郡（布鲁克林区），布朗士郡（布朗士

---

[1] 参见 ILGWU, *The Chinatown Garment Industry Study*, 1983, p. i.

区）和里士满郡（史泰登岛）。在纽约市，大多数华人移民都住在曼哈顿下城区的唐人街、皇后区的法拉盛和布鲁克林区的日落公园。后两者被称为第二和第三唐人街。在新老唐人的附近还形成了华人人口快速增长的居住区，例如，在皇后区的伍德赛德（Woodside）、杰克森高地（Jackson Heights）、科罗纳（Corona）和艾姆赫斯特（Elmhurst），以及布鲁克林区的里奇伍德（Ridgewood）和湾脊（Bay Ridge）等区。在过去的15年中，华人聚居的区域越来越多。如表4-5所示，从1970年到1980年间，皇后郡的华人人口增加了三倍多，金斯郡的华人人口增加了两倍多。

表 4-5　1970 年与 1980 年纽约市各郡华人（本地出生和外国出生）人口、性别、增长率

居住地	1970年	1980年	增长率（%）
全美人口	435,062	812,178	86.7
男	228,565	410,936	
女	206,497	401,242	
纽约市人口	69,324	124,372	79.4
男	37,504	64,018	
女	31,820	60,354	
纽约郡（曼哈顿区）人口	39,366	52,165	32.5
男	21,970	27,225	
女	17,396	24,940	

第四章 连根拔起：当代华人移民

续表

居住地	1970年	1980年	增长率（%）
皇后郡（皇后区）人口	12,855	39,526	207.5
男	6,449	19,997	
女	6,406	19,529	
金斯郡（布鲁克林区）	11,779	26,067	121.3
男	6,236	13,348	
女	5,543	12,719	
布朗士郡、里士满郡（史泰登岛）	5,324	6,614	24.2
男	2,849	3,448	
女	2,475	3,166	

资料来源：1970年和1980年美国人口普查数据。

纽约市华人新移民的居住模式呈现分散化。当今很多华人新移民不再被迫先到唐人街落脚，在社会经济地位提高以后才搬离唐人街，搬入白人中产阶级街区或郊区，完成空间/居住同化（spatial/residential assimilation）。其实，纽约市华人的分散而居并非传统意义上的居住同化。这是一种新的族裔聚居或居住隔离，即华人聚居区逐渐扩展到城市的其他区域，而不是与其他族裔尤其是白人中产阶级融合而居。华人居住分散和再聚居的模式，其中有部分原因是老唐人街的地域限制和新移民的人口压力。虽然唐人街已经扩大并扩展至邻近的街区，如小意大利，但仍然无法容纳快速增长的新移民人口。当今的唐人街聚居也跟家庭链式移民有关，已经住在唐人街的移民通常会为后来的移民亲属提供诸如住房等方面的基本生活支持。

为什么华人移民会继续聚居在唐人街？是因为族裔的排他性和独立性，还是因为来自主流社会的阻碍和排斥？从历史上看，唐人街是美国主流社会公开的制度排斥或隐蔽的偏见和种族歧视所导致的结果。由于美国劳工阶级的反华运动和排华立法，早期移民被迫躲进唐人街。他们要么返回中国老家，要么在美国为自己营造一个自我保护的"小中国"，除此别无其他选择。那些没有挣够钱回家乡的人，只能选择后者。

华人新移民的语言障碍和文化差异继续影响着他们的居住模式。新移民仍然有很强的聚居倾向，选择唐人街和华人较为集中的居住区，更多是自愿而为，而非出于强迫。但是，主流社会的制度和经济结构继续强化族裔隔离。一方面，民权运动的胜利和本土劳工阶级政治势力的下降，使华人新移民不再遭受美国本土劳工阶级的歧视和公开抵制。另一方面，后工业化和郊区化对美国经济的产业结构产生了重大的影响。自从第二次世界大战以来，传统的制造业和商品加工业的就业人数明显减少，新兴的高科技和信息技术产业的就业人数则快速增加。仅纽约市的信息技术行业在1953—1980年间就增加了超过650,000个就业岗位。同期的制造业和建筑业则失去了超过525,000个就业岗位[1]。产业转型把主流经济结构分为核心经济和次级或边缘经济的二元结构。新兴的中产阶级在核心经济的

---

[1] 参见 Kasarda, "Entry-Level Jobs, Mobility, and Urban Minority Unemployment", 1983, p. 23; Kasarda, "Urban Industrial Transition and the Underclass", 1989。

第四章 连根拔起：当代华人移民

产业中受到保护而不受影响，享受转型带来的所有好处。然而本土低技能的劳工阶级和弱势少数族裔群体以及新移民群体，却被困在次级经济的边缘产业中相互竞争，抢夺就业机会。此外，各种相互缠绕的障碍，阻碍了新移民的向上流动，维持了种族和阶级分层制度，迫使新移民困在社会阶梯的最底层。虽然纽约市主流经济的制造业就业岗位总体上大幅减少，但新移民仍继续涌入这个衰退的产业部门。如今在衰退的制造业中，尤其是制衣业，华人新移民占了相当大的比例。

从理论上说，当代华人新移民完全无须把自己束缚在唐人街和族裔经济之中。但是，如果他们在主流经济的次级劳动力市场中打拼，很有可能会在职业身份和社会地位等方面受到排挤和打压，因而经历向下社会流动。因此，无论新移民的社会经济背景如何，他们都会选择聚居，在聚居区族裔经济中寻求向上社会流动的机会。尽管那些曾经把前辈移民羁绊在唐人街的法律、结构和文化等方面的障碍已经减少，但至今仍然限制着新华人移民的选择。缺乏英语能力和适合市场需要的工作技能，无疑会削弱华人新移民在主流经济的核心劳动力市场上的竞争力。在移民过程中起过重要作用的社会网络，直接影响着新移民抵达美国后的居住地选择。这些社会网络的建立和延续，得益于美国移民法促进家庭团聚的政策取向。虽然新移民因此而被吸进唐人街和华人聚居的新区，但却为新移民在新家园定居提供了充足的社会资源。不同的是，当代华人新移民完全放弃了短暂寄居的想法，他们满怀信心，希望通过唐人街和族裔社区所提供的经济和社会资源在美国社会立足并取得成功。所以，唐人街不再是新移民的临时栖身之地，而是驱动他们向上社会流动的发动机。随着唐人街社区和经济的不断发展，华人新移民有可能利用自己的聚居区族裔经济资源，实现自己的梦想。

第四节 族裔经济资源

从20世纪70年代初以来，唐人街的人口增长伴随着大量的外国资金涌入，这是一个新的趋势。如前所述，许多当代华人移民带着终身积蓄来到美国定居，追寻美国梦。此外，香港、台湾地区和东南亚的政治前景不明朗，社会不稳定，导致投资者在美国寻求安全的投资机会。移民人口的快速增长和大量外资的涌入，为唐人街的族裔经济的发展创造了持续的需求和机会。即使在1987年金融市场崩盘以后，唐人街的房地产仍然是华人投资者和移民企业家的角逐之地。唐人街也许太小，不会出现在经济学家动辄数十亿而不是区区几百万的外国投资的统计数据中，但看来确实有很多小型的投资在帮助振兴这个面临衰落的族裔聚居区。

在纽约市，很难准确估计来自香港、台湾地区和东南亚的华裔外资数量。大型企业收购往往成为主流英文报纸和华文报纸的头条新闻。1980年，主导香港金融和商业事务的香港上海汇丰银行收购了美国海丰银行（Marine Midland Bank）[①]。

[①] 引自《纽约时报》，1981年12月29日；*Crain's New York Business*, May 18, 1987。

第四章　连根拔起：当代华人移民

1985年，汇丰银行收购了唐人街金太平洋银行（Golden Pacific Bank）的1.17亿美元的保险存款，金太平洋当时已经资不抵债[①]。1988年，香港半岛集团斥资1.27亿美元收购了曼哈顿的马克西姆的巴黎酒店（Maxim's de Paris Hotel）[②]。小投资者是唐人街房地产热的幕后推手，投入了大量的资金，开发房地产和投资工商业。外来的华人投资者在唐人街附近的街区购买房产。曾经是意大利人聚居的社区"小意大利"，如今正逐渐被华人纳入囊中。

外国的投资不仅有百万、千万美元级别的华人大企业巨款，也有区区几千美元的仅够新移民做点小生意的小本资金。华人房地产业的开发和商业扩张，也导致了唐人街房屋紧缺，租金飙升。因此，一部分华裔资金投入到皇后区法拉盛的房地产开发，这是纽约的另一个快速增长的华人社区，被称为第二唐人街。由于老唐人街有租金管制和严格的土地使用规定，在老唐人街投资房地产，成本既高且难以实施。外来资金的涌入，有助于唐人街的蓬勃兴旺，但也无意中导致了唐人街的一些商业活动和居民搬迁到其他新华人社区。

外国资本注入唐人街，对其发展利弊参半。一方面，外来投资直接促进了唐人街族裔经济的多样化和向外发展；另一方面，大量资本往地理空间有限的唐人街投资，加剧了社区内部围绕土地问题的竞争和冲突。移民的人力资本带有明显的族裔

---

① 引自《纽约时报》，1985年6月27日，第4版。
② 引自《纽约时报》，1988年8月8日。

标签，局限了他们对居住地点和工作的选择。与此不同，资本是一种中性资源。理论上，资本具有高度的流动性，在市场经济社会中几乎可以到处流动。然而，海外华人资金的投资也有一定的局限性。海外华人资本主要投资于唐人街或与华人有关的产业，但不会投资到潜在高回报率的其他地方，其原因不能用简单的经济理性来解释。第一，东亚和东南亚的富裕华人担心自己的财富会受到不稳定的政治前景的威胁，需要把资金和一部分生意转移到美国。第二，海外华人投资者缺乏美国市场的信息网络和营销网络，特别是地方市场的有关投资方向的准确信息。第三，海外华人和华人移民对美国过去的种族主义制度和排华历史心有余悸，对族裔偏见亦感到畏惧。他们认为，除非他们的资本很雄厚，否则难以在竞争中与市场上大多数对手匹敌。第四，美国主流社会的商业环境对本地白人有利，他们有强大的政治组织和商业联盟来保护自己的经济利益。而在唐人街，华人投资者不仅可以找到与他们熟悉的商业环境，还会有自己的商会和社区组织保护。因此，他们对在唐人街和华人市场投资的回报更有信心。第五，唐人街有同文同种、任劳任怨、刻苦耐劳的劳动力。华人工人还包括那些因语言障碍而难以施展的受过良好教育的移民。此外，华人移民拥有适合族裔经济发展的相关技能和创造力，也更有可能为了生存和今后的成功，宁愿接受低工资和不尽如人意的工作条件。最后，唐人街的劳资双方与社区都有着强烈的族裔认同感。这种族裔认同有助于保证劳工积极向上的工作态度和劳资关系的平衡。

由于政治原因而导致的资金外流，以致华人的外来资金基本上是单向流动。投资所赚取的利润不太可能返回香港、台湾或亚洲其他地区。这些投资者一般不会把资金从华人社区中抽走，相反，所得到的利润会再投资于族裔经济和美国的主流经济。如此一来，有效地加强了聚居区族裔经济的金融基础，也加强了族裔经济与主流经济的关系和互动。但是，在发展过程中也会加剧族裔经济内部的竞争。

总之，人力和物质资本的不断涌入，是唐人街族裔经济发展的关键因素。假如没有人力资本和有形物质资本的注入，族裔经济就会丧失其相对强大的独立性。

第五节 小结

1965年以后来美国的华人移民，为唐人街带来了源源不断的人力资本和物质资源。人力资本的不断涌入，为唐人街提供了一批具有各种社会经济背景的新移民，他们在这个新国家安居乐业，成为新国家的主要劳动者和消费者。虽然他们许多人欠缺英语能力、适用的职业培训和工作经验，但他们再也不会步他们前辈的后尘当临时寄居者。他们目标明确，满怀信心，希望通过自己的刻苦努力能够取得职业成就或创业成功。在社会融入的过程中，相当一部分当代华人移民有意或无意地选择了唐人街这条途径。他们的进入，不但为族裔经济带来了廉价劳动力，还带来了熟练的、受过良好教育的专业人士和企业家或未来的企业家。在族裔环境中，这两个不同的劳动力群体携手合作，发展唐人街族裔经济，为族群成员创造更多的就业和创业的机会。

华人新移民在很多方面与他们的前辈不同。首先，短期寄居者和永久定居者有不同的奋斗目标。短期寄居者来美国是为了追求中国式的黄金梦，能在这里挣够了钱就回家，让家人过上好日子。他们背井离乡，固守自己的文化信仰和习俗，宁愿过着自我隔离和奴役般的生活。他们对同化不屑一顾，认为意义不大。因为他们的目标只是为了挣钱、攒钱、还债和还乡。对于大部分人来说，他们能接受的美国文化就是西服、帽子和鞋子之类的东西。只有极少数华人移民接受美国文化，认为美国文化有助于实现自己的黄金梦。这种寄居者的心态使他们与怀揣美国梦的欧洲移民不同。寄居者未必就不能被同化，问题是他们从没有意愿要同化。另一方面，制度排斥和种族歧视也不让他们同化。相比之下，当代华人移民一到美国，就目标明确，力图融入美国主流社会，实现美国梦。

第二，当代华人移民的社会经济背景更为多元化。早期的唐人街是较为单一的单身汉社区，老一辈的移民来自相同的社会地位、经济条件和来源地。他们大多数人除了出卖自己的体力，拼命干活挣钱，普遍缺乏经济资源和人力资本。唐人街的经济活动通常是家庭式（指的是宗族大家庭）的内循环经济，以维持生计和生存。当今的新移民来自不同的社会经济背景，他们的到来已经开始影响唐人街的发展以及新移民的社会融入模式。新移民具有多元化的教育程度、职场经验、专业技术和工作技能。他们不再被动地去适应美国主流社会的结构变化。他们学会了如何利用自己本身的人力资本和社会关系网络，在

第四章 连根拔起：当代华人移民

族裔社区内组织和开拓商业和经济发展机会。

第三，华人移居美国的接收环境已经发生了很大的变化。在历史的进程中，当时的殖民主义和资本主义的发展，需要大量的廉价劳动力。早期的契约劳工基本上是为了满足这一时期经济发展的需求。他们受到资本家的残酷剥削和非人道的虐待，还被经常利用来破坏劳工阶级的罢工。结果，他们夹在资本家的贪婪和崛起的白人劳工阶级的对抗中间，既是受资本家剥削的受害者，也是受白人劳工阶级歧视和排斥的对象。为了自我保护和生存下去，他们被迫在唐人街聚居生活。与此不同的是，当代华人移民正值美国民权运动和后工业转型的时代。一方面，他们来到美国的时候，美国社会已经发生了翻天覆地的变化。民权运动的直接结果是平权法案的建立和实施，以及移民法的改革，少数族裔取得了在制度层面上跟白人相对平等的地位，公开的种族歧视已经比较少见。同时，通过长期的跨族裔交往，大部分美国人逐渐接受了华人，称他们为"模范少数民族"，不再把华人当成奇怪而陌生的异乡客。尽管依然存在着若隐若现的种族偏见和种族歧视，新移民所面对的法律和结构性障碍要比他们的前辈少得多。

第四，当代华人移民的居住模式较为分散，一改过去被迫蜗居在唐人街的族裔隔离现象。其中的主要原因之一，就是因为新移民法重在家庭团聚和技术移民。虽然新移民不一定要像老移民那样一定要在唐人街聚居，他们当中的相当一部分人仍然会沿着前辈的脚印走，毕竟他们跟族裔社区仍然有着千丝万缕的联系。但是他们不需要局限在唐人街，即使是初来乍到，也无须利用唐人街来作为第一站。很多新来的移民实际上已经绕开老唐人街，径直在市内的外围郡区和郊区安家落户。然而，华人移民的分散居住模式并不等于实现了经典同化论所预示的居住同化（融入以白人中产阶级为主的社区），相反，他们的分散居住又形成了由家庭关系网络和族裔房地产而引起的新的族裔居住隔离。这种再隔离的居住模式将在第八章深入探讨。

最后，以外国资本为代表的经济资源随着华人移民涌入美国，这是很独特的现象。不少华人新移民不仅具有有助于他们实现美国梦的人力资本，而且还拥有金融资本和其他有形的物质资源。这都是唐人街和聚居区族裔经济蓬勃发展的重要资源。近乎单向流动的金融货币资本流入唐人街的族裔经济，形成了一个排他性的族裔资本市场，为华人社区的经济活动提供了充足的资金。如果没有这样一个族裔资本市场，聚居区族裔经济的独立和发展将会受到很大限制。

当代华人移民所带来的人力资本和有形的物质资本代表了一种新的趋势，完全颠覆了那些认为国际移民在抵达接收国时一无所有，后来才随着经济地位的不断改善而逐渐融入主流社会的看法。现在，这种不对称的社会融入模式已经开始逆转。新移民未必都是身无分文、穷困潦倒。他们从祖籍国连根拔起，带出了所有的家庭积蓄和相当数量的经济资源、人力资源和社会资本，这些资源的引进使族裔经济得以发展，同时又使新移民能够在族裔聚居区之内充分地利用这些资源，达到自己的移民目的。因此，唐人街及其聚居区族裔经济为华人新移民融入美国主流社会提供了另外一条可行且有效的途径。

第五章

突飞猛进：聚居区族裔经济的崛起

正如美国各个城市中的移民聚居区一样，纽约唐人街一直被认定为一个封闭和文化落后的移民社区，一个破败的城市贫民区，或者充其量只是一个具有独特异国情调的民族飞地。其作用要么是一块跳板，让人地生疏、两眼一抹黑的新移民借此立足，然后慢慢融入主流社会。要么作为一个可以满足某些特殊需求的族裔文化中心。在 20 世纪 60 年代中期大规模移民以前，纽约唐人街基本是第一代华人的聚居区，唐人街的族裔经济也只是被主流经济排除在外、以自给自足的小本生意为主的边缘经济。

然而，从 1965 年以来，传统意义上的唐人街正在逐渐消亡，取而代之的是一个逐渐崛起的聚居区族裔经济（ethnic enclave economy）。唐人街不再仅仅是纽约地区华人移民的居住之地，而且是一个拥有日益强盛的族裔经济和社会组织的综合型都市社区。唐人街的族裔经济能够充分调动各类族裔资源，为华人移民提供充足的就业和创业机会，满足分散居住的华人及其他人的消费需求。唐人街作为一个社会经济社区，已经开始承担新的功能，为移民创造"黄金"机会。许多华人移民在受益于聚居区族裔经济的同时，也为族裔社区和经济的持续发展做出了不同程度的贡献。

当代华人社会的巨大变化表明，华人新移民志在定居，落地生根。他们努力去适应他们的移居国，争取提高自己的社会地位，早日融入主流社会，但他们不是摒弃自己的族裔文化，脱离族裔社会，而是另辟蹊径。在本章中，我分析了国际移民如何影响唐人街族裔经济的发展，剔除传统的对唐人街陈旧刻板的印象，以便在后面的章节深入分析族裔经济的发展如何反过来影响华人移民的社会融入。我的基本假设是，唐人街不是一个普通的移民聚居区，也不是贫穷华人移民为了生存而不得不暂时落脚的栖身之地。唐人街聚居区族裔经济为移民提供了各种经济机会，是华人移民的一种积极选择。我认为唐人街聚居区族裔经济是美国经济的一个不可或缺的组成部分。

第一节　唐人街的传统经济

历史上，纽约最早的唐人街是曼哈顿下东城一个只有十个街区的地方（见图1-1）。横跨美国大陆的铁路完工以后，大批华人移民受到种族偏见和排华法律的迫害，被禁止进入主流经济的劳动力市场，也被禁止在白人区居住，唐人街因而成为这些流离失所的华工避难地。在20世纪上半叶的大部分时间里，面对强烈的反华情绪和《排华法案》，华人被迫与世隔绝，自辟谋生之路，以求生存，希望能早日攒下足够的钱返回家

第五章 突飞猛进：聚居区族裔经济的崛起

乡。黄金梦越来越虚渺，在纽约已经蜕变为残酷的现实。他们不得不在唐人街蜗居，去干别人不想干的活。这些华人劳工大部分是男性，很多只能拿起熨斗和端起盘子，在洗衣店或餐馆打工，这些活在传统上被认为是女人的活。

20世纪30年代和40年代，纽约唐人街是个凄凉的单身汉社会，从前的劳工靠手工为白人洗衣服和卖廉价中餐来勉强糊口。这两个行业都有一些共同的特点：即劳动密集型、低工资、工作环境恶劣和工作时间长。这些工作几乎没有向上流动的机会，被认为是处于主流经济体系之外狭窄边缘的族裔小经济。洗衣业基本上是为白人中产阶级家庭服务，而以杂碎（chop suey）店或茶餐厅为主的餐饮业，早期主要是为了满足单身汉社会的迫切基本需求。

为什么华人会从事这些传统的行业呢？老一辈华人当然不是天生的洗衣工或端盘子服务生。他们很多人本来是农民，来到美国后在西海岸的矿山干活，后来又转去修铁路，然后又被逼得无活可干，流离失所。他们只好夹缝求生，从事这两种工作，因为没有本地人对这种薪水低、劳累而繁重的工作感兴趣。老一辈华人不得不从事这些边缘化的经济活动，作为临时维持生计的手段。他们从来没有奢望打进主流经济的劳动力市场，脑子里只有一个信念，"不管做什么，只要能挣到钱就行，这样才能攒够钱尽快回国"[1]。结果他们把自己困在唐人街里，无意中为族裔消费市场开拓了一个独特的餐饮业，后来扩展到

---

[1] 参见 Siu, *The Chinese Laundryman*, 1987, p. 120。

唐 人 街

为美国大众所广泛接受的、具有异国情调的中低档餐饮业。

洗衣业就没有那么"幸运"了,因为它的服务对象不是华人,而是唐人街以外的白人。随着现代技术的发展,手工洗衣业逐渐衰落。家用洗衣机和干衣机等发明,即洗即穿不皱面料的普及,以及劳动力市场的开放,可供选择的各种就业机会增多,尤其是对于年轻一代,几乎使该行业难以为继。虽然第一代移民仍然在惨淡经营,但华人洗衣店如今是"一个正在消亡的行业"[①]。

在主流经济的边缘做生意能否成功,在很大程度上取决于主流社会的制度、市场需求和技术革新。唐人街日渐式微的洗衣店就是一个例子。族裔企业在受到保护的族裔消费市场中,相对来说受影响较小。洗衣店业务容易受到主流消费市场需求变化的影响。与此不同的是,餐饮业开始时主要是面向自己族裔的消费市场,后来才扩展到面向非华人的客户。中餐馆之所以能够生存和发展,不是因为喜欢享用异国风味饮食的非华人顾客的口味变化,而是因为华人本身的需求在不断增长。早期华工在寄居美国期间,唐人街的杂碎餐馆和其他的小食店,主要为没有家和没有妻子做饭的华工提供方便快捷的餐饮。菜单上的一些常见的菜品,其实并不是地道的粤菜或其他诸如四川菜、湖南菜等中式地方菜。炒面和捞面是典型的广式做法,但杂碎、蘑菇鸡片和芙蓉蛋(用海鲜、猪肉或牛肉炒蛋)等则是"美国化"的中国菜。至于茶餐厅的饭菜,主要是为了满足

---

① 参见 Wong, *A Chinese American Community*, 1979, p. 74。

第五章　突飞猛进：聚居区族裔经济的崛起

那些唐人街单身汉的需要，他们喜欢一盘菜里各种东西都有一点，好吃实惠。至于非华人的客户，他们基本吃不出区别。

老华人移民并不是像当时很多人认为那样，天生就喜欢从事洗衣业和餐馆业。在当时极为困难的情况下，这是他们唯一能适应环境的谋生手段。假如那时候有其他的工作，他们肯定会毫不犹豫地去做。这些边缘行业集中在唐人街，是主流劳动力市场普遍存在种族歧视的结果。即使是边缘行业，唐人街也只有洗衣业和餐饮业这两种主要的选择。这也反映了当时华裔人口太少，太过同质化，消费需求太简单，因而无法支撑多样化的族裔经济。

第二节　1965年以后的快速发展

自从1965年移民法改革以来，华人移民大量涌入纽约，唐人街因此而快速发展，从原来十个街区的狭小空间扩展到邻近没落的街区，如小意大利，继而扩展到皇后区和布鲁克林区，在那里形成"卫星"唐人街。

日益增长的华人移民人口带来新的需求。一方面有大量的廉价移民劳工，另一方面有一批拥有人力资本和有形物质资本的移民，他们共同努力为族裔经济发展做出贡献。与此同时，这大大增加了消费需求，刺激了族裔经济的多样化发展。房地产投资、商业和服务业的扩张就是很明显的例子。唐人街多样化的族裔经济，逐渐超出了主流经济的狭窄边缘。表5-1列举的一些数字显示出这种增长的范围。其中制衣业的变化最为明显，一举取代了洗衣店而成为聚居区族裔经济中名列第二的最重要的行业。除了蓬勃发展的餐饮业和服装加工业，以本族裔客户为主要对象的销售和服务行业也同样兴旺发达。

在主流社会中常见的各类商业活动，也同样在唐人街蓬勃发展，很多行业从无到有，从少到多。例如，1988年出版的《纽约和波士顿大都会华人商业指南》列出了纽约大都会地区的5,978家企业，相比之下，波士顿大都会地区列出的华人企业只有424家[①]。在1958年至1988年的15年间，华人的保险、房地产经纪和金融服务公司增加了8,000%，旅行社增加了5,750%，会计师事务所增加了3,567%，牙医诊所增加了3,267%；其他呈十倍以上增长的行业有：银行（1,950%）、进出口公司（1,822%）、律师事务所（1,550%）、西医诊所（1,428%）、中草药店（2,650%）、西药房（2,200%）、海鲜店（2,650%）和珠宝店（1,617%）等等（表5-1）。如今，餐饮业和服装加工业是唐人街族裔经济的两大支柱。这两个行业的增长，加上其他各行各业的商业活动，造就了唐人街的族裔经济的多样性和完整性。

大约有三分之一的华人企业集中在曼哈顿的唐人街，其他的华人企业则集中在法拉盛和日落公园的卫星唐人街。在唐人街的企业，无论大小，大多数为华人所拥有。大部分的工人都是华人，为本社区的特殊需求提供服务。

1987年美国普查局出版的《少数族裔企业调查统计报告》，

[①] 引自《纽约和波士顿大都会华人商业指南》，Key Publications, 1988。

第五章　突飞猛进：聚居区族裔经济的崛起

列举了89,717家华人企业。在1982—1987年间，华人企业数目增加了286%。而全美国其他少数族裔企业的增幅为14%。在纽约和新泽西大都会地区，华人拥有的企业数量从1977年的2,667家增加到1987年的11,579家（其中10,864家公司在纽约市）。这些华人企业的总收入从9,800万美元增长到8.43亿美元。每家企业的平均收入从37,000美元增长到73,000美元。这个地区的大部分华人企业（占企业总数的84%）是自雇企业或家庭企业，没有雇请员工[①]。

表5-1　1958年、1973年、1988年纽约市华裔企业一览

企业类别	1958年	1973年	1988年
衣厂（服装加工厂）	0	200	437
洗衣店	—	—	20
餐馆		304	781
超市、杂货店	41	70	187
海鲜店	2	2	53
肉店	16	15	45
面包店	4	7	46
面制品加工作坊	6	8	18
珠宝店	6	5	97
礼品店	66	60	65
花店	4	6	17

---

① 引自 U. S. Bureau of the Census, *Survey of Minority-Owned Business Enterprises*, 1987。

唐人街

续表

企业类别	1958 年	1973 年	1988 年
西药房	1	5	22
中草药店	2	—	53
中文书店	8	15	32
录像带、音乐光盘出租店	0	—	41
照相馆、照片冲洗店	4	5	19
餐馆设备/用品供应商店	0	—	92
银行（包括分行）	2	1	39
律师事务所	12	25	186
会计事务所	3	10	107
保险、房地产经纪、金融服务公司	4	30	320
进出口公司	9	25	164
旅行社	2	7	115
西医诊所	21	30	300
牙医诊所	3	8	98
中医诊所	11	12	101
语言学习中心	0	—	8
理发店、美容院	7	12	111
电影院、戏院	5	7	4
报纸、期刊出版社	5	—	24
电视台、广播电台	0	2	12

资料来源：1958 年数据取自 SAPB, *1957-58 Chinese Directory of Eastern Cities*；1973 年数据取自 Wong, *A Chinese American Community*, p. 79；1988 年数据取自《纽约和波士顿大都会华人商业指南》（Key Publications, 1988）。

第五章　突飞猛进：聚居区族裔经济的崛起

纽约唐人街族裔经济的繁荣，为移民工人提供了大量的就业机会，形成了一个多元化的华裔劳动力市场，足以作为一种就业的选择。在20世纪80年代初期，唐人街的餐馆雇用了大约15,000名工人，大部分是男性。位于曼哈顿下东城区的扩大了的唐人街有大约500家衣厂（俗称血汗工厂），雇用了20,000名移民妇女。服务行业和旅游业雇用了大约15%的移民劳工。这些工作大部分都是低工资、工作时间长。在外人看来，从事这些工作的工人受到同族资本家的残酷剥削[1]。然而，大量可靠的低工资劳动力，正是许多族裔小企业赖以生存和成功的重要条件。从工人的角度来看，华人企业所能提供的有形和无形的补偿，远远超过单纯数字意义上的薪水金额。

如今，唐人街的族裔经济结构不再是过去的负面刻板印象。如果没有新移民的涌入和定居者日益增长的需求，唐人街可能仍然处于主流经济的边缘。然而，唐人街已经远远超出了其传统界限，成为纽约市资源充足的社会经济社区，对华人社区和主流社会都做出了贡献。

在继续满足新移民就业、创业和居住需求的同时，唐人街已经从一个族裔社区转变为一个强劲的经济基地。第二个唐人街已经在皇后区的法拉盛站稳脚跟，第三个唐人街已经开始在布鲁克林的日落公园形成，这两个新唐人街都与老唐人街有着密切的经济联系。大多数华人企业位于曼哈顿下东城区扩展了的唐人街，但越来越多的华人企业开始向纽约市的其他地区以及郊区扩张。

---

[1] 参见 Kwong, *The New Chinatown*, 1987。

第三节　多样化的经济活动

餐饮业

餐饮业一直都是唐人街的经济支柱之一。1988年《纽约和波士顿大都会华人商业指南》列出了纽约地区共有的781家餐厅，约有三分之二集中在老唐人街和新唐人街，主要的消费群体是华人。还有许多其他的中餐馆没有在指南中列出。根据近期的媒体报道，1988年在纽约市有1150多家中餐馆[①]。

在华人的文化习俗中，似乎对饮食文化最情有独钟。无论走到什么地方，尤其是和家人和好友一起的时候，他们都要找中餐聚餐。多年来，中餐已被公认为是美国最好和最实惠的异国风味餐之一。因此，唐人街餐馆业的顾客增长分为两部分人：华人，这是纽约市增长最快的移民群体之一；还有十分喜欢中餐的美国人。不过，大部分唐人街中餐馆的顾客是华人，而不是其他美国人。

为了适应接踵而来的华人移民不断增长的需求，餐饮业大致可以分为三种不同的类型：茶餐厅和咖啡厅、快餐外卖店以及高档酒楼。

茶餐厅和咖啡厅通常由较早的老移民经营，雇用自己的亲属做帮工。从前这些茶餐厅和咖啡屋是比较简单的"杂烩店"

---

① 引自《人民日报》（海外版），1988年12月17日。

第五章 突飞猛进：聚居区族裔经济的崛起

或"饭堂茶居"①。他们的常客是寄居者、洗衣工和其他唐人街的单身汉。如今，很多杂烩馆和小饭店已经被比较新潮的茶餐厅和西式咖啡厅所取代。但有些还保留着五十年前的老样子。客户多为唐人街的老移民和移民劳工，这些老茶餐厅规模小，装修和设施很简单，提供早餐、午餐、下午茶和晚餐，价格便宜，方便快捷。只需三美元左右，就可以买到几碟点心或一盘杂碎，还有一杯热茶或咖啡。这些老的茶餐厅和咖啡屋大部分在曼哈顿的唐人街，顾客都是在那里生活和工作的华人。这类茶餐厅和咖啡屋只在唐人街经营，因为老板和工人都不懂英语。他们也不想接待其他非华人的顾客，所有的菜单都只有中文，有些没有菜单，每天供应的餐饮菜式只用粉笔写在墙上的黑板上。这类小餐馆投资成本不高，经营成本也低。他们只能薄利多销，靠客多来赚取微利。

第二种类型的餐馆是快餐外卖店，这是在大批新移民来到美国以后才发展起来的。在唐人街，几乎每个人都疲于奔命地长时间工作，经常忙得没时间做饭。虽然越来越多按照传统习俗要为家庭做饭的女性涌入唐人街，但她们大多数都忙于出外打工，平均每周工作40多个小时。因此，大多数人女工几乎没时间做家务，也没空做饭。她们喜欢收工后去买熟食带回家，加工一下全家人吃。因此，工人的需求刺激了快餐业的发展。许多华人见到有钱可赚，于是就开办了自己的快餐外卖店。如今，在唐人街的每条街上都可以看到专门卖叉烧、烧

---

① 引自《布告版》，1984年夏天版，第3页。

鸭、烧鸡、烧排骨以及面饭点心等现成熟食的快餐外卖店。此外，快餐外卖店正迅速从唐人街扩展到非华人的社区，与麦当劳和汉堡王等大牌快餐店争夺客户。快餐业也符合华人新移民赚快钱、当老板的愿望。开快餐店只需要很低的投资，大约只需要两万美元就可以当老板。通常从个人和家庭的积蓄中就可以凑够这笔钱。

快餐业能满足当地华人的基本日常生活需求，但住在日趋完善的华人聚居区和附近的华人还有其他方面的需求。他们还想要有进行社交活动和招待家人朋友的较为体面的地方。第三种类型的餐馆于是应运而生。这类餐馆的特点是奢侈豪华、宽敞时髦、环境优雅，富有中国特色的装修风格，当然还有价格不菲的菜式。这些高级酒楼彻底改变了中餐物美价廉的形象。他们供应各种各样的菜式：南方的粤菜、湖南菜，西部的川菜和东部的上海菜等等，可以为华人举办各种不同的宴会。虽然价格较高，但对于很多华人来说，每周一次的家庭聚会还是力所能及，更何况还能吃到正宗的美食，排解思乡之情，甚至还可以显摆身份。每逢周末和节假日，这些酒楼供应早茶和各式午餐点心以及丰盛晚餐，门庭若市，家人和朋友挤得水泄不通。这些高级酒楼可以预定铺张的生日晚宴和奢华的婚礼盛宴，如果要预定春节和其他中国传统节日的宴会，必须要提前很长时间，有时甚至要提前两年。一些出名的酒楼，如包厘街上的银宫和勿街上的皇宫等，婚宴或寿宴两三年前就预订满了。这些高级酒楼通常是在曼哈顿唐人街或法拉盛唐人街，主要顾客大部分是华人（约占90%）。华人去这些酒楼不仅仅是

第五章 突飞猛进：聚居区族裔经济的崛起

为了满足口腹之欲，也是为了去感受自己熟悉的中华文化氛围，还有去参加各种场合的宴会和社团活动。很多中餐馆已经扩展到唐人街以外，遍布纽约市。但这些位于唐人街以外的餐馆往往为了适应美国大众的饮食习惯和口味，已经"美国化"了。豪华酒楼和餐馆要比茶餐厅和外卖店规模要大得多，装修讲究，娱乐设施，如麻将桌和卡拉OK等一应俱全，需要大量的资本投入和现代化的餐馆管理。所需的启动资金远远超出了普通移民家庭的承受能力。投资人通常是那些在商业上取得成功的富裕移民、近期从香港和台湾移民来的富豪或者是在国外的企业家。

唐人街餐饮业的发展相对独立，不受主流经济的约束，大环境的经济气候变化影响也不太大，因为其依靠的是华人社区或外来的族裔资本、族裔劳动力市场和族裔消费市场。但是，唐人街业内的竞争十分激烈，人员流失率也很高。华人餐馆老板必须要依靠本族裔的团结来维持生意。他们组织餐饮业协会，以减少行业之内的激烈竞争。尤为重要的是，他们专门雇用本族裔的经理和工人，不仅为了降低劳动力成本，而且也为了避免被指控违反劳工法或者税法等。由于新来的移民通常对法律一无所知，老板们无须担心会被告发。在唐人街，一个好的侍应生平均每月能净挣到1500—2000美元的现金。一个厨师能挣大约2000美元，帮厨、跑堂或洗碗工大约能挣800—1000美元。他们每周工作至少48个小时。对于没有受过多少教育又不懂英语的新移民工人来说，与他们在中国的收入相比，这样的收入已经是相当不错了。

唐 人 街

服装加工业

纽约的制衣业，实为服装加工业。在经历了长期衰落以后，主流制衣行业的细分和时尚服装的消费需求使华人移民得以参与，开始从事服装加工[①]。纽约因为产业转型，失去了大量的制造业工作岗位。制衣标准化和行业全球化导致很多制衣厂关闭或搬迁海外，但小型衣厂能应对快速变动的消费需求，在时尚女服和运动服的细分市场中占据一席之地，为现货市场生产价格低廉、非标准化的时尚和休闲衣服。巧合的是，随着纽约制衣业的衰退和市场细分，许多年长的劳动力也退出了制衣行业，没有新工人顶替[②]。结果，华人移民和其他的新移民群体、如拉丁裔移民等乘虚而入，填补了空档。

唐人街服装加工业的发展与1965年的移民改革直接相关。移民改革法案允许早期移民的妻子和家人移居美国。这一波移民潮，尤其是随着女性的涌入，使大量移民劳工成为潜在的适合服装加工业的廉价劳动力。此外，还有一批愿意投资和管理制衣厂的企业家。除此之外，纽约制造业的外迁，在唐人街周边留下许多空置的厂房，为华人衣厂提供了相对便宜的厂房。

唐人街大多数衣厂的老板是新移民。他们实际上是承包商。对这个行业感兴趣的原因，与早期开餐馆和洗衣店的老板很相似，因为所需的创业启动资金不太多。在20世纪80年代

---

① 参见 Sassen-Koob, "New York City's Informal Economy", 1989; Waldinger, *Through the Eye of the Needle*, 1986a。

② 参见 ILGWU, *The Chinatown Garment Industry Study*, 1983, p. 41。

第五章　突飞猛进：聚居区族裔经济的崛起

初期，两万五千美元左右就可以开办一家拥有 20 台机器的衣厂，包括配备一台供蒸汽熨衣用的锅炉，以及设备供应商提供的电气和煤气设备。设备供应商为承包商提供优惠的分期付款，只需要大约六千美元的首付，其余的可以在两年内分期支付[①]。很多移民企业家动用个人积蓄或者向家人和朋友借钱来投资。

一旦衣厂开工后，承包商必须相互竞争去向制衣商争取订单。如果每个月平均能拿到一万件订单，这就很成功了（20 世纪 80 年代中期的平均净利润约为每件 50 美分）。纽约的制衣业被非华人的制衣厂商（大部分是犹太人）所垄断，受到工会的控制，还要面对激烈的国际竞争，他们对华人承包商很苛刻，尽量压低订单价格。但很多华人承包商进入该行业，是为了能赚快钱，积累资金，然后转而投资餐饮业或其他有较稳定的族裔消费需求的生意。服装加工业本身并非稳定行业，所以华人企业家不会把它作为长线投资项目。

根据国际女服工人工会对唐人街制衣业进行的一项调查，唐人街地区的华人衣厂数量，从 1965 年的 34 家增加到 1974 年的 209 家，在 1980 年达到 430 家，雇用大约两万名华人，其中大部分是妇女。唐人街的许多衣厂被称为"血汗工厂"，大部分衣厂都受工会的监督[②]。唐人街衣厂的工人大都不会说英语、受教育程度较低，她们按件计酬。在 1990 年 4 月之前，国际女服工人工会规定的最低工资（也是纽约州的最低工资）

[①] 参见 Kwong, *The New Chinatown*, 1987, p. 31。

[②] 参见 ILGWU, *The Chinatown Garment Industry Study*, 1983。

唐人街

是每小时 3.65 美元或每周 128 美元（1992 年是每小时 4.25 美元）。然而，承包商通常利用熟悉华人文化和许诺来绕开最低工资法以及工会的监督和检查。华人衣厂老板一般根据车衣技能熟练程度和工作经验的不同支付薪水，熟练工人的时薪通常为 5 美元以上，不熟练的新手只能得到大约 2 美元。他们通过给高工资来稳定自己的骨干员工队伍。但制衣业的大部分的车衣工人都是轮换劳工，她们常常会被雇用，然后又被解雇，又再雇用。不管老板是华人或非华人，他们这样做可以避免工人积累工龄而拿到较高的时薪。以此老板们可以尽量降低整体的工资水平，也就是说工人总是拿最低的起点工资。华人老板之所以能这样做，是因为唐人街有源源不断的缺乏车衣技术和经验的新移民。梁女士说："如果你是新手，就不可能要求高工资。你有活干就算是很走运了。如果你抱怨，你就会被炒掉，老板可以轻而易举地找到人顶替。但是，如果你真的能干，手脚麻利，老板就会想留你。这个时候你如果对老板所付的工钱有意见，老板才会听你的。如果老板对你置之不理，你也可以炒掉老板，辞职跑到另一家制衣厂。因此，技术熟练在衣厂是非常重要的讨价还价、争取高薪水的本钱"[①]。当被问及她们是否曾经争取过劳工最低工资的权利和其他权益时，华人女工们通常会异口同声地像梁女士一样回答。

唐人街衣厂招聘工人主要靠亲属关系和本族裔的社会关系。这些衣厂通常是家庭式作坊，配偶、兄弟姐妹或亲戚都有

[①] 引自笔者 1988 年 4 月访谈记录。

第五章 突飞猛进：聚居区族裔经济的崛起

股份，他们既参与经营管理也是工人[①]。雇来的工人大多是老板同村的移民。这种较为密切的社会关系使老板和工人之间的劳资关系相对比较容易处理，有助于族裔劳动力的稳定。同族、同宗加友情，把工人与工厂维系在一起，把工人的个人利益与衣厂利益连在一起。如果衣厂的老板和工人不是来自同一族群，这种特定的社会关系便难以存在。

制衣业本质上是与主流经济体系二元结构的次级经济密切相关，是次级经济的边缘性行业。一般来说，美国的制衣业工人无法跟亚洲或中国的每小时工资低于1美元的廉价劳动力竞争，制衣业的大部分工厂已经搬到国外，而唯一可能剩下的空档就是时装。时尚服装和季节性服装的需求随时变化，难以预测，因而制衣业要反应很快才能满足市场的瞬间需求。由于制衣业的需求与移民的融资能力和最低技能要求特别匹配，许多移民群体都在这个狭小的空档行业争相分一杯羹。因此，这个被挤在主流经济体系狭窄边缘的行业，在唐人街的族裔经济以及其他新移民群体的族裔经济中得以发展，但在唐人街内部和其他不同族裔群体之间则充满了残酷的竞争。服装加工业的生存主要取决于主流消费者市场的需求，以及能否有效地利用族裔资源和廉价的移民劳动力。由于市场需求的不确定性和行业的不稳定性，大多数华人企业家进入制衣业，主要是为了他们日后在其他行业的长线投资而积累资金。

1985年移民美国的赵先生是个雄心勃勃的制衣业承包商，

[①] 参见 ILGWU, *The Chinatown Garment Industry Study*, 1983, p. 59。

他和曾经做过车衣工的妻子在坚尼街开办了一家衣厂。这对夫妇亲力亲为，从早到晚忙个不停，参与工厂大大小小的营运事务：招聘、制定工资标准、争取订单、为承包合约与制造商讨价还价、与工人和工会打交道、有时还自己车衣等等，从未有过空闲的时候。当被问到从事制衣业有什么好处时，赵先生回答说，

> 我觉得我可以从制衣业中很快赚到钱，当然我知道这不是容易赚的钱。但我相信只要能吃苦耐劳，就能赚到钱。不过，做这一行并不是我的目标，因为这个行业太过依赖外部的大市场，很不稳定，不适宜做长线投资。我之所以做这行，是因为我只有这一条行得通的路，入门门槛低，可以积累资本。假如我有足够的钱，我会开一家餐馆，开办类似麦当劳式的全球连锁中餐快餐店。大概再过两年，我应该可以迈出第一步。①

事实上，许多唐人街餐馆和进出口公司的老板，原先都是从制衣厂赚到钱的②。由此看来，制衣业的发展对唐人街的整体经济福祉有极大的贡献，因为制衣业能从外部经济中汲取资本，然后把资金转投资到华人的族裔经济和社区建设。唐人街的制衣业对唐人街的族裔经济和纽约市的经济贡献很大。根据

---

① 引自笔者 1988 年 4 月访谈记录。
② 参见 Kwong, *The New Chinatown*, 1987, p. 32。

第五章 突飞猛进：聚居区族裔经济的崛起

国际女服工人工会的数据，1981年，在计入季节性和兼职工作的收入后，一名车衣工人平均收入为5,500美元。1981年，唐人街2万多名车衣工人的工资总额为1.05亿美元，老板们的收入为900多万美元（每家工厂的老板收入大约2万美元）。因此，在1981年，唐人街的制衣业直接为唐人街和纽约市的地方经济贡献了至少1.25亿美元。这些收入用于人们的衣食住行的基本消费以及满足其他服务的需求等等，还有很大一部分作为积蓄储存。据估计，花在消费需求上的钱，至少有三分之二在唐人街内流通：94%的华人，尤其是纽约市的移民家庭，都在唐人街购买食物，40%的人购买其他各种物品，几乎有75%的华人在唐人街娱乐和消遣①。因此，许多唐人街的其他服务型企业都得益于制衣业的盈利。一位快餐外卖店老板谈到制衣业对他的生意的影响：

> 如果制衣业是淡季，我的餐厅就会损失起码四分之一的收入。如果女工失业，她们就没钱去买外卖，就会待在家做饭。每年九月到次年的一月是制衣业的淡季，这对餐饮业来说是很难熬的时期。通常在二月份制衣工人会复工，她们收工后会顺便在唐人街采购，为家里买吃的东西和其他东西。因为要工作，她们就没有时间做饭了。②

---

① 参见 ILGWU, *The Chinatown Garment Industry Study*, 1983, p. 81。
② 引自笔者1988年9月访谈记录。

唐 人 街

批发和零售业

批发和零售贸易是唐人街经济的另一个重要行业。与其他行业一样，不断增长的华人人口推动了的消费需求。早期的唐人街很小，几乎没有批发商。那时的商人在美国和中国之间来回穿梭，购买中国食品和其他中国商品，然后运回纽约。他们把货物分发到零售店或直接送到餐馆，从中赚取微薄的利润。唐人街的零售业规模很小，并不发达。零售商为唐人街提供本族裔所必需的食品和少量的日用品。唐人街大部分是单身汉，没有自己真正的家，由于语言障碍，他们无法在唐人街以外的地方买到自己所需的食品和日用品。

随着进出口生意的兴旺发展，批发和零售商也水涨船高。例如，餐饮业的发展对中国食品和餐馆用品产生了巨大的需求，如各种食材、干货和调味酱料以及厨具、碗碟、家具、装饰品和其他装饰材料等等。其他大宗的进口商品包括纺织品、百货、中草药和中成药、玩具、工艺品和其他中式产品等等。

批发业建立了以纽约唐人街为中心的分销网络。批发商不仅把商品分销到东海岸大城市如波士顿、费城、华盛顿特区、巴尔的摩等地的唐人街，而且还分销到这些大城市附近的小城镇和郊区，不少华人居住在这些地方。进出口公司从1973年的25家增加到1988年的164家（见表5-1）。另一方面，许多零售商仍然坚持用传统的方式来组织货源。他们本身就是中间商。然而，唐人街的商店不再全是小打小闹的小店铺了。大型百货商场和食杂货超市在唐人街如雨后春笋般涌现，同时在

第五章　突飞猛进：聚居区族裔经济的崛起

东海岸的其他城市也开设了分店或连锁店，投资者主要是港商和台商。许多礼品店和百货公司提供各种各样的基本是从中国进口的产品，如：丝棉袄、衣服、毛巾、胶底布鞋、仿古董摆件、仿古家具、炒菜镬、竹蒸笼、筷子、碗碟、油纸伞以及拜神香烛用品等等。客户虽然以华人居多，但零售业对唐人街旅游业的贡献功不可没，它们从游人如织的观光客中赚钱，同时又能吸引外部的资金到华人社区。

房地产业

华人历来看重房地产，将其视为成功与否的重要标志。买房买地，既可以耀祖光宗，也可以在子孙面前自夸成功，给儿孙传承家产。过去的暂居者从来不想投资美国的房地产。他们一心只想存钱，回到中国家乡去买房置地。当代华人移民是定居者，决心扎根美国，他们的美国梦就是在美国买房置业。由于高房租和通货膨胀的压力，加上大量的外来资金涌入，唐人街很快发展成为一个需求量大和有利可图的房地产市场。

20世纪70年代末和80年代初，唐人街的房地产业开始起飞。在1975—1987年期间，唐人街地区出售的房地产，大约62%的买主是华人[1]。在唐人街中心地带，外来资本投资于住房开发项目。例如，香港富商叶汉（Yip Hon）在1978年投资600多万美元建造了一栋11层的现代化办公大楼永明大厦

---

[1] 引自 NYCREC, *Manhattan Real Estate Transactions*, 1988。

唐 人 街

（Wing Ming）[1]。东西方大厦（East-West Tower）是一栋143个单元的商住大楼，耗资2100万美元，全部资金来自香港和中东地区[2]。唐人街的房地产规模可能还不够大到足以吸收大量外国的华人资本。在1986年，唐人街最大的房地产项目大约为1800万美元，以曼哈顿的标准来说微不足道，与其他城市相比也并不出众[3]。由于政府对唐人街地段有严格的规划管理，所有的新建筑不得高于六层，导致从1970年以来只有极少几栋新大楼落成。然而，一些开发商发现可以通过投资改造现有的大楼去获得可观的利润。于是许多破旧不堪的大楼被改建成为高档的商场、餐厅和住宅。据原任唐人街地区开发公司主任王先生说，在唐人街中心区，在20世纪70年代末和20世纪80年代初，每天至少有几十栋大楼在改建装修。

唐人街也有一些频繁换手和快速成交的房地产交易。以下列举几例1987年3月以前的交易活动：

- 坚尼街198号至240号，全是六层的大楼，总售价为1100万美元。是25年前买价的10倍。
- 加萨林街5号，一栋没电梯的五层大楼，在1986年11月以42万美元售出，其六年前的买入价为11万美元。
- 且林士果23号，一栋四层的大楼，在1985年8月

---

[1] 引自 Tobier, "The New Face of Chinatown", 1979; Wang, "Behind the Boom", 1979。
[2] 引自《纽约时报》，1981年9月20日。
[3] 引自《纽约时报》，1981年9月25日。

第五章　突飞猛进：聚居区族裔经济的崛起

的售价为 79.5 万美元。一年后，其售价升至 160 万美元。

● 伊丽莎白街 13 号至 17 号，三栋六层的阁楼建筑，以 470 万美元售出，其 1973 年的售价为 750,344 美元。[①]

这些房产原来的业主都不是华人，但几乎所有买家都是华人。美国人把这些华人买家称之为闭着眼睛瞎买的"不用动脑子的人"。

唐人街不同寻常的繁荣，带来了自己特有的通货膨胀：地价、楼价和房租飞涨到离谱的地步。许多商家和住家不得不离开唐人街，搬到纽约市的其他区。虽然其负面影响很大，但正面的影响在于促使华人的聚居区族裔经济在传统的领地以外发展，形成了卫星唐人街。房地产商不仅看中唐人街地区，他们也已经渗透到其他地价相对较低的地区，例如皇后区的法拉盛、艾姆赫斯特、科罗纳和杰克逊高地，以及布鲁克林区的日落公园和湾脊。这后一波房地产热，催生了纽约第二和第三个唐人街，抬高了那里的地价，也吸引了华人涌入。如今，法拉盛已经成为中产阶级华人居住的街区。在布鲁克林八大道的五十一街和六十一街之间，几乎一半都是华人买下的房子。房地产业也开始从纽约扩展到其他州，新投资和新移民甚至向南扩展，一直到最南的佛罗里达州。

在唐人街内实际上已经没有房地产可出售了，但投资者仍在四处寻找投资的机会。由于当地经济的蓬勃发展，加上新移

[①] 引自《纽约新闻报》，1987 年 3 月 2 日，第 3 版，第 8 页。

民和外来资本源源不断地涌入，抢购的热潮和改建的狂热势不可挡，导致华人投资者仍然在争抢这块族裔市场的蛋糕。

珠宝业

唐人街经济活力的另一个显著标志，就是在坚尼街两侧和包厘街西侧众多的珠宝店，数量之多，超乎想象。这些珠宝店犹如雨后春笋，几乎都是同时冒出来的。1973年之前，唐人街只有五六家珠宝店。12年以后，增加到97家（见表5-1）。在唐人街对面、从前的小意大利社区的坚尼街北侧（拉法叶街和包厘街之间的六个街区），就有48家华人珠宝店。很多外人也像华人一样感到困惑：为什么会有这么多的珠宝店？他们怎么可能从贵重的金首饰、钻石和宝石生意中赚钱呢？他们怎么可能与位于曼哈顿中城区四十七街的世界上最大和最出名的珠宝钻石中心去竞争而生存呢？甚至在四十七街上，居然也有一些华人开的珠宝店。谁都无法解释为什么珠宝生意近来会成为唐人街族裔经济中发展最快的行业之一。有一点可以肯定的是，大多数珠宝店老板都是香港和台湾的身价百万的富商。他们认为做黄金和钻石的生意，是可以把盈余资金转移到安全地方的一种方式。

旅游和娱乐业

唐人街一直是美国乃至世界各大城市的大众旅游中心。这个社区充满了异国情调，有民族特色的美食佳肴、精美礼品以及形形色色奇特的东西，吸引了成千上万的观光客和在附近市

第五章　突飞猛进：聚居区族裔经济的崛起

政府和华尔街上班的白领人士。不言而喻，旅游和娱乐业的发展不仅要像从前那样吸引外来游客到唐人街，还要满足当地华人移民的日增的消费需求。早期的华人移民对旅游娱乐业兴趣不大，他们拼命工作，极少考虑休闲，只想着节省每一分钱。他们不愿意把钱花在旅游或娱乐上，他们反正也没多少时间去玩。具有讽刺意味的是，他们虽然一心只想存钱，但有些人却染上了赌博的恶习，希望有一天他们能用一美元赢得一百万美元。在唐人街，赌博似乎是寄居者唯一的娱乐方式，后来的一些新移民也染上了这个恶习。

如今，华人移民喜欢去外国特别是去中国旅游。他们旅游的主要目的，要么就是尽家庭义务或消解乡愁，抽空回乡探亲访友；要么就是寻求放松享受，到熟悉的地方去度假。许多华人移民的父母和亲戚仍在中国大陆（或内地）、香港或台湾，他们通常会每年一次回家乡扫墓祭祖。很多唐人街的老移民从来没回过中国，因为他们早年拼搏打工，买不起昂贵的机票。后来因为中美两国断绝了外交关系，他们更无法回去。自从两国关系正常化以来，来回旅行的人较为频繁了。新移民比老移民更经常去中国大陆（或内地）、香港和台湾探亲旅游，因为他们的直系亲属或近亲还在那里。新移民几乎完全依赖会说中文的旅行社来帮助他们安排行程，也偏好去没有语言障碍的地方。而老移民则并不一定要依赖唐人街的旅行社，也许是因为他们在家乡已经没什么亲戚，所以没什么意愿经常回中国探亲。

随着当代华人移民定居和社会融入模式的改变，他们的生活方式也发生了变化。如今，新移民比老移民更多地考虑休闲旅行，更想要享受生活乐趣。他们会跟旅行团在美国或去加拿大和一些东南亚国家旅游。即使他们回乡探访亲友，也会尽可能顺便去祖国各地旅游观光。随着这种需求的增长，大批旅行社应运而生。20世纪50年代，唐人街只有两家旅行社。1973年中美关系开始解冻，增加到7家。据非官方统计（见表5-1），1988年共有115家华人旅行社，主要位于曼哈顿的唐人街以及法拉盛和布鲁克林八大道的新唐人街。这些华人旅行社帮助不懂英语的新移民，从不同的航空公司寻找廉价的机票。到了香港，旅客可以轻松地转乘其他航班，或坐火车和轮船，前往广州和中国其他地区。较为常见的是，旅行社为团体旅游提供不同的套餐，配备导游，尤其是中国大陆、台湾和东南亚的旅行。在美国境内旅游，包括到附近的娱乐场短途旅行，也变得越来越风行。例如，旅行社每天都会安排到大西洋城一日游的大巴，还有一些赌场甚至聘请香港和台湾的流行歌手演出，以吸引华人移民顾客。

　　唐人街也出现了很多娱乐场所，迎合新移民的大众化需求。唐人街现在有4家放粤语和普通话电影的电影院。录像带出租和照相馆也很受住在皇后区和布鲁克林区华人移民家庭的欢迎。在纽约大都市地区，有12家电视台和广播电台为华人提供普通话和粤语的各种节目。1988年，录像带出租店和录像电影制作中心增加到41个（见表5-1）。带有西方情调和中式服务的夜总会和酒吧也纷纷开业，为华人新移民提供社交和娱乐场所。

第五章　突飞猛进：聚居区族裔经济的崛起

专业服务公司

唐人街的族裔经济，见证了各类白领专业服务公司的发展。这个门类的族裔经济发展，满足了不断增长的人口需要，也适应了繁荣兴旺经济的需求。例如，银行和金融机构的出现，有助于族裔企业和新移民的创业和置业需求。过去老移民只能通过宗亲社团或宗族信用会等传统方式来融资做生意。如今，新移民虽然仍然利用这些传统途径为他们创业或购买房地产筹集资金[1]，但有更多的人通过银行尤其是华资银行获得贷款。在表5-1所列出的华裔企业中，纽约市在1988年有17家华资银行，22家分行。这些银行的总部都在曼哈顿或在法拉盛的唐人街。根据一份来自唐人街的报道，在1989年仅曼哈顿的唐人街就集中了大约33家银行和分行。不少主流银行的分行也纷纷进驻唐人街，争夺这个族裔市场。如花旗银行在曼哈顿的老唐人街里就有三家分行，曼哈顿储蓄银行在唐人街也有两家分行。最近，威斯敏斯特银行和林肯储蓄银行等其他银行最近也开设了分行。这些美国人开的银行不仅拥有丰富的资本，而且还雇请来清一色的华人员工，看上去很有华资银行特色。这些非华资的银行虽然设在唐人街，但并不能被视为聚居区族裔经济的一部分。

华资银行的资金，主要来自美籍华人，也有来自中国大陆（或内地）、香港、台湾和一些东南亚国家华人的投资。这些银行在自己族裔的地盘独具竞争力。大东银行董事长舒曼·涂

---

[1] 参见 Light, *Ethnic Enterprises in America*, 1972。

唐人街

（Schuman S. Tu）先生在谈到唐人街族裔网络的竞争优势时充满信心地说：

> 许多华资银行不只是单纯地追求利润。他们还肩负族裔和社区的承诺，帮助资金在唐人街内周转，防止资金外流。这种做法有助于他们在面对主流大银行时具有竞争力。
>
> 华商喜欢找自己族裔的银行贷款，这是我们的优势之一。因为族裔银行通常没有十分严格的信用要求，或没有那么复杂的繁文缛节，不懂英语的新移民往往会被这些东西吓跑了。华人移民很少会因为信用证明不足而遭到拒绝，因为我们可以通过宗亲关系来了解他们从前的记录和他们移民前的信用记录。这是主流大银行所不具备的优势。
>
> 新移民企业家的商业贷款申请经常遭到主流大银行的拒绝，因为他们在美国没有任何信用记录。我们依靠族裔团结的凝聚力，所以能够获利。同时，也能帮助社区的经济发展。[①]

华资银行如雨后春笋，遍布曼哈顿和法拉盛的唐人街。在1988年，虽然唐人街的银行数量已经比纽约市任何一个少数族裔聚居区都要多，但还有更多的银行计划设立在唐人街。如香港的恒生银行和东亚银行打算在不远的将来在唐人街开设分

[①] 引自笔者1988年5月访谈记录。

第五章 突飞猛进：聚居区族裔经济的崛起

行①。甚至一些海外的中资银行也计划进军被誉为国际金融中心的曼哈顿中城区。

其他的专业服务机构，如律师事务所，会计师事务所，保险、金融公司，中、西医诊所和牙医诊所以及语言学习中心等等，也都应运而生，以满足族裔经济发展和新移民消费需求的增长。在1965年之前，唐人街很少见到这类专业服务的生意。那时候，纽约市的华人专业服务机构为数极少：例如，在1973年，大约只有25家律师事务所、10家会计师事务所、30家西医诊所、12家中医诊所和8家牙医诊所。因为这些行业的华人专业人士（除了中医师），大都不愿意在唐人街开业。如今，这些华人专业服务机构的数字已经大为增加：到了1988年，华人拥有186家律师事务所、107家会计师事务所、300家西医诊所、101家中医诊所、98家牙医诊所，还有8个语言学习中心、12个中文广播电台、24家报纸和杂志（见表5-1）。华人专业人士之所以回到族裔聚居区经营服务，是因为有需求，在那里从业也有可能取得向上社会流动的成功。在某些情况下，这里的经济回报要比在可能会遇到种族歧视的主流劳动力市场中更大。白领阶层和专业服务公司在族裔经济的发展，极大地改变了唐人街族裔经济低工资、劳动密集型和社会流动陷阱的边缘化刻板印象。

随着当代新移民的涌入，纽约唐人街正在继续发展壮大，繁荣兴旺，充满活力，前途无量。事实证明，唐人街是一个成

---

① 引自《世界日报》，1989年1月13日，第24页。

功的聚居区族裔经济,华人移民可以通过这里扎根美国,取得向上社会流动的成功,融入主流社会。难怪有如此众多的华人新移民(占 1965—1977 年间抵达美国华人移民总数的将近四分之一)涌入纽约,作为安身立命的理想移居地。

第四节 聚居区族裔经济的二元结构

唐人街的族裔经济是主流经济的一个组成部分,但其运行既遵循一般的经济规律,也受其独特的族裔经济规律制衡。唐人街族裔经济的一大特点是其二元结构,由受保护型行业和外向型行业组成。一般说来,族裔经济以极具竞争力的小企业为特点,但这些小企业很容易受到主流经济兴衰的影响,市场淘汰率高,所有权转移频繁。族裔企业如何在你死我活的激烈竞争中取胜并得以持续发展?处于不利社会地位的少数族裔群体,如何从帮人打工而转变为企业老板?这些问题对于我们理解聚居区族裔经济如何作为移民同化和融合的有效替代途径极为重要。

受保护型行业

聚居区族裔经济的受保护型行业,依赖于族裔社区,在社区内供给和需求形成循环的经济活动[①]。这是一个近乎垄断的内

---

① 参见 Aldrich and Waldinger, "Ethnicity and Entrepreneurship", 1990; Light, *Ethnic Enterprises in America*, 1972; Waldinger, "Changing Ladders and Musical Chairs", 1986c。

第五章 突飞猛进：聚居区族裔经济的崛起

循环市场，为族裔群体成员提供具有民族特色的商品和服务，旨在解决各种与新移民定居、社会适应和社会融入相关的问题，对这些商品和服务的需求，在族裔聚居区以外的市场难以满足。唐人街经济的受保护型企业针对华人日常生活的消费和服务的特殊需求，把华人对商品和服务的消费品位和购买偏好直接联系起来，从而大为降低了族裔企业与美国本土大公司的竞争程度[①]。

这些行业之所以能够受保护而不受主流经济结构性和周期性变化的影响，是因为有族群自己特有的资本市场、劳动力市场和消费市场。聚居区族裔经济的生产（本族裔消费品和相关服务）和商贸两大经济活动，依赖华人资本，专门针对华人的消费需求，并得到华人劳动力市场和消费市场的支持。这类行业能够保持相对较高的市场支配力和经济独立性。例如，餐饮业是华人聚居区族裔经济的重要支柱之一，虽然不是每家中餐馆都属于族裔经济受保护型行业，但唐人街内的中餐馆显然要比唐人街以外的中餐馆更有优势，因为后者的客户群以非华人为主，因而是一个较为难以预测的消费市场。

聚居区族裔经济受保护型行业大多面向华人，专门针对华人新移民各种各样的需求，既包括如何适应新社会以及定居方面的基本生活需求，也包括更高层次的需求，如就业、创业、

---

① 参见 Aldrich and Carter, "Ethnic Residential Concentration and the Protected Market Hypothesis", 1985; Aldrich and Waldinger, "Ethnicity and Entrepreneurship", 1990; Evans, "Immigrant Entrepreneurship", 1989; Light, *Ethnic Enterprises in America*, 1972; Min, *Ethnic Business Enterprise*, 1988。

向上社会流动等等。因此，这些满足移民消费需求的经济活动并不一定仅仅局限在低层次、毫不起眼和劳动密集型的行业。唐人街有足够大和社会经济背景多元化的人口基数和族裔消费市场，催生了各种各样高层次、白领性质和知识密集型的专业服务企业，产生了各种各样的高级专业职位，如银行家、金融分析咨询师、保险和房地产经纪人以及医生、律师、会计师等等。许多这类的白领专业职位与主流经济的核心劳动力市场中顶尖行业的职位相类似。通过多样化经济活动的发展，族裔经济受保护型行业独辟蹊径，开创了相对独立的职业机会，使族裔成员尤其是新移民不太容易受到主流社会结构种族歧视和经济结构变化的负面影响，否则他们的职业之路有可能会因为起始的不利因素而受到阻碍。例如，具有良好教育背景以及专业技能和经验的移民，在聚居区族裔经济中可以充分利用自己原有的人力资本，从事名副其实的、与他们的资历相称的工作。

唐人街受保护型行业所提供的优势，类似于摩西·谢苗诺夫（Moshe Semyonov）提出的单一种族劳动力市场所提供的优势[①]。谢苗诺夫通过深入研究当地职场机会结构以及职业族裔隔离对阿拉伯人和以色列犹太人所造成的经济不平等的影响，发现两个族群在同一劳动力市场中竞争时，阿拉伯人在就业和收入等方面遭受显著的劣势和种族歧视。相比之下，在单一种族

---

① 参见 Semyonov, "Bi-Ethnic Labor Markets, Mono-Ethnic Labor Markets, and Socioeconomic Inequality", 1988。

第五章　突飞猛进：聚居区族裔经济的崛起

的劳动力市场中，阿拉伯人则在就业方面具有显著优势。谢苗诺夫认为，从本质上看，双种族劳动力市场歧视少数族裔。随着少数族裔相对人口的增加，一方面进一步加剧了因就业竞争而产生的对立和种族偏见；另一方面也使居优势的多数族裔把低档的工作推给居劣势的少数族裔。通过组织单一种族劳动力市场，居劣势的少数族裔会得到保护，免受歧视，并有可能担任他们原先无法获得的较高的职位。然而，唐人街的族裔经济并非仅仅具有单一少数族裔劳动力市场的特征，它还与主流经济的核心劳动力市场有着相似的职业分布，可以为少数族裔劳动力提供机会，使之充分利用个体的人力资本和族群的社会资源获取相应的经济效益。由于唐人街经济有一部分与主流经济体系的次级经济连接，例如其外向型行业，唐人街的族裔经济比谢苗诺夫所描述的单一种族劳动力市场的结构更为多样化和完善，与主流经济的联系更为紧密。

外向型行业

聚居区族裔经济外向型行业具有主流经济体系的次级经济行业的特点，例如：本土的企业主和工人不感兴趣或打算放弃的行业，需求不稳定或不确定的行业以及为满足社会底层人口基本生存需求的销售服务行业[①]。与聚居区族裔经济受保护型行业相比，外向型行业没有族裔资本、消费市场和劳动力市场三个聚居区族裔经济的优势，因此难以控制生产过程和企业经

---

① 参见 Aldrich and Waldinger, "Ethnicity and Entrepreneurship", 1990。

营。此外，外向型行业的职位，通常与主流经济体系的次级经济中的职位类似。

　　族裔经济的外向型行业与主流次级经济密切相关，对主流经济的兴衰和市场波动非常敏感。因此，它与主流次级经济的边缘行业一样，存在着很大的不稳定和不确定性。例如，唐人街制衣业的主要特点就是其非华人的主流消费市场，受制于以白人为主的主流制衣厂商。1965年以前，唐人街的外向型行业以洗衣业为主。纽约曾经有大约2700家洗衣店[1]，为大都市区的白人客户提供服务。随着机器和纺织面料的技术进步，导致了洗衣行业的衰落。在此之后，唐人街找到了另一个可以利用大量低工资、低技能劳动力的行业——制衣业（称之为服装加工业更为准确）。与洗衣业不同的是，唐人街制衣业显现了外向型行业的另一个特点：在更大的结构性背景下不同少数族裔企业主之间的激烈竞争。例如，纽约市的制衣业以前以波多黎各人为主，后来被来自多米尼加共和国和哥伦比亚的新移民所取代。华人只是在20世纪70年代末才后来居上，大为增加了他们在制衣业的市场份额[2]。到了20世纪80年代中期，制衣业已成为唐人街举足轻重的外向型行业。制衣业之所以得以快速发展，主要原因是族裔优势，如大量族裔资金、创业者和移民劳工的涌入，使之从主流次级经济的市场竞争中脱颖而出。尽管唐人街的制衣业得益于族裔劳动力市场，但华人企业主十分

---

[1] 参见 Wong, *A Chinese American Community*, 1979, p. 74。

[2] 参见 Sassen-Koob, "New York City's Informal Economy", 1989, p. 67。

第五章　突飞猛进：聚居区族裔经济的崛起

依赖主流消费市场的需求，必须面对来自其他少数族裔企业主的直接竞争。

聚居区族裔经济外向型行业的形成，似乎符合少数族裔经济理论的过滤过程（filtering process）的概念。少数族裔人口的大量涌入，增加了廉价劳动力的供应。这支潜在的劳动力替补大军，填补了那些无人问津、薪酬最低的职位。如此推动了本地主流族群（或多数族裔群体）成员在职业阶梯上更上一层楼，因此，进一步扩大了主流族群和少数族裔群体之间的社会经济差距[①]。在少数族裔经济中，企业所有权的置换也存在着类似的过滤过程。正如罗杰·沃尔丁格（Roger Waldinger）所指出的："本地人选择放弃某些行业，可能是因为这些行业的社会地位较低，也可能是因为比起其他的行业，这些行业的经济效益较差。在这种情况下，有可能就会出现置换的需求。随着本地人和老移民的退出，新移民就能够进入这些行业填补空缺，获得这些企业的所有权。"[②]

在唐人街的聚居区族裔经济中，外向型行业在一定程度上符合上述的过滤过程。从某种意义上来说，这些行业本身只能在主流经济体系二元结构的次级经济中的狭窄边缘找到利基市场。然而，与位于主流次级经济中的边缘行业不同，聚居区族

[①] 参见 Bonacich, "A Theory of Ethnic Antagonism", 1972; Lieberson, *A Piece of the Pie*, 1980; Semyonov, "Bi-Ethnic Labor Markets, Mono-Ethnic Labor Markets, and Socioeconomic Inequality", 1988; Spilerman, "Careers, Labor Market Structure, and Socioeconomic Achievement", 1977; Waldinger, "Beyond Nostagia", 1977; Waldinger, *Through the Eye of the Needle*, 1986a; Waldinger, "Immigrant Enterprises", 1986b。

[②] 参见 Waldinger, *Through the Eye of the Needle*, 1986a。

唐人街

裔经济外向型行业可以比其他不具聚居区族裔经济特质的少数族裔经济具有更强的竞争力,因为唐人街聚居区族裔经济可以有效地利用华人根深蒂固的社会关系和族裔凝聚力。假如新移民可以在聚居区族裔经济的外向型行业与主流次级经济中的边缘行业之间做选择,他们会选择聚居区族裔经济,因为相同的族裔性通常可以抵消边缘行业中固有的资本对劳动力的剥削及其负面影响。

有人经常指责族裔经济残酷剥削同族劳工,比位于主流次级经济中的边缘产业更为残酷[1]。应该指出,这种指责具有误导性,因为它强化了对族裔聚居区的负面刻板印象。实际上,聚居区族裔经济不是一般的族裔经济(详见第一章的讨论),它有经济和文化两个相辅相成的层面,既有助于为其族裔成员创造就业和创业的机会,也受到族裔性的社会支持和控制。华人移民选择聚居区族裔经济并非被迫,他们完全可以去唐人街非华人经营的衣厂做车衣工。他们在唐人街打工,不仅避免了可能失业的风险,给政府的福利救济制度增加压力,还可以在其他方面获利(详见第七章)。如果不是因为有唐人街聚居区族裔经济的发展,众多的华人新移民,尤其是不通英语、教育程度低、没有适当工作经验的移民,很有可能会遭受与本地的失业者和靠救济为生人口相同的命运。

---

[1] 参见 Aldrich and Waldinger, "Ethnicity and Entrepreneurship", 1990; Bonacich, "A Theory of Middleman Minorities", 1973; Mar, *Chinese Immigrants and the Ethnic Labor Market*, 1984; Sanders and Nee, "Limits of Ethnic Solidarity in the Enclave Economy", 1987。

第五章　突飞猛进：聚居区族裔经济的崛起

聚居区族裔经济的成功因素

少数族裔企业如何才能成功和发展壮大？这取决于以下三个主要群体层面的因素：本族裔经济资源和资金调动能力；本族裔劳动力资源和成本控制能力；族裔消费市场和开拓能力。一个族裔社区的经济要发展壮大，必须进行再投资。唐人街的聚居区族裔经济二元结构中两大行业之间的互动，再现了族裔聚居区的内部消费与再投资之间的辩证关系，对族裔经济发展发挥了重要的作用。一方面，受保护行业确保了资本在聚居区族裔经济内稳定地循环周转，有效地防止了经济资源从族裔社区外流。另一方面，族裔劳动力在族裔经济中，尤其在外向型产业中所赚取的收入，往往会增强族裔成员的购买力和扩大在聚居区内的消费量，为进一步投资于受保护行业积累资本。通过这种经济互动，族裔资本在族裔社区内流通，非族裔资本也可以从主流社会流通回到族裔社区的资本市场，使受保护行业和外向型行业得以发展和扩张。

虽然聚居区族裔经济的企业大多为小企业，内部竞争激烈，员工流动率较高，但族裔经济受保护行业被主流经济的同类企业击败或吞并的可能性不大。族裔企业内部的竞争未必会损害整个聚居区族裔经济。相反，大部分情形是企业在同族裔的商家之间转手。也就是说，在竞争中落败的企业，往往会被同族裔的商家接手，而不是被转售于聚居区以外的其他族裔业主。例如，当唐人街一家餐馆要倒闭时，无论出于什么原因，总会被另一个雄心勃勃的华人业主买下，试图继续更好地经营。在唐人街，很多餐馆、商店和大大小小的公司频繁转手易主。但华人拥有的餐馆、商店和其他企业的绝对数量继续增长，增速之快，令外界瞠目，无法理解这些企业怎样能够经营生存。此外，司空见惯的族裔企业的高转手率，未必意味着这些族裔企业主的失败。极有可能的是，这些精明的企业老板只是把他们的起始生意作为一种长期经营的战略，在经过若干年的资本积累和职业训练以后，去追求更具挑战性和经济效益更好的新业务。

最初处于劣势地位的族裔群体，如何从受雇劳工而成为企业老板？唐人街长期建立的社会经济整合性的社区结构，产生出一种特殊形式的社会资本，有助于华人移民克服初来乍到的劣势和障碍，促进他们的社会融入和社会经济地位的提高。这种社会资本指的是与特定的族裔性相关的族裔资源，无论是同族老板还是劳工，都在以下几个方面受益：（1）一个熟悉的语言文化环境。在这个环境中，他们可以避开因为语言障碍、教育水平不足和对主流社会缺乏认识等带来的弊端；（2）广泛的宗亲朋友关系网络，有利于信息交流和社会支持；（3）一种族群独特的资金融资方式和资金运用方式，例如民间标会；（4）共同的文化价值观和行为规范，强调进取精神、职业操守和延迟享乐等等。例如，进取精神或称中产阶级价值观念，即高度的职业操守、节俭朴素和长远目标等企业家应该具备的品德。有些少数族裔群体可能采取更为"理性主义和个人主义"的方式，而另一些则采取集体主义的方式，依靠家庭、群体和社区的纽带来实现他们的目标。作为移民，华人有着相对的劣势，他们的

第五章 突飞猛进：聚居区族裔经济的崛起

社会流动不可能与本地工人启程于同一起跑线上。如果没有族裔的社会资本和唐人街的族裔经济的支持，他们无法与本地工人竞争。有了这种社会资本和族群的经济资源，华人移民就有可能克服结构性的劣势。

聚居区族裔经济不仅对企业主/雇主有利，对工人/雇员也有利。在唐人街，工人的小时工资虽然比较低，但好处是不用花费时间和精力在主流市场中寻找"好的工作"。还可以通过加班加点为家庭增加现金收入以及有一个熟悉的工作环境。对于一些人来说，还能够有机会最终过渡到自己创业。许多经商者的家庭收入比在主流次级经济中的边缘产业打工要高。如果他们不经商而去打工，就赚不到这么多的钱。此外，在聚居区族裔经济从业的工人可以避免许多与在主流次级劳动力市场就业相关的麻烦和成本，最明显的就是因为不同种族和国籍而招致的就业歧视。因此，聚居区族裔经济的工人表面看来好像是心甘情愿地接受剥削，其实他们认为在唐人街就业是一个更好的选择。从这个意义上说，所谓被困在族裔聚居区里，并不意味着同化的失败。对于有明确目标的新移民来说，在唐人街工作就是在自己的族裔社区内工作，他们可以通过不同的渠道学习职业技能，为自己将来的创业积累经验和资本。

第五节 小结

唐人街在20世纪70年代和80年代蓬勃发展，其动因是什呢？首先，唐人街的经济发展与华人移民潮直接相关。大量

唐人街

具有不同社会经济背景的新移民涌入，为族裔经济和潜在的创业机会提供了源源不断的人力来源。正如许多其他族裔群体的新移民一样，很大一部分华人新移民往往不懂英文，或只懂很少英文，几乎没有在主流劳动力市场上竞争所必需的技能。唐人街聚居区族裔经济的劳动力市场上有大量同族的劳动力，加上移民最初的劣势，使族裔劳动力成本大为降低，刺激了能够利用同族廉价劳动力的行业和企业的增长。其实，美国当代的和从前的移民社区一样，一直都有大量的廉价劳动力，这是创业的必要条件，不过创业本身这并不意味着会带来更多的就业机会。比如，在主流经济中，当代的墨西哥移民和早期的华人移民，经常发现自己在就业市场上与本土工人直接竞争[1]。竞争导致两种可能的结果：要么他们被土生土长的当地工人击败；要么他们被困在主流次级经济中的边缘继续受压制，在职业阶梯的最底层谋生。

其次，唐人街的经济发展与族裔性有关。唐人街独特的经济组织方式是依靠族裔社区的支撑。唐人街跟很多移民社区不同，由于制度性的种族排斥，唐人街建立了历史悠久和自给自足的社会经济结构，经济活动和社会组织相互依存。华人有互相帮助的传统，他们通过宗族或家庭关系网络、商会和其他族裔社会组织相互合作，充分调动各种物质和人力资源。传统的经济组织方式在唐人街早已存在，但聚居区族裔经济的发展已

---

[1] 参见 Saxton, *The Indispensable Enemy*, 1971; Shibutani and Kwan, *Ethnic Stratification*, 1965; Portes and Bach, *The Latin Journey*, 1985。

第五章 突飞猛进：聚居区族裔经济的崛起

经超出了传统的模式，从单一经济走向多元化经济。

第三，唐人街的繁荣兴旺与其聚居区族裔经济的发展有关。聚居区族裔经济是族裔经济的一种特殊模式，每个少数族裔群体都有自己的族裔经济，但不是每个族群都有聚居区族裔经济。在过去的三十年多中，唐人街已经发展成为一个基于族裔社区、具有相当规模的族裔资本-劳动力-消费市场和经济活动多样化的聚居区族裔经济。其独特的二元经济结构，即受保护型行业和外向型行业相辅相成。两类行业都依赖族裔资本和劳动力市场。而受保护型行业还有较为稳定的族裔消费市场。外向型行业的消费市场在社区之外，受主流市场波动的影响，但这类行业所产生的盈利会周转回到本族裔的市场，重新投资于这两类行业。通过这种经济活动的方式，聚居区族裔经济的规模得以极大扩展，活力大为增强，为具有不同社会经济背景的移民创造就业和创业的机会。借助于这种二元经济结构，移民个体未必一定要从职业阶梯的最底层开始，他们有可能通过聚居区族裔经济的途径成功实现向上社会流动，无须先经过文化同化，而后再慢慢融入主流社会。尽管聚居区族裔经济受保护型行业体现了主流经济的一些积极特征，但这未必意味着可以直接把两者等同起来。对于主流经济而言，聚居区族裔经济受保护型行业相对自主，对主流经济的变化不甚敏感，但它从未发展成为类似主流经济所具有的垄断性。因此，我们必须注意不要夸大族裔社区的保护性功能。

另一方面，聚居区族裔经济的多样化发展也造成了两个阶层，即企业主阶层和工人阶层的分化。两个阶层各自都从族裔经济中获得不同程度的利益，企业主阶层可以利用族裔团结或凝聚力（ethnic solidarity）来弥补种族和职业选择方面的劣势。移民工人也可以利用族裔团结来弥补就业的劣势。在劳资关系受到族裔性的约束时，工人和老板都可以从聚居区族裔经济中各自获取不同程度的利益。从理论上说，如果移民在主流劳动力市场上因为结构性的原因而无法就业，这些受过高等教育和有职业专长的人就会有更好的机会参与聚居区族裔经济，如律师、医生等，他们就会在受保护型行业就业。而在外向型行业，则是当老板的可能性。他们有可能更容易在聚居区族裔经济中的发挥优势，把握机会，从移民前的人力资本投资中获得不错的经济回报。总体而言，聚居区族裔经济不应被视为"主流次级经济边缘产业的延伸"[①]。

在唐人街，同族的工人有一个熟悉的文化环境，可以用自己的语言交流，过自己的节日，接受共同的价值观和遵守自己的习俗和行为准则。共同的文化在族裔企业主和工人之间建立了一种基于族裔团结的共同纽带，与主流劳动力市场高度异化的工作环境相比，形成了一个更富有人性化的工作环境。对于许多在唐人街打工的华人移民来说，低收入的入门工作，是实现家庭富裕和经济独立漫长道路的必由之路。这些工人的参与在很大程度上支撑了唐人街的经济发展，使之免受经济衰退的影响。

[①] 我的观点与以下学者的"延伸"观点不同。有关"延伸"的观点，详见 Mar, *Chinese Immigrants and the Ethnic Labor Market*, 1984; Sanders and Nee, "Limits of Ethnic Solidarity in the Enclave Economy", 1987。

第五章　突飞猛进：聚居区族裔经济的崛起

然而，与主流经济体系的二元结构不同，聚居区族裔经济的二元结构是一种带有族裔性的特殊经济组织形式结构。相对于主流经济体系，聚居区族裔经济总的来说反映了主流经济二元结构多样化行业的基本特征。少数族裔企业，甚至那些在聚居区族裔经济中受保护行业的企业，其运营环境也具有相当大的不确定性。他们主要依赖本地或本族裔的市场。他们通常没有自己的技术创新，依赖劳动密集型的生产。最重要的是，他们在主流经济中没有取得垄断的地位[1]。从这个意义上说，聚居区族裔经济不能独立于主流经济体系。如果严格按照数值来计算，华人移民未必能够在聚居区族裔经济中获得高薪金的工作，但他们能够利用族裔性的优势和资源从中获取其他方面的收益，例如，族裔社会资本。这是在主流经济中所难以获得的。

---

[1] 参见 Portes and Bach, *The Latin Journey*, 1985, pp. 19-20。

第六章

打工创业：族裔经济的劳动力市场

唐人街蓬勃发展的聚居区族裔经济，使一个貌似与世隔绝的移民社区转变为一个超越其起始边界范围的族裔社区。随着越来越多的华人移民涌入纽约市，为聚居区族裔经济带来了充裕的人力资源和经济资源，华人移民和华裔企业不再局限于老唐人街。他们的居住模式比前辈老移民更加分散，很多人散居到纽约市的其他郡，甚至搬到郊区。然而，华人居民及其商业活动的分散化，似乎并没有削弱族裔凝聚力，也没有引起华人社区人力资本和经济资源流失。相反，唐人街从未像现在这样更能吸引不同社会经济背景的同族劳动力，调动华人的经济和其他物质资源以及社会资源，拓展视野，巩固其社会和经济基础。本章聚焦于聚居区族裔经济的劳动力市场，描述华人移民劳动力的主要特征，如人力资本、职业分布和收入状况，并通过回归分析，探讨聚居区族裔经济对华人移民，尤其是华人男性移民的人力资本收入回报的影响。

第六章 打工创业：族裔经济的劳动力市场

第一节 聚居区族裔经济理论的争议

自20世纪以来，纽约一直是华人移民的主要接收城市。在1980年，纽约市集中了全美大约16%的华人人口。近年来，新移民的人数增长尤为迅速。大部分来纽约的新移民都希望在纽约安家，抓住唐人街经济蓬勃发展所提供的机会，逐渐融入美国主流社会。新移民大多集中在聚居区族裔经济的劳动力市场而不是在主流经济的劳动力市场就业。但美国土生的华人则像非拉丁裔白人那样，大多会在主流经济体系中核心劳动力市场就业。在唐人街工作的华人移民的工作机会，似乎并没有因为与外界隔离而受到不利的影响。相反，他们中很多人要比那些在主流劳动力市场上打低级工的人的收入和社会流动前景更好。这个现象印证了聚居区族裔经济理论的解释力。然而，基于人口普查数据，对有关聚居区族裔经济中人力资本投资的收入回报的定量分析所得出的结论，仍然存在着很大争议[1]。

根据"聚居区族裔经济理论"（ethnic enclave economy theory），与在外部主流经济就业的工人相比，具有同样人口与社会经济特征的移民工人，其人力资本投资所获得的回报会

---

[1] 参见 Portes and Jensen, "What's an Ethnic Enclave?", 1987; Sanders and Nee, "Limits of Ethnic Solidarity in the Enclave Economy", 1987; Zhou and Logan, "Returns on Human Capital in Ethnic Enclaves", 1989。

更高①。阿列汉德罗·波特斯和他的同事通过分析美国人口普查数据，研究迈阿密市古巴社区新移民的就业和人力资本收入回报。他们发现，在小哈瓦那（Little Havana）聚居区族裔经济内就业的古巴移民，更有可能成为自雇者或雇主。与在主流次级劳动力市场就业的移民相比，在族裔聚居区族裔经济就业的古巴移民的职业与他们的教育程度更为匹配，他们的收入也与他们的教育程度和职业更为匹配。

吉米·桑德斯（Jimy Sanders）和倪志伟（Victor Nee）两位学者对波特斯等学者的结论质疑。他们基于同样的人口普查数据，对比分析了佛罗里达州的古巴移民和加州华人移民的人力资本投资与收入回报的关系②。他们提出的假设是，如果人力资本投资会为在聚居区族裔经济中就业的人带来更高的回报，这种回报应该具体体现在教育程度和工作经验，包括英语水平，对收入的影响。虽然波特斯在对迈阿密古巴移民的研究或对墨西哥移民的研究中没有发现在族裔经济中就业的工人的人力资本对其收入回报有显著相关，但这个发现还不足以推翻聚居区族裔经济理论的基本观点：即参与聚居区族裔经济的工人，其人力资本投资会带来显著的收入回报。因此，学者们都试图从不同时期和对不同移民群体样本的定量分析中去验证或推翻这个理论观点。

---

① 参见 Portes and Bach, *The Latin Journey*, 1985; Wilson and Portes, "Immigrant Enclaves", 1980。

② 参见 Sanders and Nee, "Limits of Ethnic Solidarity in the Enclave Economy", 1987。

第六章 打工创业：族裔经济的劳动力市场

桑德斯和倪志伟把少数族裔群体成员分为雇主/自雇者和雇员，对这两组人分开进行分析。他们发现，无论是在迈阿密-海厄利亚的古巴人聚居区以内或以外就业，古巴移民雇主/自雇者的收入与其大学教育和工作经验呈正相关。然而，对于古巴移民的雇员，他们只有在聚居区族裔经济以外就业，才能获得与教育程度和工作经验相匹配的收入回报[1]。对加州华人移民的分析，也得出上述同样的结论。桑德斯和倪的结论是，在聚居区族裔经济中，人力资本的收入回报，主要局限于那些成为雇主/自雇者的移民。

波特斯和莱夫·詹森（Leif Jensen）在公开发表的回应中，从理论上和方法论的角度批评了桑德斯和倪的定量分析。他们认为桑德斯和倪的发现也不足以推翻聚居区族裔经济人力资本收入回报的理论假设，因为他们用同样的人口普查数据分析的结果与桑德斯和倪的结论相悖[2]。我认为，这场学术论争实际上是在论述同一枚硬币不同的两面：一方强调聚居区族裔经济对移民经济融入的积极作用，强调族裔经济参与者的人力资本的正向收入回报；另一方则把聚居区族裔经济视为主流次级经济的延伸，参与者的人力资本没能获得显著的收入回报。双方的真正分歧，主要源于如何理解和更准确定量测量聚居区族裔经济的概念。这两个研究团队之所以用同样的数据做分析而得出不同的结论，主要因为对理论概念做定量测量时所产生的误差。

---

[1] 参见 Sanders and Nee, "Limits of Ethnic Solidarity in the Enclave Economy", 1987, p. 756。

[2] 参见 Portes and Jensen, "What's an Ethnic Enclave?", 1987。

如果根据桑德斯和倪的结论，只有族裔企业雇主/自雇者的人力资本，包括教育水平和工作经验等投入获得显著的正向收入回报，聚居区族裔经济对移民社会融入的积极功能就会大打折扣。波特斯和詹森在对桑德斯和倪质疑的回复中，接受了聚居区族裔经济以内和以外以及雇主/自雇者和雇员的细分策略（尽管波特斯从前的研究也曾把聚居区族裔经济与主流次级经济的劳动力市场进行过比较），同时指出了桑德斯和倪对聚居区族裔经济概念的错误理解。

波特斯认为，"聚居族裔经济的特征是同族企业家集中在自己族裔社区的地理范围内经营企业，而同族工人是这些族裔企业的雇员"[1]。波特斯和詹森指出，桑德斯和倪把族裔聚居区笼统地以"居住地点"来定义，是对聚居区族裔经济这个概念核心意义的误解，因而造成测量的误差。他们还强调，桑德斯和倪基于"居住地点"的定义在本质上充满固有的偏见，因为很多得益于聚居区族裔经济的较为富裕的雇主和雇员，大部分可能已经搬离族裔聚居区，到其他中产阶级都市社区或郊区去居住。与此同时，桑德斯和倪的定义高估较为贫穷的族群成员的数字，因为居住在族裔聚居区里面的一般是族裔贫困人口[2]。

波特斯和詹森认为，尽管用人口普查数据来测量聚居区族裔经济有很大的局限性，桑德斯和倪应该按照"工作地点"而不是"居住地点"来划分。但无论如何，这两种定义方法都有

---

[1] 参见 Portes and Jensen, "What's an Ethnic Enclave?", 1987; Portes and Manning, "The Immigrant Enclave", 1986; Wilson and Martin, "Ethnic Enclaves", 1982。

[2] 参见 Portes and Jensen, "What's an Ethnic Enclave?", 1987, p. 768。

第六章 打工创业：族裔经济的劳动力市场

一个共同弊端：由于两者都以地域界限来定义聚居区族裔经济，所以都不可能全面和准确地反映"聚居区族裔经济"这个理论概念的内涵，即位于族裔聚居区内的族裔企业以及其雇主或雇员的族裔构成。为了更为准确地测量，我从上述学者的辩论中得到了有益的启示。在研究纽约市唐人街的聚居区族裔经济时，我提出了从三个不同层面来定义聚居区族裔经济：居住地点、工作地点和行业类别。每个层面都从不同的角度诠释了聚居区族裔经济概念的基本含义。在人口普查数据具有局限性的条件下，我认为这样理解可以使这个概念更为准确。

在具体操作中，这三个定义需要有一定的基本假设。按照居住地点的定义，我假设居住在纽约市的华人移民，要比居住在纽约市郊的华人移民更有可能在聚居区族裔经济中工作。鉴于纽约大都会地区的华人集中在纽约市，这个居住地点的假设比较合理。1980年的人口普查数据显示，纽约州的85%的华人居住在纽约市（详见表4-5）；纽约市的华人大部分集中在三个县/郡——纽约郡（42%）、皇后郡（32%）和金斯郡（21%）。此外，纽约郡的73%的华人居住在曼哈顿下东区大唐人街地区的14个人口普查区内。华人移民，尤其是新移民，都聚居在曼哈顿的唐人街或在新的卫星唐人街，如皇后区的法拉盛和布鲁克林的日落公园等地。根据美国人口普查局5%的公用微数据样本（PUMS)，居住在纽约市内的华人移民雇员，只有不到25%在纽约市以外工作，他们多数在餐馆打工（61%）。而居住在纽约市以外的华人雇员，则比较少在纽约市内工作。居住在纽约市以外的华人移民雇员中，只有21%进到市区工作。在城里工作但不住在城里的华人，大约有63%在主流经济中从事高级管理、专业服务和技术工作。这种居住和工作模式是可能的，因为纽约市，尤其是曼哈顿是纽约大都会地区的中央商务区。

由于纽约华人分布的特殊性，使用居住地点的定义来探究纽约华人的族裔经济，可能要比桑德斯和倪所采用的居住地点的定义去研究三藩市华人的族裔经济更为合理。在1980年，加州华人有322,309人，三藩市的华人有82,480人，仅占加州华人人口的四分之一。在加州其他的地方，也有一些较大的华人聚居区（例如，加州有18%的华人居住在奥克兰市和周边地区，14%的华人居住在洛杉矶市）。因此，桑德斯和倪对所谓族裔聚居区以外的定义，其实包括了除三藩市以外的多个族裔聚居区[1]。

用工作地点来定义聚居区族裔经济是另一种较为合理的测量方法。在使用这个定义时，我假设在纽约市的工作的华人移民，要比在纽约市郊工作的华人移民更有可能在聚居区族裔经济中工作。在上一章中，我描述了纽约市华人企业的分布。大部分华人企业都集中在纽约市的新老唐人街，为华人移民提供了成千上万的工作岗位。1980年的人口普查数据也显示，67%在纽约市工作的华人移民居住在纽约大都会地区，包括与纽约市相邻的纽约州和新泽州的部分地区。

---

[1] 参见 Sanders and Nee, "Limits of Ethnic Solidarity in the Enclave Economy", 1987, p. 751。为了回应这个问题，桑德斯和倪在他们的回归模型里加了一个族裔百分比的控制变量。

第六章 打工创业：族裔经济的劳动力市场

除了上述两种基于地理的定义，也可以尝试用行业类别来定义。由于人口普查的公用微数据样本的数据没有提供企业主族裔属性的信息，所以我根据一些行业族裔构成的信息作为假设，即：如果纽约市的华人移民在某个行业中占相当大的比例，那个行业便比其他行业更有可能从属于聚居区族裔经济。例如，制衣业和餐饮业是华人族裔经济的两个最主要的行业，在这两个行业工作的华人移民，应该是聚居区族裔经济的参与者而不是主流次级经济的参与者。根据1980年人口普查的公用微数据样本，纽约市27%的华人移民工人在制衣和纺织行业工作。而纽约市只有5%的非华裔工人在这些行业工作；25%的华人工人在餐饮业工作。而纽约市只有4%的非华裔工人在餐饮业工作。此外，16%的华人移民在批发零售和商业及个人服务行业工作，他们大多数极有可能在聚居区族裔经济就业。

1988年出版的《纽约和波士顿大都市地区华人企业指南》，进一步证实了这一分布状况（见表5-1）：仅衣厂（共437家）和餐馆（781家）就占华人企业总数的20%[①]。其他由华人拥有、主要面对华人客户的服务行业，也很有代表性。例如：超市、杂货店、海鲜店和肉店（285家），珠宝店（97家），礼品店（65家），中草药店（53家），中文书店和录像带、音乐光盘出租店（73家），餐馆设备／用品供应商店（92家），保险、房地产、金融服务公司（320家），进出口公司（164家），旅

---

① 参见 Key Publications, *Chinese Business Guide and Directory for Metropolitan New York and Boston*, 1988。

行社（115家）、西医诊所（300家）、牙医诊所（98家）、中医诊所（101家）、理发店、美容院（111家）等等。因此，制衣业、餐饮业以及面向本族裔的零售和服务业等，构成带华人族裔性的利基行业（niche）[①]。虽然按行业类别所作的定义未必精确，但毫无疑问，很大一部分华人移民在这些利基行业中就业。

仅仅根据人口普查数据，仍不足以区分聚居区族裔经济劳动力市场和主流经济劳动力市场。人口普查数据至少有两方面的局限性：为了保护受访者的隐私，人口普查的公用微数据样本没有列出受访者的居住地点、工作地点以及其他的相关信息。因此，无法确定受访者是否在族裔聚居区生活或在族裔经济工作。其次，这些数据没有企业所有权族裔性的信息，因此无论企业位于何处，都难以区分是否属于聚居区族裔经济的企业。此外，有些属于族裔经济的企业，尤其是那些服务于广泛的、非本族裔的客户群的企业遍布各地，并非只是局限在族裔聚居区内。因此，聚居区族裔经济的边界划分具有相当的随意性。然而，无论是按居住地点、工作地点还是行业类别来界定聚居区族裔经济，这三者之间有很大的重叠。在纽约市就业的华人移民中，只有10%居住在市外；而在纽约市外就业的华人移民中，有54%的人居住在市外。此外，在纽约市居住和工作的华人移民中，有接近70%受雇于我所定义的聚居区族裔经济

[①] 按行业类别定义，族裔经济行业包括在1980年人口普查的公用微数据样本（PUMS）里的标准行业编码132—152，500—532，540—542，550—571，580—691，771—780，812—830。非族裔经济的行业类别包括所有其他编码（900—992除外）但不包括政府工作者和有失业经历的人。

第六章　打工创业：族裔经济的劳动力市场

的行业；而在纽约市外居住和工作的华人移民中只有不到三分之一受雇于聚居区族裔经济的行业。这种通过三个层面的实证数据的重叠来定义聚居区族裔经济的概念，应该比较准确。

第二节　纽约大都会地区的劳动力特征

居住在纽约市内和市郊的华人移民工人

一般来说，华人移民面临其他移民一样的劣势，如英语水平不高，对主流劳动力市场的状况知之甚少，缺乏有助于在主流经济就业的人力资本和社会资本，因此他们大多不能直接参与主流经济。如果移民群体有自己的族裔社区和族裔经济，他们一到美国，立即会被家庭和亲属关系网络吸引进族裔经济的劳动力市场。云光是个很典型的例子。1987年，根据移民法的第二类优先，即永久居民的未婚子女，他与不到20岁的弟弟一起来到美国。他母亲两年前来到美国，帮助两个儿子申请移民。在来美之前，他在广州的一家机床厂工作了将近五年，他希望自己能继续做机械工。我在采访云光时，他在唐人街的一家水暖公司做水管工，他的弟弟在一家衣厂工作。当我问他为什么选择在唐人街工作时，他是这样回答的：

> 我从来没有想过我可以在唐人街以外的地方工作。也许有很多机会用得上我的机械工技能。但我不太懂英语，也不知道怎么去外面找工作。我母亲和姐姐住在唐人街，

唐人街

在我来美国以前,我从家人那里就知道唐人街有很多机会。他们就像我的唐人街向导。我一来到美国,马上就被介绍到唐人街的一家水暖公司工作。我觉得一般来说,很多人一到这里就想马上开始工作。他们必须要有工作,才能满足基本的生活需求,还要为以后存点钱。由于很多人都不懂英语,他们很自然地就会抓住任何现有的工作机会,这些机会多半是通过自己的熟人在唐人街找到的。我觉得,因为唐人街里面就有活干,所以大家很自然就不会考虑到外面找工作机会了。再说在唐人街工作也蛮不错的。如果你有所需的技能,收入不会比在外面干活少。还有,你可以通过加班加点挣多点钱。[①]

大多数新来的成年移民,无论是来自中国大陆(或内地)、香港或台湾,通常都是一到美国就马上开始工作。在中华文化中,不劳而获、不去工作而拿政府福利和救济是一种耻辱。这种良好的文化素质在聚居区族裔经济的发展中起着极为重要的作用。由于有强烈的工作动力,大批雄心勃勃的企业家和未来企业家,无论教育程度和工作经验如何,这些具有相同奋斗目标的专业人士和劳工源源不断地涌进聚居区族裔经济的劳动力市场。华人移民的就业率一直都很高。1980年的人口普查的公用微数据样本显示,在25岁至64岁的华人移民中,77%的人在工作。而非拉丁裔白人的这一比例为68%。华人移民的失业率也比白人低

---

① 引自笔者1988年9月访谈记录。

第六章 打工创业：族裔经济的劳动力市场

很多（华人为3.9%，而白人为6.4%）。由于唐人街有很多工作机会，很多华人移民就在唐人街的聚居区族裔经济内就业。

表6-1 1980年纽约大都会地区外国出生的华人劳动力特征：
与外国出生的非拉丁裔白人对比

特点	纽约市 华人	纽约市 白人	纽约市郊 华人	纽约市郊 白人
抽样数（N）	2,188	12,050	531	12,382
女性（%）	43.8	37.3	38.4	36.2
平均年龄	41.7	44.3	39.8	44.8
已婚（%）	79.5	72.4	87.2	82.9
有17岁以下子女的家庭（%）	61.5	59.7	68.9	59.9
1965后抵达美国（%）	72.4	41.4	66.5	32.2
美国公民（%）	49.5	65.2	57.4	70.3
英文熟练程度良好或很好（%）	51.6	86.2	87.0	87.7
在家中使用英语以外的其他语言（%）	96.2	73.5	94.7	65.3
大专以上教育（%）	29.3	33.7	72.9	32.1
高中肄业（%）	33.3	38.1	18.1	40.0
小学教育或未受正规教育（%）	37.4	28.2	9.0	27.9
平均受教育年限	12.1	13.8	17.7	13.7
职场分类				
受雇于私立企业（%）	84.9	77.4	77.4	77.2
受雇于政府部门（%）	5.4	9.1	11.7	9.3
自雇（%）	9.7	13.5	10.9	13.5

续表

特点	纽约市 华人	纽约市 白人	纽约市郊 华人	纽约市郊 白人
每周工作40小时以上（%）	73.5	67.1	71.4	73.1
从业于族裔经济（%）	64.4	34.1	29.9	28.9
职业分类				
行政管理或经理、专业技术人员（%）	19.0	25.6	53.0	25.6
技术劳工（技师、维修工、工匠等）（%）	8.2	18.4	14.3	20.9
销售服务人员或行政助理（%）	42.3	39.5	24.4	32.5
半熟练或非技术劳工（%）	30.5	16.5	8.3	21.0
住在自己拥有的房子（%）	32.5	39.5	76.0	74.8
1979年平均个人收入	$9,780	$15,332	$18,543	$17,584
1979年收入超过$15,000（%）	18.3	41.9	55.4	49.3
1979年平均家庭收入	$19,756	$21,685	$31,252	$28,748

资料来源：1980年美国人口普查数据（5%的公用微数据样本）。

注：抽样只限于25岁至64岁之间、1979年工作至少160小时、收入至少500美元的劳动力人口。

表6-1显示了外国出生的华人与外国出生的非拉丁裔白人的劳动力特征[1]。在纽约市，华人移民工人比白人移民工人

---

[1] 抽样只限于外国出生、25岁至64岁之间、1979年工作至少160小时以及赚取至少$500的劳动力人口。此抽样出于如下考虑，大部分人在25岁前就会完成学业，64岁以后就将退休；工作小时和最低年收入的设定是为了剔除不固定的兼职工和季节工。参见Zhou, *The Enclave Economy and Immigrant Incorporation in New York City's Chinatown*, 1989。

第六章 打工创业：族裔经济的劳动力市场

年轻。女性华人移民在就业人口中占的比例（44%）高于女性白人移民（37%）。华人移民工人大多已婚，大部分家庭中有17岁以下的子女。只有52%的华人移民工人的英语熟练程度良好，而白人移民工人的英语水平远远高于华人（86%英文良好）。96%的华人移民工人在家里不讲英语。华人移民工人很多是来美国不久的新移民，近四分之三在1965年以后来到美国，而大多数白人移民工人在1965年以前来到美国。有一半的华人移民工人是归化入籍的美国公民。华人移民工人的教育程度较低，其中33%高中肄业，37%只受过小学教育或未受过正规教育。相比之下，非拉丁裔白人移民的学历比华人移民要高。85%的华人移民工人在私人公司打工（相对于77%的白人），他们极少会在政府部门工作，华人男性移民的自雇率是10%，比白人移民的自雇率稍低。华人移民往往工作时间更长，其中74%的华人平均每周工作超过40个小时。60%以上的华人在聚居区族裔经济内的各行各业工作。他们的个人年收入（9,780美元）和家庭年收入（19,756美元）均低于白人移民。在1979年，只有18%的华人移民工人个人年收入超过15,000美元（白人移民工人为42%）。

居住在纽约市外的华人移民工人的情况要好得多。其中最明显的是，高学历和高专业技能的华人移民往往住在郊区。尽管他们中的大多数（67%）是新移民，但他们的英语水平比住在纽约市内的同胞要好得多，与白人移民相似。他们当中受过大专以上教育的人比例是白人移民的两倍多（华人移民为73%，白人移民为32%）。与他们在纽约市内居住的同胞相比，华人移民较少在族裔经济的行业谋职。他们中很多是经理和专业人士，个人年收入和家庭年收入都高于白人移民工人，远远高于他们在纽约市内居住的同胞。

这些数据显示，近年来的华人新移民拥有不同层次的人力资本。他们不像那些早年来的暂居者劳工，几乎都是没文化且贫穷的男性劳工。当代华人移民，无论男女，都努力工作，有明确的奋斗目标，就业率很高。然而，与白人移民相比，居住在纽约市的华人移民显然在以下几个方面处于劣势：他们来美国的时间较短，因而归化入籍率不高；他们的英语程度较低，受教育程度较低；他们当中成为行政主管、经理和专业人士的较少，大部分是打工阶层。因而他们的收入很低。这些劣势与他们新移民的身份有关。第一代华人移民还有一段漫长的路要走，才能跟主流社会的白人平起平坐。他们当中的许多人，因为忙于工作维持家计，几乎没有时间和精力来提升自己的人力资本，有可能永远都无法赶上白人。然而，他们相信他们的子女会有出头之日，将来肯定能看到自己的子女超越父母，在社会经济的阶梯步步向上。

美国土生土长的华裔工人

华人移民的下一代的情况如何？在纽约市内，美国出生的华裔工人只占华人劳动力总数的10%，在纽约市郊，这个比例是15%。与外国出生的华人移民相比，住在纽约市内的土生华裔拥有更好的人才资本，在职业和社会经济层面更为成功。但在纽约市外，华人新移民与土生华裔不相伯仲。除了在美国土

第六章 打工创业：族裔经济的劳动力市场

生土长的优势外，土生华裔并没有其他明显的优势（见表 6-2）。土生华裔大多是第二代，受移民家庭背景的影响，他们大多会说双语，大约 60% 的人在家里不讲英语。与土生非拉丁裔白人相比，住在纽约市外的华裔在社会经济层面表现更为出色。住在纽约市内的华裔，尽管他们的人力资本和职业成就都不错，但平均收入水平却比白人低。尽管 67% 的华裔受过大专以上的教育（白人为 50%），44% 是经理或专业人士（白人为 38%），但在 1979 年，只有 43% 的土生华裔年收入超过 15,000 美元，而白人的比例为 53%。

表 6-2 1980 年纽约大都会地区美国出生的华人劳动力特征：
与美国出生的非拉丁裔白人对比

特点	纽约市 华人	纽约市 白人	纽约市郊 华人	纽约市郊 白人
抽样数（N）	257	51,846	97	113,384
女性（%）	40.5	43.2	40.2	38.8
平均年龄	35.4	41.9	37.9	42.8
已婚（%）	48.6	56.4	75.3	75.7
有 17 岁以下子女的家庭（%）	52.9	56.7	54.6	55.8
在家中使用英语以外的其他语言（%）	65.0	15.1	52.6	5.7
大专教育（%）	66.9	49.8	67.0	44.9
高中肄业（%）	22.6	41.7	24.7	46.0
小学教育或未受正规教育（%）	10.5	8.5	8.3	9.1
平均受教育学年	16.6	16.1	17.2	15.7

唐人街

续表

特点	纽约市 华人	纽约市 白人	纽约市郊 华人	纽约市郊 白人
职场分类				
受雇于私立企业（%）	68.9	71.5	78.4	70.4
受雇于政府部门（%）	20.6	19.1	16.4	19.6
自雇（%）	10.5	9.4	5.2	10.0
每周工作40小时以上（%）	63.8	60.3	61.9	67.4
从业于族裔经济（%）	27.6	20.5	17.5	21.5
职业分类				
行政管理或经理、专业技术人员（%）	43.6	38.2	43.8	35.4
技术劳工（技师、维修工、工匠等）（%）	9.3	5.7	20.8	7.6
销售服务人员或行政助理（%）	41.2	50.7	28.2	46.7
半熟练或非技术劳工（%）	5.9	5.4	7.2	10.3
住在自己拥有的房子（%）	35.9	36.3	75.3	77.9
1979年平均个人收入	$14,052	$17,523	$19,833	$18,940
1979年收入超过$15,000（%）	43.2	52.8	60.8	54.9
1979年平均家庭收入	$21,081	$22,799	$31,534	$30,697

资料来源：1980年美国人口普查数据（5%的公用微数据样本）。

注：抽样只限于25岁至64岁之间、1979年工作至少160小时、收入至少500美元的劳动力人口。

纽约大都会地区华人劳动力特征的多样性，反映了整个族裔群体社会经济方面的巨大进步。比起他们的前辈，华人新移

第六章　打工创业：族裔经济的劳动力市场

民在劳动力市场的实力更为雄厚。第二代华人的平均教育程度则已经超越了同辈的非拉丁裔白人。问题是：与非拉丁裔白人相比，华人工人在劳动力市场上的境遇如何？此外，华人较高的教育程度是否能够减少在他们社会流动中所面临的结构、文化和族裔身份等方面的障碍？下文首先分析男性劳动力的案例。

第三节　男性劳动力的人力资本回报

第二代华人在教育方面成就卓越，被誉为移民成功同化的典范。十分自然，人们应该期望华人能够克服过去限制他们在劳动力市场的选择，以及阻碍他们向上社会流动的结构、文化和族裔身份等方面的障碍，实现与大多数美国人在职业和收入方面的平等。在华人社区，教育确实一直被强调为提高社会地位的最重要的手段。每个家庭都在孩子身上投入大量的经济资源和社会资源，期望孩子能够在社会经济阶梯上向上攀爬流动，最终把家庭带到更高的阶层。事实上，在公立学校和大学上学的华人孩子，成绩都非常优秀。他们毕业以后，几乎都能够找到相当不错的工作。

教育、职业与收入的关系

教育、职业和收入是衡量社会经济地位（SES）的重要指标。人们普遍认为，人力资本，如教育程度的提高，能够增加经济方面同化的机会。人力资本对收入和职业成就会有正向的回报，教育程度高能带来更多的职业选择机会，也因此带来更高的收入。因此，随着华人尤其是第二代华人的教育程度明显提高，大家都认为华人在美国劳动力市场上会与本土非拉丁裔白人一样成功[①]。

但是教育程度对华人的职业流动有正向的影响吗？根据1980年的人口普查，在纽约市，在受过大专以上教育的外国出生的华裔男性雇员中，有52%担任经理和专业人士等高层职位，略低于外国出生的非拉丁裔白人（55%）。受过大专以上教育的本土出生的华裔男性雇员，职业流动结果要比同族裔的男性移民雇员稍好一些，但仍落后于土生的非拉丁裔白人：54%的土生华人担任经理和专业人士等高层职位，土生白人为61%。

对这些数据的分析，验证了教育对职业流动有正向影响的基本假设。虽然华裔男性雇员在获得高层主管和经理职位等方面仍有一些困难，但总体而言，作为少数族裔的华人，仍然能够通过教育来取得职位提升和成就。十分自然，人们期望教育投资会带来同等的收入回报。表6-3的数据显示了这种正向的线性关系：从左往右看的每一行，无论工人的出生地和族裔身份，随着教育程度的提高，收入也相应提高。也就是说，学历越高，收入越高。这些描述性的数据表明，教育程度与收入的关系是正相关，同时也意味着教育程度与职业成就的正相关。

[①] 参见 Chiswick, "Sons of Immigrants", 1977; Chiswick, "Immigrant Earnings Patterns by Sex, Race, and Ethnic Groupings", 1980; Chiswick, "An Analysis of the Earnings and Employment of Asian-American Men", 1983。

第六章　打工创业：族裔经济的劳动力市场

表 6-3　1979 年纽约市男性劳动力的教育与收入的关系：以出生地和族裔身份分类

种族	小学教育	比例[1]	高中教育	比例[1]	大学教育	比例[1]
美国出生的白人	$14,293	100.0	$17,616	100.0	$24,043	100.0
美国出生的华人	$7,105	49.7	$10,930	62.0	$16,395	68.2
外国出生的白人	$13,929	100.0	$15,993	100.0	$23,075	100.0
外国出生的华人	$7,708	55.3	$8,519	53.2	$17,017	73.7

资料来源：1980 年美国人口普查数据（5% 的公用微数据样本）。
注：抽样只限于 25 岁至 64 岁之间、1979 年工作至少 160 小时、收入至少 500 美元的劳动力人口。
[1] 男性华人年收入相当于男性白人收入的百分比。

但是，从上往下看，表 6-3 中的每一列都会发现另一种模式。教育程度与收入回报因出生地和族裔身份而迥然不同。在各个不同的教育水平上，土生的非拉丁裔男性白人的平均收入最高，与外国出生的男性白人在各个不同的教育水平上的收入都比较接近。然而，无论土生或外国出生，男性华人的收入水平却都比白人低。例如，受过大专以上教育的土生男性华人，收入只有土生男性白人的约 68%；外国出生的男性华人的收入是白人移民收入的约 74%。而受过大专以上教育的土生男性华人的收入甚至低于华人移民：土生华人的平均收入为 16,395 美元，外国出生的华人为 17,017 美元。显然，具有相同教育程度的男性华人，他们的收入比不上非拉丁裔男性白人。这就意味着族裔

211

因素可能比教育因素更直接地影响华人的社会经济地位。

从职业的角度看，如表6-4所示，无论是在美国或外国出生，非拉丁裔白人的职位与收入呈现非常清晰的正相关，职位越高，收入就越高。但华人的模式就有显著的不同。令人费解的是，在美国或外国出生的男性华人，行政主管和管理人员的收入反而比白领专业技术人员低。例如，担任专业技术职务与行政管理职务之间的收入差别是，土生男性华人的后者比前者要低2,814美元，外国出生的男性华人要低5,208美元。此外，无论出生地在哪里，无论属于哪个职位类别，华人的收入始终要比非拉丁裔白人低很多。

表6-4 1979年纽约市男性劳动力的职业与收入的关系：
以出生地和族裔身份分类

种族	蓝领劳工	白领服务人员	白领专业技术人员	行政管理人员
美国出生白人	$15,901	$18,238	$24,326	$26,516
美国出生华人	$9,956	$11,060	$18,874	$16,060
男性华人年收入相当于男性白人收入的百分比（%）	62.6	60.6	77.6	60.6
外国出生白人	$13,931	$15,441	$23,736	$25,108
外国出生华人	$7,632	$8,870	$19,909	$14,701
男性华人年收入相当于男性白人收入的百分比（%）	54.8	57.4	83.9	58.5

资料来源：1980年美国人口普查数据（5%的公用微数据样本）。

注：抽样只限于25岁至64岁之间、1979年工作至少160小时、收入至少500美元的劳动力人口。

第六章　打工创业：族裔经济的劳动力市场

总而言之，华人和白人在个人和家庭收入方面仍然存在明显的差别。在纽约市，华人与非拉丁裔白人之间的收入差距依然很大。居住在纽约市的华人移民中，26%的华人年收入低于5,000美元，39%的华人收入在5,000美元至10,000美元之间。如果我们把超过15,000美元的收入分成5,000美元的增量档次，这样在每个档次中，华人的收入按比例都比白人少。例如，只有5%的华人移民和5%美国出生的华人的年收入在20,000美元到24,999美元之间；相比之下，白人移民为14%，美国土生的白人为11%。年收入30,000美元以上的华人的比例更少，无论是美国或外国出生的华人，都只有3%达到这个收入水平；而达到这个收入水平的白人移民为8%，美国土生的白人为11%。

纽约男性华人劳动力的状况，显然与人们通常听到的华人成功故事相矛盾。这些结果表明，由少数族裔身份或种族因素而导致的劣势，仍然在劳动力市场中显而易见，无处不在，直接影响了华人的社会流动模式。纽约市的华人至今仍然比非拉丁裔白人的多数族群处于更为不利的社会经济地位。

即使大多数已经融入了主流经济的第二代华人，在提高自身社会经济地位时，仍然会遇到与他们的移民父母相类似的障碍。尽管他们受过大学教育的比例更高，从事高级专业技术工作的比例较高，各种劳动力特征与白人相近，但第二代华人的处境似乎并不理想。在各个教育和职位水平上，他们的收入始终低于白人同行。他们经常对这种不平等的现状表露不满，对于把华人看成只能做专业技术人员、但缺乏管理和领导才能的刻板印象，感到十分无奈。林先生是美国出生的华人，在华尔街工作，他说："这里的人总是认为华人只擅长数字和公式，但不善于全面规划和从事管理工作。只要你安分守己，做好你擅长的事，大家都会相安无事。到时候你也会得到升职。但无论你在哪里，总会有一道不可跨越的鸿沟，像一道无法逾越的门槛。至于当领导或做经理，就没你的戏了。"①

聚居区族裔经济劳动力市场的人力资本回报

聚居区族裔经济理论的一个重要观点是，聚居区族裔经济为同族裔群体成员提供了在主流社会中不易获得的就业机会和发展空间。族裔社区的资本市场、劳动力市场和消费市场在一定程度上保护了同族成员，使他们免受与其他社会群体的正面竞争，免受因少数族裔身份而受到的种族歧视和不公境遇，免受政府政策和法规的过度监控。聚居区族裔经济的这些保护功能，为其族群成员提供了实际的社会和经济利益，也为他们最终同化融入主流社会提供了积极可行的替代途径。

在唐人街的聚居区族裔经济，教育和其他人力资本的投入，是否能带来相应的收入和职业回报？我根据1980年人口普查的公用微数据样本（PUMS）②，使用多元回归模型来衡量

---

① 引自笔者1988年5月访谈记录。
② 抽样只限于25岁至64岁之间，1979年工作至少160小时、收入至少500美元的劳动力人口。详见 Zhou, *The Enclave Economy and Immigrant Incorporation in New York City's Chinatown*, 1989, chap. 4; Zhou and Logan, "Returns on Human Capital in Ethnic Enclaves", 1989。

第六章 打工创业：族裔经济的劳动力市场

人力资本对收入和职业声望指数（occupational prestige scores）的影响。这项定量分析对在聚居区族裔经济以内及以外就业的华人男性移民雇主/自雇者和雇员分开进行[1]。

在人力资本收入回报的回归模型中，因变量是1979年个人收入的对数值。对于雇员，收入仅包括工资。对于雇主/企业家，收入包括工资、公司利润及其他收入的总和。在人力资本职业回报的回归模型中，因变量职业是根据1970年国家民意研究中心（NORC）的两位数字职业声望指数来进行编码重建[2]。人力资本收入回报的模型中的自变量包括人力资本变量和一系列控制变量。在社会流动的研究中，有关人力资本变量已有明确的操作定义，如劳动力的工作经验和教育程度。控制变量包括：英语水平、美国公民身份、移民时间、婚姻状况、1979年全年工作小时总量、职业类别等等[3]。

表6-5显示了用行业类别来定义聚居区族裔经济预测人力资本收入回报的回归分析模型的结果，聚焦于华人男性移民雇

---

[1] 对雇员和雇主的子样本的F检验（F-test）发现，无论聚居区族裔经济以居住地点或以行业类别来定义，两个子样本之间都有显著差异，因此应该分开来进行分析。详见Zhou, *The Enclave Economy and Immigrant Incorporation in New York City's Chinatown*, 1989, p. 103。

[2] 参见NORC, *General Social Surveys*, 1988; Blau and Duncan, *The American Occupational Structure*, 1967; Duncan, "A Socioeconomic Index for All Occupations", 1977a; Duncan, "Properties and Characteristics of the Socioeconomic Index", 1977b。职业声望指数一直以来都比较稳定。详见Zhou, *The Enclave Economy and Immigrant Incorporation in New York City's Chinatown*, 1989, chap. 4。

[3] 人力资本回报回归分析模型的自变量是：劳动力市场经验、教育程度、英语水平、婚姻状况、移民时间、美国公民身份、工作时间和职业。

员。在聚居区族裔经济就业的华人男性移民雇员中，只有大学教育有显著的正向影响，工作经验没有显著影响。在非族裔经济就业的华人男性移民雇员中，劳动力市场工作经验和大学教育与他们的收入有显著相关。这说明有否工作经验在族裔经济里不会影响收入。然而，令人疑惑的是，英语水平对族裔经济以外的影响不显著。根据聚居区族裔经济理论模型的预测，英语水平这个变量的影响，应该是聚居区以外大于聚居区以内。此外，正如预测，美国公民身份和工作时间有很强的正向影响，但移民身份对聚居区以外雇员的收入有显著的负向影响。对于在聚居区族裔经济以内工作的雇员，职业变量对收入有很强的负向影响，表明销售人员、行政助理、技术劳工，商业、保安、家政服务人员以及半熟练或非技术劳工的收入要明显低于行政管理或经理和专业技术人员。但在聚居区族裔经济以外就业的雇员，只有半熟练或非技术劳工的收入明显低于行政管理或经理和专业技术人员。对于华人男性移民雇员来说，无论是以居住地点还是以行业类别来定义族裔经济进行分析，得出的结果都差不多[①]。

表 6-6 显示了用行业类别来定义聚居区族裔经济的预测人力资本收入回报的回归分析模型，聚焦于华人男性移民雇主（企业家和自雇者）。对于聚居区族裔经济的雇主来说，大学教育和英语水平对收入有显著的正向影响。是否有大学教育程

[①] 参见 Zhou and Logan, "Returns on Human Capital in Ethnic Enclaves", 1989, pp. 813-815; Zhou and Logan 的分析基于一个略有不同的样本（包括纽约州北部的县），但大学教育对收入的影响是相似的。

第六章 打工创业：族裔经济的劳动力市场

度，对于在聚居区族裔经济以内和以外的雇主和企业家都有显著影响，这个人力资本最重要的变量对收入回报的影响与华人移民雇员相似。1975—1979年间的工作时间和移民（显示出明显的负向影响）是重要的控制变量。这与桑德斯和倪对加州华人的研究结果不同。也就是说，纽约聚居区族裔经济不仅可以使华人移民雇主业也可以使雇员获取人力资本投资的显著收入回报。

表6-5 预测人力资本收入回报的回归分析：1979年纽约市华人男性移民雇员

	族裔经济（B^1）	非族裔经济（B^1）
截距系数	5.078**	3.281**
劳动力市场工作经验	−.352[2]	.054**
劳动力市场工作经验（平方）	.036[2]	−.911**[2]
小学教育程度	.006	−.052**
高中教育程度	−.005	.012
大学教育程度	.053**	.003**
英语熟练程度良好或很好	.042	.027
美国公民	.054	.146*
在1975—1979年之间抵达美国	−.084	−.376**
在1965—1974年之间抵达美国	−.032	−.197**
已婚	−.017	−.031
1979年工作小时总量（对数）	.525**	.795**
销售人员、行政助理、技术劳工	−.223**	−.088

续表

	族裔经济 （B¹）	非族裔经济 （B¹）
商业、保安、家政服务人员	-.414**	-.006
半熟练或非技术劳工	-.459**	-.263*
R方	.322	.498
抽样数（N）	666	343

资料来源：1980年美国人口普查数据（5%的公用微数据样本）。

注：抽样只限于25岁至64岁之间，1979年工作至少160小时、收入至少500美元的劳动力人口。

1 非标准化回归系数。

2 小数点右移了3位。

* 显著值小于.05（单尾检验）；** 显著值小于.01（单尾检验）。

我的分析结果进一步验证了聚居区族裔经济理论。我发现无论是在聚居区族裔经济以内还是以外，华人移民雇员和雇主的人力资本收入回报都是正向的、显著的。这些结果与桑德斯和倪的结论不同。不过令人意外的是，在族裔经济以内就业，英语水平对雇员的影响不显著，但对雇主的影响却十分显著。这意味着族裔经济并非像有些人所认为的那样，不需要良好的英语技能。以居住地点和行业类别来定义聚居区族裔经济的回归分析，一个最重要的结论是：不论是雇主还是雇员，华人移民都可以在族裔经济以内获取人力资本对收入的显著回报[①]。

[①] 参见 Sanders and Nee, "Limits of Ethnic Solidarity in the Enclave Economy", 1987, 同样发现英语能力是居住在聚居区内的古巴裔和华人雇员收入的重要预测指标。详见 Zhou, *The Enclave Economy and Immigrant Incorporation in New York City's Chinatown*, 1989, pp. 103-105; Zhou and Logan, "Returns on Human Capital in Ethnic Enclaves", 1989, pp. 813-815。

第六章 打工创业：族裔经济的劳动力市场

表6-6 预测人力资本收入回报的回归分析：1979年纽约市华人男性移民雇主

	族裔经济（B[1]）	非族裔经济（B[1]）
截距系数	5.555**	−3.456
劳动力市场工作经验	−.037	.102*
劳动力市场工作经验（平方）	−.497*[2]	−.001*
小学教育程度	−.006	.087
高中教育程度	−.010	−.105
大学教育程度	.106**	.112*
英语熟练程度良好或很好	.334**	.437
美国公民	−.093	−.183
在1975—1979年之间抵达美国	−.458*	−.336
在1965—1974年之间抵达美国	−.057	−.181
已婚	.138	.302
1979年工作小时总量（对数）	.357**	1.312**
销售人员、行政助理、技术劳工	−.204	−.319**
商业、保安、家政服务人员	.023	.400**
半熟练或非技术劳工	−.195	.191
R方	.264	.545
抽样数（N）	193	72

资料来源：1980年美国人口普查数据（5%的公用微数据样本）。

注：抽样只限于25岁至64岁之间，1979年工作至少160小时、收入至少500美元的劳动力人口。

1　非标准化回归系数。
2　小数点右移了3位。
*　显著值小于.05（单尾检验）；**　显著值小于.01（单尾检验）。

在职业回报方面,我的分析发现,劳动力市场工作经验和中学教育程度对在聚居区族裔经济以内就业的华人男性移民雇员有轻微但显著的负向影响,但对族裔经济以外的华人男性移民雇员却没有显著影响。然而,大学教育对在族裔经济以内和以外就业的华人男性移民雇员来说,都是一个显著的变量。族裔经济以内的雇员的职业声望指数,要比族裔经济以外的雇员多1分。英语水平为族裔经济以外的工人带来显著的职业回报。美国公民身份没有给这两个群体带来显著职业回报。对于华人男性移民雇主来说,无论如何来定义聚居区族裔经济,劳动力市场工作经验和大学教育对聚居区族裔经济以内的职业回报都有显著的正向影响[①]。

第四节 唐人街:一个更好的选择

上述对于华人男性移民雇员和雇主的定量回归分析结果显示,无论如何定义族裔聚居区,人力资本投资的收入回报与职业回报相一致,即纽约唐人街族裔经济可以为华人男性移民雇员和雇主带来与其人力资本的投资相应的显著的正向回报。聚居区族裔经济以内的雇主和雇员都能够利用自己移民前积累的人力资本来增加收入(尽管并不总是比在族裔经济以外的就业工人更多)和得到职业提升。对纽约华人男性移民的分析没有

---

① 人力资本的职业回报分析结果不在这里列表详述。详见 Zhou, *The Enclave Economy and Immigrant Incorporation in New York City's Chinatown*, 1989, pp. 106-109。

第六章 打工创业：族裔经济的劳动力市场

提供令人信服的证据可以验证桑德斯和倪对加州华人的分析结果，即无论是聚居区族裔经济以内或以外，只有华人男性移民雇主，而不是雇员，才可以在人力资本方面获得显著回报。而我的分析结果进一步支持了聚居区族裔经济理论，因为聚居区族裔经济是美国经济的一个组成部分，可以为移民融入主流社会提供了另一条切实可行的途径。然而，对于这一理论观点，仍需对聚居区族裔经济劳动力市场进行更多的比较研究。根据我的经验，公用微数据样本是研究劳动力市场很有用的资料来源，尤其是如果研究者有足够的其他资料对聚居区族裔经济的定义做出更确切的判断。但是我想强调，人口普查数据只能间接地测量族裔经济，因为资料来源缺乏直接的数据信息，如劳动力就业的公司的所有权的族裔属性和工作地点。

通过深度访谈和现场观察的质性研究，能够补充和进一步解释定量分析的结果。我田野调查的数据分析具体有以下的三个方面的发现。其一，在聚居区族裔经济有较多的创业机会和发展空间。其二，无论是在族裔经济以内或以外，教育对移民社会经济地位的提高都有正向影响。其三，英语水平对移民社会经济成就的影响，在聚居区族裔经济以内要大于在族裔经济以外。华人移民之所以选择唐人街作为他们融入主流社会的出发点，既有经济也有文化方面的考量。

创业是向上社会流动成功的标志

根据人口普查数据，在聚居区族裔经济以内就业比在主流经济就业的华人移民更有可能自己创业。唐人街的华人移民有

唐 人 街

两个主要目标：一是拥有自己的公司，二是拥有自己的房子。拥有房子就像把钱放在一个安全的地方，投资房地产所产生的收入回报要比银行的利息高得多。拥有自己的公司，犹如美梦成真，无论赚钱与否，老板的身份是社会地位提高的象征。对于很多华人移民来说，"老板"比"打工仔"名声更好，挣钱也更多，而且还有决策的权力。

许多华人移民工人对聚居区族裔经济充满机会感到兴奋和乐观。梁先生是唐人街的一位店主，他在受访时说：

> 在唐人街，华人对族裔商品和服务需求的增长不断地刺激着经济发展，为人们提供了很多的创业机会。唐人街的工人努力工作和存钱，还学会了如何去当老板，因为他们知道有的是机会。要是他们看不到这些潜在机会，他们很可能就不会发奋努力了。我的几个从前的员工已经辞职，打算做跟我类似的生意。他们在帮我打工的时候，了解了做生意的门道，学会了经营业务所需的所有技巧，现在倒成了我的竞争对手了。不过这对我来说不太要紧，因为我知道做生意总是会有竞争的。[①]

邝先生是唐人街的一位餐馆服务员，他攒了将近六年的钱，准备在长岛（纽约市郊）开一家快餐外卖店，他跟梁先生在唐人街创业的看法不谋而合：

---

① 引自笔者1988年5月访谈记录。

第六章　打工创业：族裔经济的劳动力市场

> 这么多年来，我每周至少要干 66 个小时。虽然工资不高，每小时只有 4 美元左右，但我已经存够钱，打算做些大动作。假如我是在唐人街以外打工，我不敢肯定我是不是能有今天。也许我可以，但我从来不敢去尝试。
>
> 在唐人街，周围都是自己同胞，我会有安全感。而在外面，我会感到害怕，因为我觉得别人认为我是外人，因为我不懂英语。
>
> 我想要的就是在纽约市有自己的小生意，这是我能够做到的。当了老板，我就可以在经济上享有更多的自由，还有自主权。如果我离开唐人街和纽约，我想我不会有出头之日的。[①]

李杨是个从大陆来的留学生，他在纽约获得工程硕士学位后，就留了下来。他曾在唐人街的一家进出口公司打工，做唐人街和亚洲之间的贸易生意。我问他是否自己选择在唐人街工作，他回答是肯定的，他说：

> 我可以告诉你我为什么要这样做。其实很简单，跟中国大陆（或内地）、香港和台湾地区做生意，有很大的潜力。这里很多移民都需要从亚洲进口的消费品和食品。此外，美国人也已经开始争夺亚洲市场了，尤其是中国市场。在唐人街做生意，你可以充分利用自己的族裔优势。

---

① 引自笔者 1988 年 5 月访谈记录。

唐 人 街

作为华人，只要脑筋灵活，你就会有成功的机会。我熟悉中国文化、语言、思路和经商方式，这就有跟中国做生意的优势。如果我想在外面找工作，我认为会很容易找到。但那样的话，我就不能充分利用这些优势了。[①]

李杨经常穿梭于美国和中国之间，事业有成，乐此不疲。他对从事贸易行业很有信心，打算自己开公司。

另一位李先生是香港人，1980年移民到纽约，开始的时候在唐人街的一家餐馆打工当服务员。他对我说："这里什么都好。你只要勤奋工作，目标专一，不论在哪里、做什么都会成功。不过，对我来说，也许对大多数华人新移民来说，唐人街是一个很好的起点。有人老说唐人街工作差，薪水低。但是当他们到唐人街外面去打工，才发现自己每个星期拿回家的薪水要比唐人街的要少。于是他们就自愿回到这里。唐人街以外当然有很多不同的工作，薪水会更高。但问题是，能轮到你吗？"李先生当了七年餐馆服务员。他现在是两家餐馆的老板，一家在曼哈顿的唐人街，另一家在布鲁克林的日落公园。他说："当老板的感觉真好。"[②]

许多华人移民的一个明确目标，就是要自己当老板，这样在唐人街的机会更多。有些人开始时没资金和经验自己去创业当老板，于是就在唐人街打工，为实现他们的其他目标奋斗，

[①] 引自笔者1988年2月访谈记录。
[②] 引自笔者1988年5月访谈记录。

第六章　打工创业：族裔经济的劳动力市场

如存够钱去买一栋房子，然后供子女上大学。显而易见，在唐人街内，族裔老板的成功激励了他们的雇员，这些工人充满了动力和希望，努力工作，省吃俭用，积累资本来创业。这在唐人街是有可能实现的，因为有源源不断涌入的廉价劳动力，加上华人和其他消费者对各种华人特色的商品和服务不断增长的需求。

教育对向上社会流动的影响

虽然聚居区族裔经济的劳动力市场大多是低工资和劳动密集型的工作岗位，但在聚居区族裔经济中，大学教育程度对华人男性移民的收入回报，不亚于在主流经济中（见表6-5）。所谓在唐人街内不需要太多的教育就可以提升社会地位的看法，其实是一种误导。对于大多数低教育、缺乏工作经验和技能、不懂英语的新移民来说，这也许是他们的看法。然而，当今的唐人街，族裔经济活动已经比从前更为复杂和多样化。因此，教育程度低，也可能会导致收入不高，把握不了向上社会流动的机会。

下面的这个例子是我在观察唐人街的职业介绍所时见到的。这些介绍所大部分列出的工作是餐馆工。因此，来这里找工作的大多数是没有受过教育的男性移民（除了少数非法打工的留学生，他们想打临工赚些小钱）。有一次我在一家职业介绍所坐下不到15分钟，就听到一个经纪人在大声训斥一个显然是刚来美国的年轻人，他不耐烦地大声说："你脑子有病吧？自己照照镜子去。你受过多少教育？你懂多少英语？我看你什么都不懂，你竟敢要月薪1500美元？我这里只有一份洗碗的

唐 人 街

工作，月薪 800 美元。如果你不想干，那就没其他活了。"① 那个可怜的年轻人很尴尬。旁边的人告诉我说，有文化的人对打餐馆工没什么兴趣，也不会来这里找工。即使他们不得不去找餐馆工，他们通常会去看广告，然后自己去餐馆直接和老板讨价还价，这样往往会得到薪水更高的前台职位或主管的职位。"如果你来职业介绍所，人们就认为你什么活都愿意干，认为你什么都不懂，根本不打算跟你讨价还价。"

陈先生的经历提供了另一个例子。他回忆说：

> 我是三年前移民来的。开头半年我当过洗碗工，然后转行到现在的幸运饼厂做技工。我在移民来美以前在一所职业学校受过技工培训，有几年的工作经验。洗碗工根本不需要学历和经验，但我现在的这份工作却要有技术。假如我没有技术和经验，就只能局限在工厂里当个小工，我的薪水至少会少三分之一。②

陈先生来到美国后第二天就要开始打工。在朋友的帮助下，他马上找到一份洗碗的工作，每周 200 美元。后来他自己找到了一份技工的工作，每周工资 350 美元。不过要注意的是，正如陈先生自己所说，唐人街的很多工作都要加班加点。他现在的工作每周要干 6 天，每天 10 到 12 个小时，他的第一份工

---

① 引自笔者 1988 年 9 月田野调查记录。
② 引自笔者 1988 年 12 月访谈记录。

第六章 打工创业:族裔经济的劳动力市场

作也同样如此。

许多在聚居区族裔经济中就业的工人对教育的作用都有同感。邱先生大学毕业后,在唐人街开了一家制衣厂,他强烈地感受到教育对经营企业的重要性。他说:

> 在唐人街,人人都想开制衣厂。好像任何人只要投点钱,就可以在制衣业轻松地赚快钱。事实不是这样的。人们对做这行太过乐观了,看不到在这个行业中员工的流动率很高,竞争十分激烈。在这种竞争激烈的商业环境中,如果你不懂经商,英语不好,没有受过良好的教育,你成功的机会就会渺茫很多,顶多只能勉强维持生计,根本就别想赚大钱……
>
> 我念了三年大学。我太太也有服装设计的学历。我们的学历对我们办厂和经营管理都有很大的帮助。我认为如果你受过良好的教育,你就可以更好地安排短期和长期的规划、成本核算,才能管理好你的企业。还有,有学识才能控制经营成本,才能懂得如何跟厂商讨价还价,才能更灵活机动。总之,如果你没有清醒的头脑和知识,你的生意就很难在竞争中生存。我相信经验和学识对事业的成功十分重要。[①]

另一位大陆移民过来的李先生与邱先生有同感。他今年25

---

① 引自笔者1988年5月访谈记录。

唐 人 街

岁，5岁时随家人移居美国，三年前取得机械工程学士学位。大学毕业后，他选择接手管理他父亲在唐人街开的衣厂。我问他为什么不到唐人街以外的大公司去找工作，还问他大学学历对他的生意有多重要。他回答说：

> 我认为我的运气很好，因为我可以接手父亲的这盘生意。当然，即使没有这个，我觉得我可以很容易在别处找到工作，挣够钱后自己做生意。就算主流经济没有种族歧视的影响，我还是宁愿接手我父亲的生意。因为当老板总比让别人管要好得多……从经济的角度来说，如果你受过良好的教育，又勤奋工作，擅长经营管理，那你就有更好的机会，比打工挣更多的钱。在很多大公司里，刚入行的机械工程师的起点年薪是两万至两万四千美元。而我做生意的第一年，就比他们挣得多。因为得益于我的教育背景，我干得比我父亲好多了。比如说，我父亲从前要雇请一名机械工，还要带一个中间商去跟制造商谈业务。现在我自己把这两份工都搞定了。这就降低了不少经营成本。我父亲不懂法律有什么好处，也不知道怎样跟工会、工人和政府打交道。而我可以把这些东西都转化为对我有利的因素。我父亲满足于现状，墨守成规，没有拓展业务的长期规划。而我比较善于规划未来。与其把钱存在银行里，我把钱重新投资到生意中。……现在，我不仅有这家制衣厂，还有一家餐馆。我正在考虑开办一家食品加工厂。我过去三年所取得的成果要比父亲过去10年的还要大，我

第六章　打工创业：族裔经济的劳动力市场

倒不是说他做得不好。他的文化程度不高，也只能做到这一步了。在唐人街有两类不同的生意人：一种是像我父亲那一类的，思想保守，只顾着眼前收益。另一种是像我这样的，雄心勃勃、敢想敢干。在很大程度上，教育水平决定了你属于哪一种人，做起生意来肯定会很不一样的。[1]

教育很重要，尤其是高等教育。无论是在唐人街内外，对于提升个人的社会经济地位都有积极的作用。这意味着无论是在聚居区族裔经济以内或以外，受过良好教育的人总会有更多的选择。但这并不是说如果在外面工作，教育程度高的移民就不会受种族歧视和结构性困难的困扰。除了经济的因素，种族歧视很可能是华人移民考虑的其他因素之一。为什么教育程度高的人也宁可选择在聚居区族裔经济中就业？教育能够使人较好地应对外界环境和文化所造成的不利因素的束缚。从这个意义上来说，投身于聚居区族裔经济，从经济的角度看是理智的，从情感的角度看也是不难理解的。

英语水平在聚居区族裔经济中的作用

毋庸置疑，掌握英语是同化最重要的因素之一。移民在唐人街聚居的主要原因，是因为他们不懂英语。但是，对于华人移民雇主来说，英语水平对他们在聚居区族裔经济以内经营企业的收入有明显的正向影响，而对他们在聚居区族裔经济以外

---

[1] 引自笔者1988年12月访谈记录。

唐人街

经营企业的却影响不大（见表6-6）。为什么英语似乎在族裔经济以内用处不大，但却会有显著的收入回报？而在主流经济中，英语本来应该十分重要，但却对收入回报影响不大呢？有两种可能的解释：一种是与移民的目标有关；另一种是与种族歧视的影响有关。钱先生是土生的美籍华人，曾经在餐饮业打过工，现在是纽约唐人街历史研究的项目主任。他说：

> 根据我个人的经历，我觉得这与1965年以前及1965年以后华人移民的不同心态和目标有关。1965年以前，唐人街的华人基本上是充满寄居者的临时心态和以暂时居住为目标。很多人总是在想，也许10年、15年或者20年以后，总有一天要返回老家。甚至在他们已经不得已决定留在美国以后，或者心里知道自己不可能返回老家以后，他们仍然下意识地保留着这种心态，无法从感情上解脱……
>
> 因此，他们的目的仅仅是挣够钱就带回家乡。他们觉得没必要学英语，根本就不想去学，因为他们的工作基本用不上英语。他们也离不开唐人街。但如果在唐人街不讲中国话，大家就会瞧不起你，因为大家在心里还是老想着中国。
>
> 为什么1965年以后会突然逆转，会讲英语的人才让人瞧得起呢？我认为这取决于你的目标是什么，今后的发展方向如何。如果你的目标是留在美国，在美国生活和发展，英语就变得非常重要。你就会尽量多讲英语，越流利越好，这样才能融入主流社会。

第六章 打工创业：族裔经济的劳动力市场

从经济的角度来看，唐人街确实只是一个过渡点，而不是一个永久的定居之地。华人移民初到唐人街，可以不懂英语，在这里比较容易过渡。随着他们的梦想逐步实现，他们意识到应该融入社会，如果懂英语，就可能有所作为。他们也意识到，如果能讲流利的英语，一切皆有可能。他们开始的时候，生存是第一要义。能够维生之后，目标就要更上一层楼。这就要求英语水平要比较高。在唐人街内，大家都讲广东话或普通话。你的英语水平越高，你跟社区外面的人打交道的机会就越多，越能抓住社区内外的各种机遇。

谈到他自己个人的感受，钱先生认为，在唐人街，英语水平高意味着能挣更多的钱。他说：

为什么呢？因为你可以跟唐人街外面的人打交道。以我自己亲身经历为例。我从酒吧调酒师变成餐馆经理。在餐饮业中，餐厅的前台工作与后台的厨房工作有很大的区别。前台的工作，例如当调酒师、服务员、经理要直接跟客人打交道。如果是在唐人街以外的餐馆，能讲熟练的英语更加重要。如果你跟客人交流沟通得好，你得到的小费就多，还能帮餐馆招来更多的顾客。相反，在后面工作的人，像厨师和洗碗工，就不必懂英语，他们拿固定薪水。这就是为什么大家喜欢学英语，都想讲英语。倒不是因为英语是一门动听的语言，而是因为懂英语是必要的本领，

唐 人 街

能为你带来经济上的好处。[①]

钱先生强调了英语在唐人街内工作的作用。周先生则从另一个角度谈到这个问题。周先生是位年轻的计算机专家,在主流社会的一家大电子公司工作。我问他为什么在唐人街以外的主流经济就业?英语对提高收入的作用有多大?他回答说:

英语没有显著的收入或职业的回报,并不是因为英语在主流经济中可有可无。恰恰相反,英语必不可少。关键是当你在主流经济中与土生的美国人竞争职位时,人家认为你的英语应该跟他们是一样的。如果你不懂英语,就根本不可能找到任何工作。那些能够在唐人街以外找到工作的人,肯定英语水平都是不错的……

其实,问题不在于你是否懂英语。很多移民,特别是在这里念书的,英语都很好。关键在于老板怎样看你。种族偏见常常会影响老板对你的看法。你说话有口音,你的样子像外国人。不管你的英语讲得多流利,你总会带点口音。还有,你没法改变你的相貌。你去招工面试的时候往往会很无助无奈,因为面试的人根本不知道你是什么人,因为你的相貌和带点口音,他们很可能把你当成外国人,因此很可能会根据固有的偏见或种族偏见来作出判断。就算你得到一份工作,但是当遇到有晋升机会时,特别是当

[①] 引自笔者1988年12月访谈记录。

第六章 打工创业：族裔经济的劳动力市场

主管的位置，如果你的竞争对手是土生的白人，即使你们两人资历相当，你还是很可能被刷掉。但是在唐人街，大家都讲中文。所以，族裔性有助于雇主与雇员之间的沟通。

总之，在唐人街，英语特别有用，因为不是人人都懂英语。唐人街不是完全与世隔绝，还有很多跟外界的联系，不懂英语就很难有出头之日。[①]

周先生是在襁褓之中的时候随家人移民美国的，他讲一口地道的英语。他在主流经济中有一份高薪的工作，但他仍然打算回到唐人街创办自己的电子公司。我问他为什么。他说：

这很简单。在唐人街工作，我有作为华人和美国人这两方面的优势。作为华人，我可以利用所有的族裔资源，还受到族裔团结和社会网络的支持。作为美国人，我的英语很好，在美国受教育，还有丰富的工作经验，比大部分移民都有优势。一方面，我可以远离种族偏见。另一方面，我在外面主流经济中能做的事，我在唐人街照样可以做到，但要创业，还是在唐人街比较容易成功。[②]

这些实地调查所涉及的各个方面，都证实了我根据人口普查的公用微数据样本的定量分析所得出的结论：在纽约市的聚

---

① 引自笔者1988年4月访谈记录。
② 引自笔者1988年4月访谈记录。

居区族裔经济内，收入和职业等方面都有显著的回报。

聚居区族裔经济的物质性和象征性补偿作用

　　华人新移民倾向于选择唐人街的另外一个原因是，族裔身份认同有助于族裔团结，增强族裔凝聚力。首先，大部分在唐人街打工的新移民都依赖亲属和朋友关系找工作，对老板比较熟悉，也感到为同族老板打工比较顺畅，因为同族的老板会比洋老板更加通情达理。比如说，很多曾经为"老番"（粤语洋人的意思）打工的衣厂工人，最终还是回到唐人街来，原因是他们无法跟老板沟通。很多工人抱怨说，老番老板一点都不体谅他们的语言和家庭困难。其次，华人新移民总想挣点快钱，他们喜欢加班加点。因此，他们喜欢选择能够加班加点和付现金的工作。在唐人街，大多数工人每星期工作6天，通常一天干10个小时。他们在中国的时候，他们就习惯了每星期干6天，而且工资非常低。在这里，他们认为即使要做同样多的工作量，但收入高多了。所以，如果他们能够多干一些，就可以多挣一些钱。还有，新移民总是以美元与人民币的绝对兑换值来计算。他们在中国时平均月工资不到30美元。按照他们的计算，即使是最差的工作，他们在这里一天就可以挣到这笔钱。因此，每小时3美元的工资，虽然低于美国规定的最低工资标准，但是移民也会觉得并不算太差。

　　华人新移民都很清楚，他们是低薪的劳工。只有在同族的企业中，他们才能通过加班加点多挣点收入。他们对联邦政府和州政府的劳动法知之甚少，自然不可能去告老板违法。此

第六章 打工创业：族裔经济的劳动力市场

外，很多新移民对交税和税务问题基本无知，因为他们从前没有直接从工资中扣税的经历。如果从他们的工资中扣掉一些税钱，他们会觉得是受骗了。有些唐人街的企业老板先替工人把税交了，然后付现金给工人作为工资，而不是给列出扣掉税额的支票。工人们只要每个星期能拿到现金回家，一般都不会在意这种在唐人街较为盛行的违法行为，以及可能会对他们的将来带来的不利影响。

其次，华人移民开办的企业通常允许较为灵活的工作时间。工人们尤其是女工们可以在厂里工作几个小时，然后回到附近的家料理家务。有些母亲还可以把婴儿带到衣厂。稍微大一点的小孩放学后可以到厂里等妈妈下班。只要能把活干完，老板都没意见。但是，这类衣厂的工资一般会比洋人开的正规衣厂要低。

第三，聚居区族裔经济，不太跟随主流经济典型的繁荣-衰退的经济周期。主流经济在衰退期间，大量的工人失业。聚居区族裔经济在一定程度上能为移民就业提供保障。无论如何，在唐人街内总能找到活干，只不过在经济不好的时候工资会比较低一些而已。

第四，在唐人街以外的主流经济劳动力市场上，种族歧视和偏见依然存在，阻碍移民进入主流经济，也阻碍他们的向上社会流动。1965年以后，大批移民突然从亚洲、拉丁美洲和加勒比海地区涌进美国，对美国主流经济的劳动力市场造成很大的压力，引发了白人工人阶级的种族怨恨。移民政策改革"意想不到的"影响与制度固有的种族主义结合起来，使少数族裔移民一来到美国就处于不受欢迎的窘境。他们在语言、教育和职业技能方面的劣势，使他们的处境雪上加霜。纽约州移民事务机构协调委员会最近的一项研究发现，1986年的移民改革法案，对符合条件的非法入境外国人给予大赦，导致了劳动力市场三种特殊形式的雇主对移民求职的种族歧视[1]。雇主拒绝接受合法有效的居留证明；拒绝雇用稍微延迟缴交证明文件的人；拒绝接受那些相貌或口音像外国人的求职申请。华人新移民在经历了主流劳动力市场受到雇主歧视性的刁难和困扰后，或者听说过会遭遇这些歧视，他们便宁愿尽量回到唐人街找工作。

共同的族裔身份认同使移民雇员和雇主之间产生一种互惠互利的依赖关系，双方都能各得其所，而不是赤裸裸的剥削与被剥削的劳资关系。工人和老板之间对立的阶级关系是存在的，但在很大程度上被共同的族裔关系所缓和。老板只能出得起低薪水，工人愿意接受低薪水，这可能是许多小厂商和小业主能够开业和成功的秘密之一。低薪是降低劳动成本、提高雇主竞争力的唯一有效途径。雇主能够维持低薪而不受工人的抵制以及政府和工会的管制和惩罚，原因是同族雇主也受到族裔关系的约束。他们中的很多人和家人同时也是为自己打工的工人，他们还为同族的工人提供灵活的工作时间，在文化层面上相互理解，保证工人有工做，即使在经济衰退时期也不会失业。反过来，同族工人也会投桃报李，对老板的不法行为不予

---

[1] 参见NYS-IATFIA, *Workplace Discrimination under the Immigration Reform and Control Act of 1986*, 1988。

第六章 打工创业:族裔经济的劳动力市场

揭发、不上报工会。此外,他们也希望能通过勤奋工作和加班加点,积累经验和积蓄钱财。很多制衣承包商和业主,都是这样从车衣工和打餐馆工做起,后来当老板的。

唐人街的陷阱

聚居区族裔经济对华人移民劳动力的人力资本有正向回报,这个结论并不否认在聚居区以内和以外的工人绝对收入数字的差别。聚居区族裔经济以内的很多工作,都有收入低、工时长的特点,致使主流社会的大众和学者都认为这是雇主对同族工人的残酷剥削。事实上,具有稳定而廉价的族裔劳动力来源,正是许多中小族裔企业得以生存和发展的重要前提。

在唐人街,新移民经历的向下社会流动并不少见。除了新移民的劣势以外,他们往往因为不熟悉主流经济而心生畏惧,他们因为种族歧视的制度性障碍,阻止了他们在主流经济的劳动力市场找到与他们移民前的教育和工作经历相匹配的工作。因此,很多华人新移民像他们的前辈一样,为了生存而不得不困在唐人街内。他们当中确实有相当一部分人被迫接受低于他们的人力资本和资历的工作。

胡先生四年前从香港移居美国,在唐人街一家书店当职员。他有大学金融专业的学士学位,移民前在香港的汇丰银行有一份薪水很好的工作。当我问他为什么不到曼哈顿的金融行业去找工作时,他叹息道:

> 有什么办法呢?我的英语很糟糕。对唐人街外面的情

唐 人 街

况一无所知。好像没人在乎我的学历和工作经验。我所能获得的有关就业的信息，都是跟唐人街有关的。

我现在的这份工作是一个朋友介绍的，他认识这里的老板。开始的时候，我感到非常苦闷，认为这份工对我来说是大材小用。但是大家却认为我很幸运，找到一份这么好的白领工作。我应该知足才对。

现在，我已经比较喜欢这份工作了。为了逃避1997年后香港前途难卜的前景，应该要有移民就会有所失的思想准备，有得就有所失，对吧？[①]

胡先生看来很快就能适应唐人街的环境，但是黎先生的境遇跟他完全不同。黎先生在移民前是广州的一名大学教授，教政治学。我采访他时，他58岁了，在唐人街一家食品加工厂工作。他对自己的身份受贬感到气愤和无奈。但他的看法却与胡先生很相似：

我做梦也没有想到会沦落到在唐人街食品厂里做豆腐。我毕生在中国辛勤工作所得来的荣誉和成就，如今都付诸东流了。

我的英语不好，不能在这里找到教职。这里的人向我推荐的只有低档的工作。当我找到这份做豆腐的工作时，他们对我说，像你这样年纪的老人最适合做这份工作了。

---

① 引自笔者1988年4月访谈记录。

第六章 打工创业：族裔经济的劳动力市场

这份工作很糟糕，但我不得不做。我有三个孩子在读大学，我必须干到他们毕业。①

一年后，黎先生返回中国，继续在大学任教。对于他来说，在唐人街打工，与大多数移民心目中的美国梦有天壤之别。

第五节 小结

纽约唐人街聚居区族裔经济的发展，为华人投资者、企业家和工人提高社会经济地位创造了一种替代性的机会结构，增加了华人移民的就业选择。对他们在移居国社会的社会适应大有裨益。事实上，对于许多在纽约安家的华人新移民来说，唐人街的族裔经济不仅满足了他们基本的生存需求，还为他们的向上社会流动提供了更多的机会。

然而，我们切勿浪漫地夸大这种想法，认为待在唐人街足矣，无须离开此地。实际上，唐人街的族裔经济有两副面孔。一方面，唐人街确实能够为族裔工人，尤其是新移民提供保护，使其免受在主流劳动力市场与其他族群之间的正面竞争，以及因为少数族裔和移民身份而受到歧视。但这并不意味着他们不能在主流劳动力市场上找到好工作。对于华人移民来说，主流劳动力市场是"开放的"，不论是在教育程度和专业技术要求高的高薪行业还是在低技能、低收入的行业中，种族歧视

---

① 引自笔者1988年5月访谈记录。

比以前要隐蔽得多。但由于新移民英语不好，加上他们初来乍到所面临的很多不利因素，他们只能在开放的主流劳动力市场上找到最低工资的工作，与在唐人街工作的收入大致相同，不可能获得与自己人力资本投资相应的收入和职业回报。新移民并非因为无知而甘受自己同胞剥削。实际上，他们更为熟知唐人街族裔经济的运作和自己的族裔优势，认为这里是他们比较理想的起点。因此，华人在唐人街工作，并不是因为他们害怕在外面竞争不过白人或受到歧视，也不是他们无知，而是权衡利弊，他们认为这是能够充分利用自己族裔优势的途径。

此外，唐人街的族裔经济并不像很多人所想象的那样与世隔绝。它的受保护型行业的发展一直保持相对稳定。但与主流经济相关联的外向型行业的发展，极大地扩大了族裔经济与主流经济的连接。创业是个人社会经济成功的一个重要指标，在这方面，华人移民在唐人街的族裔经济中有较好的机会。随着族裔经济与主流经济的不断接轨，文化适应如英语的作用，在唐人街的族裔经济内显得比在主流经济中更为重要。在唐人街以外，种族偏见仍然阻碍着华人的社会流动。

唐人街族裔经济的负面，就是有大量的小企业和低薪工作岗位，其特征类似于主流经济中的次级劳动力市场。许多在唐人街打工的华人新移民处于更为不利的地位。唐人街许多小企业之所以能够生存并取得成功，在很大程度上得益于廉价劳动力，这种依赖不利于产业的技术创新、转型和再投资。此外，唐人街的族裔经济只能容纳一定数量的族裔企业，同族企业家之间的激烈竞争可能会导致小企业频繁易主和压低工资水平。

第六章 打工创业：族裔经济的劳动力市场

再者，通过亲属和朋友关系而进入族裔经济劳动力市场的新移民，可能会陷入族裔关系义务的陷阱，影响他们理智地追求新的经济机会[①]。他们在移居国的社会适应，可能会局限于族裔隔离（ethnic segregation）的层面。

无论如何，对于华人新移民来说，他们从唐人街中所得到的有形和无形的补偿，绝非能以工资收入的绝对数字来衡量，更不能用主流社会的标准来衡量。从这个意义上来说，唐人街的作用在于以族裔团结和社会关系为基础，为华人移民群体成功地过渡到美国主流社会提供了一条有效的替代途径。

[①] 参见 Hurh and Kim, *Korean Immigrants in America*, 1984; Li, "Occupational Achievement and Kinship Assistance among Chinese Immigrants in Chicago", 1977; Mar, *Chinese immigrants and the Ethnic Labor Market*, 1984; Sanders and Nee, "Limits of Ethnic Solidarity in the Enclave Economy", 1987, p. 764; Semyonov and Tyree, "Community Segregation and the Costs of Ethnic Subordination", 1981。

第七章

半边天：唐人街的女性移民

"妇女能顶半边天"。这句话是唐人街族裔经济女性移民工人的真实写照。每当人们提起老一辈的华人移民，自然就会联想到男性铁路工人、洗衣店工人或餐馆侍应生。在二战前的老唐人街，妇女极为少见，也鲜为人所提及。过去对华人移民和移民社会融入等问题的研究，也往往忽略了女性移民，或对她们带有偏见，把她们视为男人的附属。即使华人妇女在1965年以后开始大量移民美国，情况依然如此。过去对华人移民的研究，一向注重于男性移民的境遇，几乎没有多少人关注到女性移民与男性移民的经历和经济活动不尽相同。近年来，美国社会学界对迈阿密的古巴移民社区、纽约和洛杉矶的华人移民社区以及对韩国移民社区等的研究，开始关注女性移民在族裔经济中所起的作用[①]。一些学者认为，女性移民在族裔经济中深

[①] 参见 Bonacich and Light, *Immigrant Entrepreneurs*, 1988; Bonacich et al., "Koreans in Small Business", 1977; Portes and Jensen, "The Enclave and the Entrants", 1989; Perez, "Immigrant Economic Adjustment and Family Organization", 1986; Portes and Rumbaut, *Immigrant America*, 1990; Zhou and Logan, "Returns on Human Capital in Ethnic Enclaves", 1989。

第七章　半边天：唐人街的女性移民

受剥削[①]。另一些学者则认为，女性移民不但能很快地适应新的环境，还能在维系家庭以及延续族裔社会和文化传统等方面起着不可忽视的作用。这两种截然不同的观点，一种强调族裔经济如何剥削压迫妇女；另一种则强调族裔经济与家庭合作的关系[②]。

在唐人街，妇女是族裔经济的重要劳动力资源。但她们在劳动力市场中所起的作用与男性移民颇为不同。因此，男性移民的社会经济适应模式不适用于分析女性移民。本章阐述华人女性移民在族裔经济中劳动力市场的作用。我首先综述华人妇女的传统角色；进而考察她们对唐人街社会和经济发展的影响；最后分析华人女性移民的多重社会角色及其在劳动力市场中的经历，着重探讨她们特殊的移民适应模式。

第一节　传统的性别角色

在1965年以前，纽约唐人街是一个典型的单身汉社会。直到1965年美国重新修订了移民政策以后，鼓励家人团聚，华人妇女才得以大批移民美国，唐人街的单身汉社会从此成为

[①] 参见 Bonacich, "United States Capitalist Development", 1984b; Bonacich et al., "Koreans in Small Business", 1977; Kwong, *The New Chinatown*, 1987; Phizacklea (ed.), *One Way Ticket*, 1983。

[②] 参见 Haines, "Vietnamese Refugee Women in the U.S. Labor Force", 1986; Perez, "Immigrant Economic Adjustment and Family Organization", 1986; Portes and Jensen, "The Enclave and the Entrants", 1989; Portes and Rumbaut, *Immigrant America*, 1990; Zhou and Logan, "Returns on Human Capital in Ethnic Enclaves", 1989。

历史。在20世纪40年代，纽约州的男性华人是女性的6倍。到了20世纪80年代，男女人数之比降为106比100。华人妇女移民美国的主要原因是家庭团聚。从1982年至1985年，大约9万多名妇女移民美国（其中54%来自中国大陆［或内地］、香港和台湾），与早已移居美国的丈夫、子女或父母团聚。按照1965年的移民法修订案，除非属于移民类别中的第三类优先（高级专业技术人才）和第六类优先（美国亟需的熟练技工），或者属于难民类别，否则，如果没有直系或近亲的亲属关系，几乎不可能移民美国。近年来，在为数众多的华人移民中，半数以上是妇女。这个趋势将会延续很长一段时间。

现有的研究文献显示，女性移民的主要出国动机大致与男性移民相似，大多是为了家庭团聚，为自己、子女和家人寻求更好的生活环境和发展机会。女性华人移民的社会经济状况与男性华人移民不同，与非拉丁裔的白人妇女也不同。因此，了解她们移民美国后所继续扮演的多重社会角色，理解她们所处的社会、文化和经济环境，十分必要。

中国妇女在传统社会中身份和地位低下。她们在家庭中和社会上所处的从属地位，被视为天经地义。妇女因为掌握不了家庭经济，自然也没有与男性平等的权利。过去，女孩子出生的时候，家人就不把她们看作自己家庭的永久成员，而把她们看作"别人家的人"，因为她们早晚要出嫁离开娘家。作为女儿，出嫁以前从属于父母。出嫁以后，则从属于丈夫和夫家。对于娘家来说，她最终是"泼出去的水"，因此不值得浪费时

第七章　半边天：唐人街的女性移民

间、精力和金钱去让她们去受教育[①]。

在中国的传统家庭里，通常有两种方式使家庭不因生养女孩而蒙受损失：一是让女儿成为家里的无偿劳动力；二是向娶亲的那家人索要相当大的一笔钱作为娶亲聘礼。因此，未婚女子要义不容辞地在家里和田边拼命干活。她的劳动根本得不到任何金钱酬劳和精神回报。出嫁以后，由于夫家为儿子娶妻花了不少钱，所以实际上她是这家人花钱买来的，夫家公婆指望儿媳妇能继续像女儿一样无偿地劳动，既是女儿和儿媳，也是母亲。不但要侍奉丈夫和公婆，还要生儿育女，尤其重要的是要为丈夫家生儿子，传宗接代。生儿子是儿媳妇在家中唯一有可能抬头的机会。女儿出嫁以后，虽然在经济上已经与娘家截然分开，但是出于要报答父母养育之恩的期望。她也要终生孝敬父母。结婚的主要目的不是爱情，而是娘家、婆家或两家的家庭利益。

按照中国的传统文化，妇女在家庭中处于从属地位，没有经济自主权，根本无从掌握自己的命运，一切都只能被动地顺从。她们不能选择自己的工作，不能决定自己的婚姻，甚至不能决定生多少个孩子。

中国妇女的传统性别角色，不仅体现在家里，她们还要经常干农活。在以农业为基础的传统经济中，妇女是家庭里的主要劳动力。她们不但要料理家务，如养育儿女、喂养家畜、从

[①] 参见 Kung, *Factory Women in Taiwan*, 1983; Salaff, *Working Daughters of Hong Kong*, 1981。

井里或河里取水、碾米磨面、做饭、搞卫生等各种杂活，她们还要干一些能为家庭创造收入的工作。她们要么做些能在家里干的活，如缫丝、编织、纺织、刺绣、针织等等，要么跟着丈夫一起下田种地，尤其是在农忙季节。因此，传统的中国妇女历来总是家里家外不停地劳作，帮助维持家庭。可是她们却从来与工资薪酬无缘。

中华人民共和国成立后，传统的中国家庭结构和妇女的社会角色被打破。最大的进步之一就是新宪法赋予妇女平等的权利。随着中国要实现工业化，许多农民离开农村进入城市打工。许多农村妇女尤其是16岁至25岁的年轻妇女，也涌入城里打工。有了工作机会和收入，在一定程度上增强了妇女掌握自己命运的能力。但是，传统观念和对妇女的偏见依然根深蒂固。妇女出外打工，往往是因为丈夫或其他家人的收入不足以维持家庭，因此她们的收入不被看作主要收入，而只是家庭收入的一种补充。虽然妇女已经和男性一样成为受薪劳动力，但她们作为女儿、妻子和母亲的多种角色并没有因此而有丝毫改变。男性在外工作一天后，回家可以休息。而妇女却仍要忙于做饭、打扫卫生、照看小孩等各种家务。

时至今日，中国妇女即使已经有工作收入，她们还要做家务劳动和照顾老小。她们除了要挣钱养家，还要尽全力去当好女儿、妻子和母亲的角色。这些中国妇女所要承担的各种角色和传统观念的期望，对于移民美国的华人妇女也有着深远的影响。有些女性移民认为，移民美国也许是摆脱中国社会父权制传统社会观念的一条有效途径。但实际上不少女性移民仍然摆

第七章　半边天：唐人街的女性移民

脱不了传统价值观念和传统角色。虽然女性移民希望能在美国改变自己的社会地位，但实际上她们更多的是为下一代着想。58岁的李太太来自广州，原来是图书馆管理员，她认为：

> 在今天的中国，宪法规定妇女在受教育和就业方面都有平等的权利。但在现实生活中，认为妇女低人一等的传统观念仍然根深蒂固。很明显的是，还有人认为妇女没必要接受高等教育，不能当领导。如果妇女在事业上有所成就，就会受到冷嘲热讽，说她们野心勃勃，争强好胜，缺乏温柔，难以相处。这样，她们就很难找到结婚对象。看来，当男人遇到对他们的传统地位提出挑战的时候，他们就不喜欢男女平等的主张了。所以，仍然有不少男人不喜欢与有独立见解、事业心强和聪明能干的女性共事，不愿意娶这种女人为妻。
>
> 在同辈的妇女中，我是少数的幸运者之一，受过高等教育。但是按照传统的价值观念，我不得不表现得温文尔雅，必须要压抑自己的独立见解和聪明才智。我已经习惯了这种处境，也不指望会有多大的改变。但我希望我的孩子能够生活在少受压抑和比较宽松自由的生活环境中。
>
> 我原来以为在美国性别歧视会少些，妇女可以享受更多的权利。但是在唐人街，情况却更加糟糕。传统观念在这个与外界隔绝的地方一成不变，还不如当今的中国！[①]

[①] 引自笔者1987年9月访谈记录；也可参见 Tinker, "Women in Developing Societies", 1978。

唐人街

当中国已经发生了惊天动地的革命和改变之时，唐人街却似乎被冻结在传统框架中一成不变，仍然保持着父权制的传统。妇女新移民只能指望她们的子女辈能有出头之日。

当她们踏入美国，许多华人女性移民马上会感受到家庭关系的社会结构的约束。娘家和婆家的亲戚都指望她们能尽力帮助家人实现美国梦，她们自己也希望如此。她们移民美国通常有两个目的，既要帮助自己的家人尽快走向富裕小康，又要帮助家人（特别是自己娘家的人）移民美国。广州来的李太太在1983年移民美国，她继续回忆说：

> 我之所以决定移民美国，是因为只有这条路才能让我的3个未婚成年子女办移民[①]。其实，移民美国对我本人没什么好处。我先生在中国是大学教授，但因为年纪大，英语也不好，找不到与他的学历和经历相称的工作。只好在唐人街一家食品加工厂工作，每小时挣5美元。我也不得不在制衣厂打工。我的视力不好，又不太会用缝纫机，所以干活很慢。我是挣计件工资的。无论我怎样拼命工作，每天至少干8小时，最多才挣20美元。有什么办法呢？我们要交房租，还有吃饭和其他的开销。不出去打工就维持不了生计。我们确实很难适应这里的生活。
>
> 我来美国就是为了让我的子女能来。我一来到这里，

---

① 按1965年移民法修订案规定，未满21岁的子女可以随父母一同移民。未婚成年子女可以在父母取得永久居民身份（绿卡）两年之后由父母为其申请移民。

第七章 半边天：唐人街的女性移民

就马上为我的三个子女申请移民签证。他们来到这里不久后，我的丈夫就回中国教书去了。我留在这里照顾子女。现在我的子女全都大学毕业，成家立业了。我觉得我已经为他们尽了最大努力，现在是时候考虑回中国去，跟我先生共度晚年。①

李太太在1983年以第四类优先（美国公民的已婚子女）移民美国，与她母亲团聚。20世纪50年代末，李太太的母亲到美国与丈夫团聚，但那时李太太因为已经结婚而不能移民来美。当时她的子女还小，工作不错，生活虽然简单，但却很快活，因此并不想移民。岁月蹉跎，她经历了错综复杂的政治动乱。在60年代和70年代的文化大革命中，她和丈夫都被遣送到农村干校去接受"再教育"。虽然后来她和丈夫都恢复了名誉，但是，那些痛苦的经历改变了她对出国的看法。她开始考虑要出国，主要不是为自己，而是为了三个成年的子女。后来李太太的母亲担保她和丈夫以及未成年子女一起移民美国。即使在她丈夫回到中国后，李太太还是继续留在美国打工，尽一个母亲的义务。

梅女士所讲述的经历，反映出不少女性移民对尽家庭义务的感受：

> 我来自台山乡下。我丈夫回乡下跟我结婚，然后把

---

① 引自笔者1987年9月访谈记录（与上文的李太太是同一个人）。

唐人街

我带到这里。在我们村里，几乎每家都有亲戚在美国。大家叫那些从美国回来的亲戚"金山客"。有金山客的家庭往往喜欢炫耀自己有海外亲戚，他们经常收到海外寄来的钱，日子过得比别人好很多。

近些年来，这些金山客纷纷回乡下把妻子儿女全带到美国去了。我的很多朋友和同事都移民走了。他们很快就能帮助家人发财致富，也帮助他们的亲戚移民国外。于是，出国成了村里家家户户的热门话题。我也很想出国，因为这是我能够使家庭致富的唯一路子。但是，无论按任何一种优先类别，我都不够资格。就像很多女孩子一样，我决定为了出国而嫁出去。没想到整个过程居然很容易。通过一位亲戚牵线，我认识了一个金山客，只见过一面就嫁了给他。不到一年，我就移民到这里来了。

我认为结婚是很现实的事，家乡的男人和唐人街的男人都是能干活的好人。最大的不同是唐人街的男人在美国，挣钱要比乡下的男人多很多。而且，嫁到金山，我就可以帮助我的弟弟们出国。我从来就没指望跟丈夫有什么浪漫的关系。但我很感激我的丈夫。要是没有他，我就出不了国。

梅女士是四姐弟中的大姐。在移民美国以前，她在田里干农活，在家干家务，习惯了这种日出而作、日落而息的生活。直到20世纪70年代末，中美两国外交关系正常化，华人移民的家属开始从台山移民美国，她才开始考虑移民。梅女士

第七章 半边天：唐人街的女性移民

现在是郑太太了，已有两个孩子。她对自己的婚姻只有两个期望：一是要让自己的家庭生活有保障；二是帮助娘家的亲人移民来美国。她来到美国不久，就开始到外面打工。因为没什么文化，又不懂英语，她从没想过要到唐人街外面打工。她在一家衣厂找到一份车衣工作，从此跟缝纫机结缘。她每个星期至少工作50个小时，同时还要照顾两个年幼的孩子，料理家务。她的生活虽然忙碌，但对嫁到美国来感到很满意，她接着说：

> 我很少见到我丈夫，因为我们俩都在拼命打工。他在餐馆打工，跟我的打工时间不同。我们在唐人街过着很简朴的生活，其实我不一定非要出外打工的。但是，我想尽可能多干些活，攒点钱。我那时的薪水大约是每小时4.5美元，高于当时唐人街的平均工资，我感到很知足。我知道像我这样的女人，又没文化，又不懂英语，没法离开唐人街去打工。除了在制衣厂打工，没别的路子。我从来都没有太高的期望。我刚到美国时只有两个愿望：一是勤奋工作，帮助丈夫攒一笔钱来做生意。二是要把我父母和弟弟们办出国。[1]

梅女士的这两个愿望与许多华人女性移民的愿望不谋而合。她们觉得移民外国是对家庭尽义务的最好的路子。来到美国以后，为了实现美国梦，她们跟自己的丈夫一起，埋头打

---

[1] 引自笔者1988年4月访谈记录。

拼，无怨无悔。

许多华人女性移民把移民美国视为提高个人社会经济地位的一条有效途径。她们往往用她们过去的经历作为价值判断的参照。当年梅女士为了养家糊口，不得不在四年级时辍学，与其他妇女一起在田里干农活，一年挣不到125美元。跟那时的收入相比，她现在每小时的工资4.5美元，觉得简直是发财了[①]。如今，她真的如愿以偿了。她最近辞掉了衣厂的工作，与丈夫一起在布鲁克林区经营自己的快餐外卖店。她母亲和一个弟弟已经移民美国，另外两个弟弟也快要来了。梅女士看来很知足。在衣厂打工时，她并没有感到自己受到剥削压迫。相反，她认为辛勤打工是值得的。因为她可以为家庭的经济收入作出贡献。开办餐馆的本钱几乎有一半是她在衣厂车衣挣来的薪水。而且，她也完成了当女儿的义务，帮助娘家的人移民来美国。

从上述华人女性移民的经历中，可以得出以下几点启示：第一，移民美国以后，华人女性移民仍然囿于传统观念，被家庭义务所束缚。她们不但要对自己的家庭尽责，还要对娘家尽责。因此，女性移民在美国的经历与男性移民不尽相同。第二，对于女性移民来说，出外打工并非新鲜事。她们在移民以前就已经如此。她们的打工收入，尽管仍被看作次要的家庭收入补充，但实际上是必不可少的家庭收入来源之一。第三，女性移民的生活目的与其家庭紧密相连。她们在外面打工挣钱，

---

① 在唐人街，很多缺乏工作经验的工人每小时挣大约3美元的工资。

第七章 半边天：唐人街的女性移民

在家里无偿做家务劳动，这是在唐人街是司空见惯的向上社会流动的家庭策略。她们与丈夫和其他家人一起辛勤工作，为提高全家的社会经济地位而共同努力。

第二节 纽约的华人女性移民

华人女性移民对唐人街的影响

随着越来越多的妇女移民美国，唐人街逐渐改变了原来清一色男性的人口特征。如今，年轻的家庭比比皆是。20世纪40年代，纽约州的华人男性人数是女性的6倍。到了20世纪50年代，华人男性仍占大多数，几乎是女性人数的3倍。现在，男女比例基本平衡。根据美国移民局的统计数字，从1982年至1985年，移民美国的华人女性多于男性。从中国大陆和台湾来的移民，女性占53%，男性占47%；来自香港的则男女大约各占一半。事实上，从20世纪70年代中期中国对外开放至今，几乎每年都是女性移民人数超过男性移民。妇女不但占了新移民的多数，而且大多数（65%）女性移民处于20—59岁的就业年龄段（来自中国大陆［或内地］的移民有67%处于这个年龄段，来自香港的有50%，来自台湾的有68%）。在20世纪80年代，纽约的华人住户中有79%是家庭型住户，而华人家庭中有87%是夫妻型家庭（与之相对比，纽约全州的住户平均有70%是家庭型住户，78%是夫妻型家庭）。华人家庭的平均人口是3.73人，略高于纽约州家庭平均人口的3.3人。

唐 人 街

唐人街人口状况的急剧变化，对这个传统的单身汉社会造成了巨大的居住空间压力。唐人街的住房有限，加上年久失修，无法容纳不断涌进的新移民家庭。事实上，这块寸土寸金的弹丸之地，已经成了投资者和开发商竞争的战场，不再是新移民的主要居住区。结果是华人家庭散居到纽约市内的外围郡区，依靠地铁方便来往于唐人街。很多华人搬到皇后区的法拉盛、艾姆赫斯特、科罗纳、杰克森高地（Jackson Heights）、阿斯托利亚和雷哥公园，以及布鲁克林区的自治市公园、夫拉特布什、湾脊、公园坡、米德伍德、羊头湾和日落公园等地[1]。

近年来华人搬到唐人街以外居住，在一定程度上是由于大量女性移民的到来。陈先生讲述的两代人的经历，很好地说明了这个趋势。陈先生1967年跟随母亲从香港来到纽约唐人街与父亲团聚。他回忆起小时候的情形：

> 我父亲和两个单身汉工友一起，住在勿街上的一座没有电梯的老旧大楼中，就在第六层顶楼的一个小单元里，只有一间卧室，大概13平方码（大约相当于11平方米），只放得下三张单人床垫。厨房非常小，炉子旁边有一个浴缸，没有淋浴设备。如果有人洗澡，其他人只能留在卧室里，不能进出房间。
> 我当时还不到13岁。我和母亲来到以后，父亲的室友自愿搬到其他单身汉的房间，好让我们有个安身之地。

---

[1] 参见 NYCDCP, *Asians in New York City*, 1986, p. 7。

第七章　半边天：唐人街的女性移民

父亲弄来一张双层床，我们全家就挤在这个房间里。这似乎令人难以置信，不过我知道唐人街有很多移民家庭就是这样生活的。

为什么我们不搬到别处去住呢？那时候，没有多少华人住在唐人街以外。我们的英语不好，根本不知道搬到哪里。而且，住在华人社区外面有许多不便的地方。在唐人街，人人可以走路去上班，去买东西，日常生活很方便。而且，这座公寓受到政府的租金管制，房租很便宜，我们房间的租金每个月只要50美元。只要我们不搬走，房东就不能提高房租。反正我们在香港也习惯了这种拥挤的生活条件。我们住在唐人街，既省钱，又省时间。

现在，陈先生住在布鲁克林的湾脊区。当我问他为什么现在又从唐人街搬了出来，他回答说：

因为我太太来了。8年前我回广州去结婚。几个月后，太太就过来了。我很想在唐人街找个公寓，但实在找不到。我在唐人街看过几套公寓，马上就把我吓跑了，房租贵得离谱，像我父母住的那么小的一个单元，每个月租金竟要400美元，另外还要交至少4000美元的"钥匙钱"[①]。

[①] "钥匙钱"是房东在租房之前向房客索取一笔额外租金。民用房的钥匙钱一般可高达月租的10倍，大约在500—5,000美元。商用房的钥匙钱可高达两万美元，虽然非法，但在唐人街很盛行。因为唐人街的大多数楼宇都受政府租金管制，房东不可以任意加租。参见 Kwong, *The New Chinatown*, 1987, pp. 50-51。

唐人街

我有个朋友的亲戚住在湾脊,通过他的介绍,我租到这套相当不错的一卧室单元,每个月租金500美元。我和太太都在唐人街打工。每天为了往返上下班,我们都要花费很多时间和不少路费。唐人街里能住的地方会越来越少。新移民只能住在其他地方,别无选择。[①]

大批华人女性移民移居美国,对唐人街的聚居区族裔经济产生了两大影响:第一,由于女性移民人数的增加,大部分成年人能够与配偶生活在一起,形成了以家庭为中心的社会,扩大了族裔消费市场。有些华人的商品和服务在唐人街以外的主流经济中难以找到。因此,族裔消费经济作为受保护型行业而得以发展。第二,在纽约市经济结构调整的关键时期,妇女人数的增加为族裔劳动力市场提供了一大批低技能和廉价的劳动力,促进了华人服装加工业的快速发展,使之成为唐人街族裔经济外向型行业的支柱。因此,大量华人女性移民集中在服装加工业打工。根据人口普查数据,在1979年至少工作160个小时、收入500美元以上的华人女性移民中,55%以上在唐人街的衣厂打工[②]。

纽约华人女性移民的基本特征

表7-1显示了纽约州华人女性劳动力的一些基本特征。

[①] 引自笔者1988年5月访谈记录。
[②] 比较 Glenn, "Split Household, Small Producer, and Dual Wage Earner", 1983。

第七章　半边天：唐人街的女性移民

1980年，接近四分之三（74%）的纽约州华人女性在外国出生。从年龄分布看，超过一半的华人女性的年龄在25—64岁之间，年幼者和年长者的比例较小，5岁以下的只占7%，65岁或以上的占8%。平均而言，与纽约州的白人女性相比，华人女性更为年轻。华人妇女已婚比例高于白人妇女（华人为60%，白人为52%）；离婚或分居比例低于白人妇女（华人为3.2%，白人为7.9%）。华人妇女的教育水平显示出两个极端。一方面，她们当中文盲或半文盲占相当大的比例（华人21%，白人3%）；另一方面，她们当中具有高等教育程度的人多于白人妇女（华人21%，白人15%）。华人妇女的就业率相当高（华人59%，白人45%）；而华人女性移民的就业率更高。从职业分布来看，华人女性劳动力呈现职业隔离状况。她们不成比例地集中在半熟练或非技术劳工的岗位，对比白人妇女，华人妇女较少担任行政管理或经理。行政助理被公认为妇女占优势的职位，但是华人妇女在这些职位中所占的比例却比白人低。

表7-1　1080年纽约州华人女性劳动力特征：与非拉丁裔白人对比

	华人	白人
总人口数	71,365	7,323,204
外国出生人口（%）	74.2	12.7
年龄		
5岁以下（%）	6.9	5.4
5—24岁（%）	32.2	29.4
25—64岁（%）	53.1	49.0

续表

	华人	白人
65 岁以上（%）	7.8	16.2
中位数	30.2	35.0
婚姻状况		
15 岁以上人口	57,020	5,955,919
已婚（分居除外）（%）	59.5	52.0
未婚单身（%）	28.1	25.7
离婚或分居（%）	3.2	7.9
丧偶独居（%）	9.2	14.4
教育状况		
25 岁以上人口	43,529	4,774,050
小学教育或未受正规教育（%）	21.1	3.1
高中毕业（%）	51.8	67.8
4 年大学本科毕业以上（%）	21.0	15.4
劳动力状况		
16 岁以上人口	55,435	5,864,611
就业率（%）	59.0	44.6
失业率（%）	3.5	6.4
职业分类		
16 岁以上受雇人口	32,679	2,617,611
行政管理或经理（%）	18.6	25.0
专业技术人员（%）	3.7	2.9
销售人员（%）	6.4	11.1

第七章 半边天：唐人街的女性移民

续表

	华人	白人
行政助理及秘书（%）	19.2	35.7
商业、保安、家庭服务人员（%）	6.0	14.1
技术劳工（技师、维修工、工匠等）（%）	2.7	1.8
半熟练或非技术劳工（%）	43.2	9.0
农业工人（%）	0.2	0.4

资料来源：1980年美国人口普查数据。

由于缺乏按性别而分开进行统计的移民社会经济背景的数据，也没有女性移民在抵达移居国以前的社会经济背景的数据，因此，我们无从较为准确地知道华人妇女在移民美国以前的社会经济状况。但是，通过对多方收集的资料分析以及本人的田野调查和深度访谈，可以看到，已婚的成年女性移民大多数来自广东珠江三角洲一带的农村地区，即广府传统侨乡，其余则来自中国各地的大小城市，她们的社会经济背景千差万别。许多年龄在20—35岁之间年轻妇女通过结婚而移民美国，她们是1965年的移民法改革的直接受惠者。在中国大陆或内地，尤其是在广东珠江三角洲一带的农村，很早就有人移民海外，尤其是去美洲。许多通过结婚移民美国的年轻妇女把出国看成是提高自己和家庭社会经济地位的最有效途径。在20世纪70年代和80年代的唐人街，华人单身汉很难娶到华人为妻，他们往往要靠同乡或亲属关系回到家乡去找结婚对象。例如，上面提到的梅女士的丈夫郑先生，多年前和全家一起从香港移民美国，已经成为美国公民。他结婚的主要目的是要传宗接代。由于在美国很难找华人做妻子,他于是决定像许多唐人街的工友那样,从中国"进口"一个妻子。通过亲戚的帮助,他在台山乡下与梅女士相亲、结婚。几个月后他就把新婚妻子带到美国。

来自中国农村尤其是通过婚嫁移民的年轻妇女,大多文化程度较低,基本不懂英语,缺乏在现代化城市市场经济中的劳动技能。她们对自己没有太高的要求,往往是为了增加家庭收入而去打工。尽管她们开始时面临诸多不利的条件,她们往往比中年妇女或文化程度较高的妇女更容易适应新的环境。原因有三:第一,她们觉得美国的生活远远胜于在中国穷乡僻壤的生活。她们在出国以前就知道,如果她们像在中国乡下那样辛勤劳作,她们就能在金山挣大钱。所以她们很期望去做工挣钱,要么为了挣钱寄回给乡下娘家,要么为了自己的家庭增加收入。她们勤奋工作,争取能多攒一点钱。第二,她们早就习惯了出外做工。她们对唐人街族裔经济那些低收入、时间长和条件差的工作觉得没问题,因为她们本来在乡下就是干粗重的农活,收入寥寥无几。第三,她们文化虽低,缺乏技能,但是她们手脚勤快,很快就学会操作缝纫机所需的技能。初来乍到的移民劣势和不利条件,一方面使这些年轻妇女必须要依赖唐人街的族裔经济,另一方面,她们对与移居相关的社会压力和心理压力承受能力较强。

中年妇女是华人女性移民中的另一个重要组成部分。这些女性移民中,大部分已为人妻或为人之母,她们带着21岁以下的子女来美国与家人团聚。1943年美国废除了排华法案,1945年通过了《战争新娘法》(War Brides Act),使唐人街的

第七章　半边天：唐人街的女性移民

许多单身汉可以申请妻子移民美国。有些中年妇女本来可以早在20世纪40年代和50年代就申请来美，但因为要照顾家人、年幼子女，或年迈而无法移民的公公婆婆，她们推迟了移民美国的时间。这些妇女是最舍己为家的人。她们后来移民美国，完全是为了孩子，不是为了自己，也不是为了美国的自由和舒服生活。她们认为自己很难适应新的环境，很难学好英语，很难找到合适的工作。她们移民美国完全是为了子女的前途，让他们能在美国有较大的发展空间。她们不懂英语，身无技能，无年龄优势，难以顺利进入职场，职业选择十分有限。因此只能在唐人街打工。即使对于那些文化程度较高和有专业技能的妇女，由于种族歧视和性别歧视，她们的出路也大致如此。有些妇女则选择在家做家务，照顾儿孙。出外打工的中年妇女大都从事家政服务或在衣厂工作。虽然知道回中国生活是不可能了，她们的想法还是很中国式。她们对个人的社会经济发展前景没有什么过高的期望。

华人女性移民的另一个组成部分，是文化程度较高、有真才实学和有专业技能的妇女。在这些妇女中，很多人也是按亲属优先类别移民来美的。还有相当一部分人是来美国大学念书的学生，完成学业以后便决定留下。这些在美国受过教育的华人女性移民，往往不愿与唐人街为伍。她们更希望到主流经济中去找工作。相比之下，那些没有在美国受过教育的妇女，因为英语不好，没有合适的文凭和工作技能，因而大部分只能依赖于唐人街的族裔经济。与相同条件的男性移民相比，教育程度较高的职业女性移民在唐人街的族裔经济中处于不利地位，与她们的学历和专业相称的工作，大部分都是男人的天下。男性至上在聚居区族裔经济的劳动力市场中十分明显，性别歧视严重，好的工作往往轮不到女性移民，女性移民的人力资本似乎并不像男性那样在族裔经济中产生良好的收益和回报。因此，这部分职业女性移民往往比其他女性移民更加感到失意、失落和失望。

可是，对于部分有进取精神的女性移民，她们通过自己创业而取得成功。她们往往与丈夫齐心合力，为创建家庭生意而拼搏。在唐人街，女企业家多半与丈夫一起打拼创业。例如，谭太太在中国获得经济学学士学位，1983年到来美与丈夫团聚。由于她英语水平不高，难以在主流经济中找到工作。就像唐人街的许多妇女一样，她开始在嫂子开办的制衣厂里当车衣工人。经过几年埋头苦干，她和丈夫攒够了钱，在布鲁克林区开办了自己的衣厂。当我采访她时，她正在经营这家衣厂。她的丈夫则在经营他们在布鲁克林新开的一家便利店。华小姐年轻、事业心强、有文化，是唐人街另一个成功的移民女企业家，她在20世纪70年代中就开始做成衣贸易。她的目标不只是为多挣些钱，而是要证明唐人街也可以做出高品质的成衣。华小姐的运动服公司是唐人街数百家衣厂之一，在拉菲耶特街上，占有一层楼，雇佣了80多名华人女性移民。与众不同的是，她与时装大亨马蒂做生意。唐人街的华人从来不敢和马蒂打交道。华小姐生意兴隆，品质至上，在服装加工业内信誉卓著。作为一个女性，她对自己的创业精神和成功业绩极为自豪。

无论来自什么背景，唐人街的女性移民都有一个共同的特点，各自都以不同的方式扮演着多重角色：女儿、妻子、母

第七章 半边天：唐人街的女性移民

亲和打工者。作为移民，华人妇女像她们的男同胞一样承受着作为新移民的各种劣势——社会地位低下、学历不高、不懂英语、缺乏合适的工作经验和技能。除此以外，她们还受困于各种从小就被灌输的传统角色和职责。即使移民到了新的国度，她们发现唐人街虽然处于世界最先进的文明包围之中，却仍然保留着最传统的中华文化和价值观。然而，这些女性移民的特殊之处在于，她们有很强的工作责任感和家庭责任感。她们相信，只要一家人齐心合力，一定能在美国如愿以偿。女性移民的高就业率，说明她们很多走出家门出外打工。虽然她们有了经济收入，改变了她们在家里和社区中的地位。但是要在唐人街实现男女平等，仍然有一段漫长之路要走。她们虽然有打工收入，但在唐人街族裔经济中，她们往往只能从事低收入的工作。

第三节 华人女性移民的劳动力特征和人力资本回报

在纽约的华人移民劳动力中，女性几乎占了一半。表7-2对纽约大都市地区的华人男女移民劳动力进行了比较。1980年的人口统计资料显示，居住在纽约市内的华人女性移民，大多处于不利地位。虽然她们在婚姻状况、移民年数、归化为美国公民的百分比等方面与华人男性移民相差不大，但女性移民的文化程度较低，平均只上过11年学（男性移民平均上学时间为12年），其中只有26%受过高等教育（男性移民为32%）。她们的英语程度也较低，能说流利英语的妇女不到40%（男性移民为54%）。从职业的角度看，纽约市的华人女性移民大多从事低端的工作，接近60%是车衣工人。但是，居住在纽约市外的华人女性移民的情况要好很多。她们的学历相当不错，英语水平较高，虽然稍逊于华人男性移民，但远高于白人女性移民。因而她们从事较好职业的人数比例也比较大。

表7-2 1980年纽约大都会地区华人男性和女性移民劳动力特征

	纽约市内		纽约市外	
	女性移民	男性移民	女性移民	男性移民
抽样数（N）	846	1,011	224	385
已婚（%）	77.3	81.0	86.2	85.7
有两个子女以上的家庭（%）	62.2	—	48.7	—
1965年后抵达美国（%）	74.7	74.5	70.5	68.3
美国公民（%）	48.8	45.9	58.0	55.8
英文熟练程度良好或很好（%）	38.8	53.5	86.7	89.0
大专教育程度以上（%）	25.7	31.5	70.3	84.4
平均受教育年限	11.0	12.4	16.5	18.7
职业分类				
行政管理或专业技术人员（%）	12.6	22.3	47.3	76.2
行政助理或技术劳工（%）	23.4	17.4	29.0	9.0
销售或服务人员（%）	5.2	47.9	9.4	12.1
半熟练或非技术劳工（%）	58.8	12.4	14.3	2.7
平均每周工作时间（小时）	38.3	42.8	36.6	40.9
1979年平均收入	$7,812	$10,200	$11,065	$22,012

资料来源：1980年美国人口普查数据。

注：抽样只限于25—64岁之间、1979年工作至少160小时、收入至少500美元的劳动力人口。

第七章　半边天：唐人街的女性移民

无论在纽约市内或市外，华人女性移民大多从事全职工作。但是，华人男性和女性工人在个人收入方面存在着明显的差别。1979年，纽约市内华人女性平均个人收入为7,812美元，仅为男性工人收入的76%。这跟她们学历较低、英语较差和性别歧视有很大关系。然而，住在纽约市外的华人女性，尽管她们的人力资本较为雄厚，职业成就较高，但她们的收入却只有华人男性收入的一半左右。相对而言，住在市内的女性移民的境遇要更好一些。

教育、职业与收入的关系

华人女性移民的不利地位，似乎反映了她们普遍的人力资本不足。假如她们能有较高的教育水平，她们在劳动力市场上的情况又会如何？表7-3比较了华人女性和非拉丁裔白人女性，显示了教育与收入之间的关系。在美国出生、具有相当于高中学历的华人女性的收入，要高于白人女性。而具有大学学历的华人女性的收入，与白人女性相似。

表7-3　1979年纽约市女性劳动力的教育与收入的关系：以出生地和族裔身份分类

种族	小学教育	比例[1]	高中教育	比例[1]	大学教育	比例[1]
美国出生的白人	$8,978	100.0	$10,695	100.0	$15,559	100.0
美国出生的华人	$4,122	45.9	$11,464	107.2	$15,528	99.8
外国出生的白人	$7,864	100.0	$9,923	100.0	$14,498	100.0
外国出生的华人	$5,741	73.0	$7,215	72.7	$13,142	90.6

资料来源：1980年美国人口普查数据。

注：抽样只限于25—64岁之间、1979年工作至少160小时、收入至少500美元的劳动力人口。

1　女性华人年收入相当于女性白人对等收入的百分比。

表 7-4　1979 年纽约市女性劳动力的职业与收入的关系：
以出生地和族裔身份分类

种族	蓝领劳工	白领服务人员	白领专业技术人员	行政管理人员
美国出生白人	$7,765	$11,661	$15,682	$18,145
美国出生华人	$2,705	$11,071	$18,918	$13,812
女性华人年收入相当于女性白人对等收入的百分比	34.8	94.9	120.6	76.1
外国出生白人	$6,961	$10,059	$15,593	$17,513
外国出生华人	$5,363	$9,321	$15,354	$15,328
女性华人年收入相当于女性白人对等收入的百分比	77.0	92.7	98.5	87.5

资料来源：1980 年美国人口普查数据。

注：抽样只限于 25—64 岁之间、1979 年工作至少 160 小时、收入至少 500 美元的劳动力人口。

教育回报率较低的华人女性，大多从事收入较低的职业。根据 1980 年的人口普查数据，在美国出生的华人女性中，几乎有半数从事高级白领职业（华人为 49%；白人为 37%）。然而，华人女性移民的情况则不是太好，她们中只有 15% 从事高级职业，一半以上的女性则集中在族裔聚居区经济中干低薪粗活。表 7-4 说明了职业与收入之间的关系。在白领专业技术职业中，美国本土出生的华人女性的情况要比白人好很多，但在其他职业则逊于白人女性。华人女性移民在白领专业技术职业中的收入与白人差不多，但在其他职业中则逊于白人女性。

第七章 半边天：唐人街的女性移民

聚居区族裔经济的女性移民雇员的人力资本回报

唐人街族裔经济的重要组成部分是女性移民，大部分华人女性移民参与聚居区族裔经济的劳动力市场。族裔经济看上去似乎是在利用女性移民，但实际上却为这些女性移民创造了就业机会。否则她们可能找不到工作，或者不得不返回家乡。这里要探讨的具体问题是，女性移民参与聚居区族裔经济，是否也像男性同胞一样从人力资本中获得收益，获得显著的人力资本回报？

为了便于比较，我把用于分析华人男性移民雇员人力资本收入和职业回报的多元回归模型同样应用于分析华人女性移民雇员[①]。我根据聚居区族裔经济的三个操作定义，即居住地点、工作地点和行业类别（详见第六章），对聚居区族裔经济以内和以外就业的女性移民雇员分别进行了分析。对于华人女性移民雇员，基于这三个操作定义的回归分析结果与分析男性移民雇员的结果相同。1980年，大约67%的华人女性工人在纽约市内居住和工作，21%在纽约市郊居住和工作。只有一小部分人住在市内而在市郊工作，或住在市郊而在市内工作的。在市内居住和工作的华人女性移民中，68%在聚居区族裔经济中就业。

[①] 有关回归分析模型的具体细节，参见第六章；详见 Zhou, *The Enclave Economy and Immigrant Incorporation in New York City's Chinatown,* 1989, pp. 149-152; Zhou and Logan, "Returns on Human Capital in Ethnic Enclaves", 1989, pp. 815-818。

华人女性移民集中在聚居区族裔经济的各行各业，特别是服装加工业。纽约市将近70%的女性移民工人在聚居区族裔经济的各个行业工作。其中85%是车衣工人。表7-5列出了纽约市制衣业以及唐人街族裔经济以外各行业的华人女性移民雇员的人力资本收入回报的回归分析结果。在纽约市服装加工业工作的华人女性移民中，对她们收入影响最大的因素是工作时间和职业。同样，受雇于族裔经济以外的女性移民中，对收入影响最大的因素也是工作时间和职业。这些结果令人惊讶，因为完全看不到人力资本的影响：劳动力市场经验、教育程度、英语水平和公民身份等等，都没有任何明显的影响。根据居住地点和工作地点的定义来进行分析也呈现出同样的结果。

但是，预测职业回报的多元回归分析的结果却大不相同[1]。虽然没有任何人力资本的指标显示对在聚居区族裔经济就业的华人女性移民雇员的收入有明显的影响，但如果用职业声望指数来测量职业成就（见第199页注释①），就可以看到有明显的影响[2]。无论是用居住地点、工作地点还是行业类别来定义族裔聚居区经济，大学学历和英语水平都对提高职业声望有明显的正向影响，在聚居区族裔经济以内和以外都是如此。

---

① 参见 Zhou, "Returns on Human Capital in Ethnic Enclaves", 1989, pp. 152-153。
② 参见 NORC, *General Social Surveys*, 1988。

第七章 半边天:唐人街的女性移民

表 7-5 预测人力资本收入回报的回归分析:1979 年纽约市华人女性移民雇员

	服装加工业 (B[1])	非族裔经济 (B[1])
截距系数	4.304**	6.542**
劳动力市场工作经验	.017	−.002
劳动力市场工作经验(平方)	−.0228[2]	−.052[2]
小学教育程度	.008	−.031
高中教育程度	.8432	.018
大学教育程度	.005	.759[2]
英语熟练程度良好或很好	.026	.136
美国公民	.072	.025
在 1975—1979 年之间抵达美国	−.160*	−.220*
在 1965—1974 年之间抵达美国	.031	−.087
已婚	.030	−.027
生育力	−.013	−.006
1979 年工作总小时量(对数)	.595**	.448**
销售人员、行政助理、技术劳工	−.326	−.365**
商业、保安、家庭服务人员	−.786*	−.497**
半熟练或非技术劳工	−.584*	−.743*
R 方	.348	.331
抽样数(N)	496	262

资料来源:1980 年美国人口普查数据。

注:抽样只限于 25 岁至 64 岁之间、1979 年工作至少 160 小时、收入至少 500 美元的劳动力人口。

1 非标准化回归系数。
2 小数点右移了 3 位。
* 显著值小于 .05(单尾检验);** 显著值小于 .01(单尾检验)。

收入回报和职业回报的回归分析结果不一致，说明人力资本回报不仅受性别因素的影响，也有更为复杂的、回归模型尚未考虑到的深层原因。一般来说，职业成就与收入一样，与人力资本的关系呈正相关。如果人力资本没有带来显著的收入回报，正如在聚居区族裔经济中就业的华人女性移民雇员那样，照道理应该也不会带来职业成就的回报。然而，我发现在纽约，对于聚居区族裔经济以内就业的华人女性移民，人力资本投资没有获得收入回报，但同样的人力资本却有助于她们获得更高的职业声望。上述的结果与这些女性移民的个人社会经济特征没有明显关系：她们的教育程度不是一律的偏低，也不是清一色的兼职工人。

为什么华人女性移民的收入与她们的工作经验、教育程度、英语水平和美国公民身份无关？在唐人街，华人女工面临两种劣势。首先，与男同胞一样，这是由于她们的移民身份所带来一系列不利因素。第二个是由于唐人街传统文化导致的障碍：不同的性别而带来的职业隔离（尤其是在制衣业），以及传统的女儿、妻子、母亲和工人的多重角色。以下根据有关制衣业女性移民的人口普查资料和实地调查数据，对这个问题进行更为深入的探索。

第四节　唐人街的车衣工人

当纽约市的制造业萎缩衰退之时，唐人街的制衣业却崛起发展。根据国际女服车衣工会和纽约女裙和运动服协会的报

第七章　半边天：唐人街的女性移民

告，1969年在豪斯顿街以南和百老汇以东的市中心工业区，大约有五万八千个制造业就业岗位。但在1980年，制造业就业人数缩减至四万五千人。纽约曾经是除了服装加工业以外的制造业重镇，制造业岗位突然下降了40%以上。服装加工业的就业岗位也急剧下降，从四万个降至两万五千个。但是，唐人街制衣业的就业岗位却增长了一倍多，从八千个增长到一万六千个[①]。

唐人街制衣业的兴起，主要的起因是新一波的移民潮。移民潮不仅带来了大量的廉价女性劳动力，也吸引了一大批愿意投资和经营制衣业的企业家和创业者。此外，制造业的衰落留下了许多制衣业可以利用的空置厂房。在1975—1980年期间，华人经营的衣厂数量以平均每年36家的速度增长，在1980年达到高峰，有430家。那一年，曼哈顿女服加工行业的工作岗位有三分之一集中在唐人街。至于其他制造业的工作岗位，唐人街所占的份额也很大[②]。结果，唐人街的制衣业已经发展成为聚居区族裔经济的两大支柱产业之一（餐饮业是另一大支柱产业）。华人女性移民在族裔经济发展中发挥了至关重要的作用。

从移民身份来看，女工与男工无异：大多是英语水平低、缺乏适用的工作经验和劳动技能，以及对主流经济劳动力市场的就业信息知之甚少。她们不得不在唐人街从事低工资、长工时和粗重的工作。然而，作为女性，她们在新的国度中要面

[①] 参见 Bailey and Waldinger, *A Human Resource Development Strategy for the New York City Garment Industry*, 1987; ILGWU, *The Chinatown Garment Industry Study*, 1983, pp. 43-49; Waldinger, *Tattered and Torn*, 1990。

[②] 参见 ILGWU, *The Chinatown Garment Industry Study*, 1983, p. 44。

对比男同胞更多的障碍：唐人街内外的性别歧视；女性作为女儿、妻子和母亲所要承担的多重传统职责；中华传统文化中否定女性受教育的平等机会；以及作为妻子在传统家庭里的依附地位。这使女性移民几乎只剩下一种选择——在唐人街衣厂打工。

大量女性涌入唐人街的族裔经济劳动力市场，加剧了挥之不去的性别分工状况，几乎把整个制衣业变成了女性的职业。在唐人街的制衣业，80%以上的华人移民工人是女性。表7-6列出了1986年纽约市制衣业女性移民工人的状况。与该行业所有女性移民工人相比，大部分华人已婚并有孩子（86%已婚，78%至少有两个孩子）。她们移民美国的时间不长（86%在1965年后抵达美国）。其中约41%归化为美国公民。此外，她们的人力资本相对较低。大部分人教育程度低（平均上学年限只有8年）；她们中只有少数人（2.4%）受过大学教育，基本不懂英语（英语熟练程度良好的人不到15%）。但她们大部分人都是全职工作（在1979年她们平均每周工作39小时）。制衣业中95%的华人女性移民是车衣工人。

华人女性移民车衣工人的工资极低。她们在1979年的平均年薪仅为5000多美元，平均每小时工资仅为2.80美元，远低于法定的最低工资（也可能很多工人有意少报她们的收入）。我对车衣工人的观察和采访发现，大部分衣厂都是按照工人的经验和车衣熟练程度来设定小时工资。对于新手来说，工薪会低于或接近法定最低工资。对于熟练工人，每小时的薪水为4美元至5.5美元，高于法定最低工资。许多在衣厂干杂活的工人（如搞清洁、剪线头、包装等），大部分是年纪较大的女性

第七章 半边天：唐人街的女性移民

（也有年纪大的男工），每小时的工薪在 2.5 美元到 3 美元之间。

表 7-6　1980 年纽约市服装加工业女性移民劳动力特征

	华人女性移民	全市女性移民
抽样数（N）	496	4,244
年龄中位数	45.0	45.3
已婚（%）	86.1	60.6
有两个子女以上的家庭（%）	78.4	58.1
1965 年后抵达美国（%）	86.0	38.0
美国公民（%）	41.3	67.1
英文熟练程度良好或很好（%）	13.5	39.1
高中毕业（%）	34.5	40.5
大专教育（%）	2.4	9.2
平均受教育年限	8.2	11.2
半熟练或非技术劳工（%）	94.6	73.1
平均每周工作时长	38.8	36.9
1979 年平均收入	$5,321	$7,509
平均家庭年收入	$17,152	$17,325

资料来源：1980 年美国人口普查数据。

注：抽样只限于 25 岁至 64 岁之间、1979 年工作至少 160 小时、收入至少 500 美元的劳动力人口。

为什么华人女性移民会如此高度集中于制衣业？有些人可能会认为，女性特别擅长做某些工作，这些工作因此被称为女性干的工作。社会上总是理所当然地认为根据男女性别分工是很自然的，应该对女性有利。但现实的情况是，被认为是女性干的活，总是那些低薪水、低技能和地位低下的活，而高薪的技术活往往留给男性[1]。制衣业传统上被认为是女性的工作，因为在劳动力市场上存在着僵化的性别分工。早在华人进入之前，制衣业一直依靠大量来自欧洲的廉价女性移民劳工，如犹太人、意大利人、希腊人移民群体的支撑。如今，随着欧洲裔移民逐渐被美国主流所接受，欧洲移民数量减少，该行业已被新的移民群体，尤其是华人和拉丁裔移民接手。

一般人都会认为，车衣工和洗衣工是女性特别擅长的工作。然而，在历史上，男性在不久以前也曾经做过这些工作。外套和西装行业在二战前后曾依靠欧裔男性移民，过去很多华人男性移民也曾经从事过洗衣业。那为什么按性别来进行分工变得如此死板僵化？这并非因为女性或男性拥有某些与性别有关的特殊技能，而是因为当代劳动力市场的职业与女性的从属社会地位有关。

无论是男性或女性，移民都有过因为种族或不同文化而被视为低人一等的经历。这种遭遇把他们局限在只能从事某些类型的工作，强化了他们作为打工者的劣势。对于女性移民来说，移民的劣势更为突出，因为女性在性别上就处于从属的社会地位。因此，女性无论来自何方，无论是否在劳动力市场就业，是否已婚或有否年幼子女，她在生活中的主要角色，并非

---

[1] 参见 Blau and Ferber, *The Economics of Women, Men, and Work*, 1986, p. 164; Stone, "Motherhood and Waged Work", 1983, p. 46。

第七章 半边天：唐人街的女性移民

外出打工挣钱养家的一家之主，而首先是妻子和母亲。这种传统观念不断地重复和强化，便催生了低薪、低技能的女性工作岗位[1]。

对女性角色的偏见，其负面影响也可以从另一个角度来理解。女性局限在低工资和劳动密集型行业，意味着女性之所以能从事这些工作，是因为她们的有薪工作只是"次要"的收入或是一种"补贴"。她们的角色仍然是实际的或潜在的妻子和母亲，在经济上和社会上，她们仍然必须依靠男性来挣钱养家[2]。

在唐人街，大量的女性移民主要从事制衣业，男性则集中在餐饮业。这种按性别来划分工作，与女性的传统角色密切相关。首先，作为主要挣钱养家的人，男人应该有一份稳定的全职工作。但作为妻子和母亲，女性的主要角色应该是贤妻良母。是否有一份稳定的工作，并不是她的主要责任。唐人街的餐饮业相对比较稳定，是族裔经济受保护型行业，基本上一年到头都有本族裔消费者市场的支撑。相比之下，唐人街的制衣业具有很强的季节性波动，极不稳定。由于劳动力成本的上升，很多服装生产和加工商，尤其是标准化的成衣需求，已经转移到第三世界，如东南亚，特别是香港、台湾地区，甚至大陆（或内地）了，因为那里的劳动力成本较低。纽约的制衣业只保留了一些应付临时下单的、非标准化的、易受瞬息万变的时尚变化影响的那部分订单。这部分的需求难以预测。唐人街

---

[1] 参见 Phizacklea, *One-Way Ticket*, 1983, p. 2。

[2] 参见 Phizacklea, *One-Way Ticket*, 1983, p. 5。

的服装加工订单，大部分是价格低廉的女装运动服，以及为了填补商家突如其来的大批量订单的潮流时装[1]。这些都是那些为适应市场需求而最后才下单的、难以预测的订单。由于其不确定性和不可预测性，唐人街的制衣业具有很强的季节性。

制衣业与相对比较独立的餐饮业不同，属于聚居区族裔经济的外向型行业，在很大程度上取决于主流消费市场的波动需求，也取决于主流经济服装制造商的生产决策和销售决策。由于无法控制消费市场和生产需求，唐人街的制衣业很容易受到来自国外的低价标准化生产线厂商的竞争挤压，以及受到市场变化的影响。每当需求疲软时，唐人街的订单就会减少，因而很多工人就会被解雇。因此，作为一家之主的男人，往往会去做相对稳定的餐饮工作，把制衣业的工作留给女性。我对一个餐馆侍应生的采访，证实了这个观点。当被问到是否愿意在制衣厂工作时，他回答说："不，我不想在制衣厂工作。你知道，在唐人街，制衣厂的活是女人干的。一个人干女人活的人，怎么能够维持一家人的生活呢？我还要养几个孩子。如果工厂没有足够的订单，我被炒掉了，那我一家人怎么办呢？"[2] 这个侍应生显然是想说，男人是赚钱养家的人，不会在制衣厂打工。所以男性工人不愿意进入那些"血汗工厂"工作。

---

[1] 参见 ILGWU, *The Chinatown Garment Industry Study,* 1983，p. 34; Sassen-Koob, "Notes on the Incorporation of Third World Women into Wage Labor through Immigration and Off-shore Production", 1984; Weiner and Green, "A Stitch in Our Times", 1984。

[2] 引自笔者 1988 年 5 月访谈记录。

第七章　半边天：唐人街的女性移民

女性大量涌入制衣业的另一个原因是，无论她们是否有劳动力市场的工作经验，都可以在唐人街族裔经济里找到全职或兼职的工作。虽然大部分妇女在移民前从来没做过车衣工，但这些活并不需要太多的技能，她们在工作中边干边学。在很短的时间内，很多人都成了熟练的车衣工。

车衣工的平均工资通常低于餐馆侍应生的工资和小费。唐人街的制衣业竞争很激烈。为了在竞争中生存，华人制衣承包商不得不用低价来争取订单，通过压低工资来赚取微薄利润。1979年，有一半的车衣工人的年收入低于5,000美元。至于男性，大约42%的男性在餐饮业打工，其中70%以上当餐馆侍应生。1979年，男性餐馆工人的平均年收入比女性车衣工人多1,200美元。车衣业的男性平均比女性多挣2,000美元。

此外，由于女性仍然对家务承担全部责任，在职的妻子或母亲往往喜欢找能让她们有时间做家务和照料孩子的工作。因此她们不适合、也不愿意在餐馆打工，因为餐馆工有严格的工作时间，尤其是要上夜班。车衣工作不需要按固定的上下班。许多华人制衣承包商为工人提供灵活的工作时间和方便的工作地点，作为对低薪的一种补偿。工人可以在白天请假去学校接送孩子或哺育婴儿。他们甚至可以把婴儿和幼童带进车间。

尽管唐人街的商业用地越来越紧张，加上租金上涨，华人居民散居别处，但是大部分衣厂仍然建在唐人街和周边地区。主要的原因是唐人街有大量廉价的女性移民劳动力。许多车衣工人就住在唐人街，可以走路上下班。即使是住在皇后区或布鲁克林的工人，仍然喜欢回到唐人街工作，因为她们可以在下

唐 人 街

班回家的路上，顺便采购和买菜，或买些熟食捎带回家。那些在唐人街外和外围郡区衣厂干活的女工，就没有这种便利了，因为她们仍然要回到唐人街采购，所以要花更多的时间才能到家。因此，许多女性移民乘坐地铁到唐人街，找适合她们干的工作。即使她们的家搬出了唐人街，她们也仍然要继续工作，因为要实现买房子或自己创业的目标，她们的收入对于整个家庭来说必不可少。

如果家搬到离唐人街制衣中心越远的地方，女工上班的路途就越长，她们在履行所有预期的角色时的压力就越大。下面的例子反映了这些车衣工人忙碌的日常生活。周太太是我的访谈对象之一，她是个新移民，带着一个四岁的女儿和一个18个月大的儿子，住在皇后区伍德赛德。她在曼哈顿唐人街的一家衣厂打工。她的丈夫在布朗士区的一家餐馆当侍应生。他们的工作时间不同，很少有时间在一起。

周太太每天早上5点起床，为孩子们准备早餐。6点30分，当她带着两个孩子出门时，她丈夫还在睡觉。她在地铁上喂孩子。下了地铁，她把大女儿送到唐人街日托中心，把小儿子留在离工厂不远的保姆家。她8点开始上班，下午5点下班。她在午休时间跑去看小儿子。下班以后，她赶紧去附近买些现成的食物和杂货。然后去接孩子们。三个人晚上7点多才回到家。然后她为孩子和自己准备晚餐。8点30分，她给孩子们洗澡，让他们上床睡觉。她在晚上9点30分左右上床睡觉，而她丈夫仍在餐馆工作。

周太太每周工作大约35—40小时。但由于工厂订单不足，

第七章　半边天：唐人街的女性移民

每年会失业大约三个月。平日上班期间，她可以抽出时间去保姆家看孩子。当孩子们生病时，她可以休息一两天，或者把衣料带回家里做。她想尽可能多干活多挣钱，这样他们夫妻俩就可以攒钱开一家小商店。因为有两个年幼孩子，加上丈夫的工作时间很长，她只能干一份时间灵活的工作。当我问她对工作有什么感受时，她说："我的生活很忙，但我很高兴和厂里其他女工在一起工作，为家里挣钱。虽然我一半以上的工资都要花在孩子们身上。但我还能有三分之一左右的积蓄。在失业的时候，我有干不完的家务活，感觉比上班的时候还要忙。有时候我在家里待太久了，见不到我的工友，我会很不开心。"[①]

许多住在唐人街的女工，可以同时高效率地兼顾工作和家庭，因为她们可以节省至少两个小时上下班的时间。她们因此能够比周太太多些打工的时间。但周太太的经历说明，无论女性是否有工作，无论她们每天花多少时间在上下班的路上，大部分的家务事和照顾子女都是她们分内的事。

唐人街的车衣工人，必须要靠家人和唐人街里的亲戚朋友帮忙照看孩子。大部分车衣工人都是有年幼子女的母亲，她们疲于奔命，既要工作，又要兼顾家务、采购、做饭和找保姆带孩子。对于大部分的全职女工来说，照料年幼孩子是个特别棘手的问题。1988年，唐人街的车衣工人只有一个政府补贴的日托中心和几个政府和一些社区非营利组织赞助的家庭日托服务中心。关小姐是工会积极分子，她说："很多身为母亲的女工无

[①] 引自笔者1988年5月访谈记录。

唐 人 街

法相信,当她们上班时,会找不到人照顾她们的孩子。"在中国,很多工作单位都为自己的员工提供日托服务,有些母亲也可以把孩子交给祖父祖母带。在唐人街,只有很少数的年轻妈妈可以有父母在身边照看孩子,其余的工人则不得不带着年幼的孩子去上班,或者花钱请保姆照看。"纽约市唐人街的日托中心在克里士提街115号,这个中心由国际女服车衣工会,上衣、裙子和内衣加工业协会,制衣厂商以及纽约市儿童发展署和纽约市人力资源管理局等机构的通力合作,在1983年开办。中心可接收大约80名儿童,总是满员。所有报名的都是车衣工人的小孩,从两岁半到五岁不等。这些孩子的母亲通过抽签,从在唐人街衣厂打工的大约两万名国际女服车衣工会成员的家庭中遴选出来。除了日托中心,还有几个政府和社区资助的家庭日托服务,帮助这些车衣女工。20世纪80年代末期,低收入家庭得到补贴,每个孩子每周的日托费用从8美元到10美元不等。然而,政府补助和有补贴的日托服务,都难以满足车衣女工的迫切需求。很多女工不得不求助于家庭或私人开办的日托服务来解决这个问题。在唐人街,许多年长的退休妇女照料她们的孙子孙女,按照传统观念,这是她们应该做的。唐人街的女工通常通过亲属关系网络来找保姆,保姆无须通过登广告来找工作。此外,也有一些母亲选择不去工作,留在家里照顾孩子。这些妇女中不少人除了带自己的孩子以外,通常还会照料其他两三个孩子,既挣点外快,也可以为自己的孩子找几个玩伴。张太太是其中一个很幸运的人。1988年当我采访她时,她把自己的两个孩子,一个两岁半,另一个

第七章　半边天：唐人街的女性移民

八个月，交给她自己父母照顾。她在一年前帮助父母移民到美国。她告诉我：

> 幸亏有我父母，我的孩子不用去找那些没什么经验的保姆，我可以不用操心，安心去工作。我很幸运，因为我的父母愿意帮助我。有些父母宁愿去工作，也不愿意照看孩子。
>
> 这样的安排很理想。我每个月给我父母800美元，然后把孩子留在他们的公寓里。我只在周末把孩子带回家。钱倒不是大问题。怎么说我也要给我父母一些零用钱的。不同的是，有我父母照顾，我的孩子肯定都会很好。我在工作时也不会感到内疚不安。我父母同时也在照顾另外两个小宝宝，这样他们自己也可以多挣一点钱。[①]

在1988年，唐人街一些移民家庭提供的私人日托服务，每天收费14至20美元，服务可靠，时间灵活。这些私人的日托中心是解决儿童入托难的有效措施。全职妈妈通常要把一半的工资花在育儿费用上。她们还需要得到老板的支持，同意让她们大一点的小孩到衣厂车间里等妈妈下班。年幼的孩子可以全天放在私人的日托中心，但大一些的孩子放学比较早。妈妈们通常在上班前把孩子送到学校。如果孩子们在唐人街上学，他们可以走路到衣厂，坐在缝纫机旁，看着他们的母亲工作。大一点的孩子有时还会帮他们的母亲把车好的衣服挂起来、转

[①] 引自笔者1989年1月访谈记录。

动皮带或把要缝制的衣服准备好。但年幼的孩子通常只是坐在旁边等候[1]。如果孩子们不在唐人街上学,母亲们就必须要安排接送,或者把小孩送到学校的课后托儿服务。

　　唐人街制衣业利用华人女性移民愿意接受低薪的有利条件而兴旺发展。但行业内的激烈竞争,也导致了恶劣的工作条件。在唐人街,越来越多的制衣厂存在许多火灾和安全隐患,他们支付的工资也低于州政府规定的最低标准。在过去的十年中,美国劳工部曾经多次突击搜查和起诉一些唐人街衣厂[2]。但是,这些行动对于那些有意压低工人薪水、向工人支付账本外工资的衣厂老板来说,都是小菜一碟,毫无震慑力。对这些雇主而言,正如亚美法律与教育基金会的律师冯女士所指出的那样,罚款和关闭工厂等行为,只是被认为是正常的经营成本。大部分工厂老板很快就会重新设厂开业。他们知道劳工处官员在新闻发布会以后,通常不会很快再来检查。冯女士认为,许多唐人街的社团领袖也同样认为,这种对华人衣业的突然袭击检查,只会伤害华人车衣工人[3]。这些人大部分是文化程度低、职业选择不多的贫困移民女性。她们很多人心甘情愿地干低工资、工作时间长、没有加班费的工作,她们只求有些收入,可以养活自己和补贴家庭。这些女工在政府的突袭检查以后会失去工作。然后,她们不会去指责违法的雇主,反而会批评政府

---

[1] 参见 Sung, *The Adjustment Experience of Chinese Immigrant Children in New York City,* 1987, p. 86。

[2] 引自《纽约时报》, October 19, 1979, II;《纽约时报》, April 25, 1981。

[3] 引自《纽约时报》, May 5, 1981。

第七章 半边天：唐人街的女性移民

剥夺了她们的生计。这些女工不是对自己的权利一无所知，而是对自己失去工作的后果有不同的看法。于是她们会到其他也在做类似违法行为的衣厂去打工。在当今的唐人街，制衣业为女性移民提供了工作机会，否则她们很可能找不到工作。结果，有五分之三的女工是低薪的车衣工人。

当被问到在唐人街打工的利弊时，很多女性的回答跟吴太太一样。吴太太是新移民，从台山乡下移民来跟丈夫团聚。吴太太是为了经济目的而通过结婚移民美国的女性之一，结婚前对她的未婚夫了解甚少。她只上过三年学，不懂英语，没有职业技能，但她很愿意去工作挣钱。来到美国后的第二天，她通过另一位在衣厂打工的亲戚，在一家衣厂找到了工作。当我问她对工作时间很长是否感到困扰时，她说：

> 我根本就不觉得困扰，我还想要再多干些活呢。我是个半文盲的乡下女子。除了能劳动，我什么都没有。只要有份工打，我就很满足了，因为我有机会挣钱了。我在这里是计件领薪水的，每个小时平均可以挣到3美元。很多工友挣得比我要多，有的人每小时挣5美元。一周下来，我可以拿到大约180至200美元回家（工作60个小时）。如果我是为老番（洋人）打工，扣掉税以后，我只能到手140美元，而且不让加班。你想，我在周末那两天能干啥呢？我自己连走出唐人街都不敢。[①]

[①] 引自笔者1988年4月访谈记录。

唐 人 街

从表面上看，制衣业似乎残酷剥削女工。但如果按照制衣女工们的看法，干这行是她们唯一的机会。她们对自己有份工作，无论做什么，似乎都感到满意。正如陈太太所说："如果没有唐人街的制衣业，我就只能返回乡下了。"[①] 女性移民心甘情愿地接受恶劣的工作条件和低薪，这无疑是一个问题。因为这会对在聚居区族裔经济就业的其他工人造成压力，降低她们对工作条件和薪水的合理要求。然而，对于这些女性来说，找到一份工作与获得公平的薪金酬劳，这是两个不同的问题。她们更在意的是有一份工作，可以帮补他们的家人提高生活水平，很少去考虑自身的权益。有些人会认为，女性去做一份低收入工作没问题，因为她们只是想挣点零花钱，她们的丈夫在支撑着整个家。也有些人会认为，女性的工作和收入可以改变对女性不公平的传统家庭观念和行为规范。唐人街的现实是，女性参加工作，是出于经济的需要。她们的收入和丈夫的收入，都是家庭收入必不可少的一部分。然而，她们的工作和收入似乎并没有改变约束她们的传统家庭观念和行为规范。在主流经济中，非拉丁裔白人职业女性的情况也是如此。即使在有工作有收入以后，社会对女性作为妻子和母亲责任的看法并没有太大的改变。相反，这种观念阻碍了女性寻找高薪的工作机会[②]。因此，男女权利平等的愿望，仍然与移居美国以前一样遥不可及。然而，对于提高家庭的社会地位和向上社会流动，女性的

---

① 引自笔者 1988 年 4 月访谈记录。

② 参见 Huber and Spitze, *Sex Stratification,* 1983, p. 166。

第七章　半边天：唐人街的女性移民

作用必不可少。但对于唐人街的女工们来说，她们暂时还没有意识到这一点。

第五节　小结

多元回归分析的结果显示，聚居区族裔经济内就业的男性移民工人的教育、工作经验和英语水平等变量与收入呈显著的正向关系。然而，用同样的统计模型，这些人力资本的变量与唐人街的女工的收入却没有呈现显著的正相关。这个不一致的性别结果有两种解释。从个人层面来看，聚居区族裔经济劳动力市场比主流经济似乎存在着更为严重的性别歧视，更残酷地剥削女工。然而，华人女性个体受制于家庭和族裔社会网络，这些社会网络则建立在社会关系和文化价值观的结构之中。她们在聚居区族裔经济中并非被动受压迫，而是为了家庭社会地位的提高而积极奋斗。

我的田野调研数据有力地支持后一种观点。华人移民家庭的社会经济收益，在移民自己的眼光里，衡量的标准是拥有自己的房子、自己做老板以及对子女的教育投资等方面，对于他们来说，这些就是他们辛勤工作的回报。社会对大部分女性移民工人的期望是既要有收入，又不能影响履行家庭义务。她们自己也是希望如此。按计件工资的缝纫制衣活很符合这些要求。因为工作时间灵活，即使按件计工车衣的工资很低，女工们只要手脚快些，工时长些，就可以挣更多的钱。许多四五十岁才移居美国的中年女性，并不打算长期打工。她们的目的不是要发展自己的事业，而是马上能为家庭解忧，带来收入，为下一代人着想。对于很多从前在中国从事专业技术职业的女性移民来说，也是如此。因此，她们通常珍惜唐人街所提供的工作机会。

在聚居区族裔经济中，薪酬较高的工作往往都是男性工人干的。唐人街的男性至上传统观念使族裔经济劳动力市场中的性别歧视显得更为严重。然而，女工的人力资本有助于她们获得更高的职业声望，因为聚居区族裔经济对女工的职业声望指数的影响与主流经济基本相同。在族裔经济中担任行政管理工作的女性，她们的收入可能与在主流经济中担任类似工作的女性不同，但两者的职业声望指数并没有太大差别。在这方面，教育程度和英语水平可以成为女性移民工人的资本。即使女性移民只是局限在聚居区族裔经济内工作，她们仍然可以利用过去的人力资本来实现相似的职业回报。中华文化的价值观首先看重的不是个人成就，而是家庭和社区的福祉。女性参加工作是改善家庭社会经济状况、促进向上社会流动的家庭策略的一个重要组成部分。

很多华人女性移民在抵达美国之前就一直参与劳动力市场的全职工作，在唐人街打工，只是她们工作的延续。学界研究女性移民劳工时，大多忽视了她们的经济角色和主观能动性，她们对家庭的贡献往往被忽略或贬低[①]。实际上，华人女性移民参加工作，对于维持家庭的经济不可或缺。在唐人街，一个人的收入难以养活一个三四口之家。对于很多梦想买房子或创业

---

① 参见 Kahn-Hut, Daniels, and Colvard, *Women and Work,* 1982, p.4。

第七章　半边天：唐人街的女性移民

的移民家庭来说，女性的收入必不可少。对于女性移民来说，家庭永远是最重要的，家庭、丈夫和孩子总是排在第一位。虽然她们从事的工作较差，收入也不高，但她们参与打工，是实施改善生活、实现向上社会流动的家庭策略的最有效的行动[①]。上述的分析结果表明，移民的社会融入并非个人从族裔社区融入主流社会的一个简单的单向过程。如同男性同胞一样，女性移民的社会流动过程亦深植于族裔群体的社会结构和社会关系之中。

　　唐人街全职女工人数的不断增长，极大地改变了整个社区的经济和社会结构。最明显的变化莫过于蓬勃发展的制衣业，其中大量的廉价劳动力来自女性移民。她们的劳动力甚至比男同胞更低廉，不仅因为移民初来乍到的不利因素，还因为中华传统文化中的大男子主义，以及社会对女性所要求的多重角色。在唐人街，看法与现实之间存在着很大的差距。华人女性仍然被视作处于受剥削的从属地位，她们在经济上的贡献依然被视为是次要的。然而，在现实生活中，她们对社区和家庭的生存发挥了至关重要的作用。如果没有女性的收入，许多家庭就不可能维持生计，更不可能致富。事实上，女性移民自己也很清楚这个现实，因为她们要负责支付房租、账单和日常开销。她们确切知道需要多少钱才能满足基本的家庭需求。但她们并没有把自己看成是性别不平等和受歧视的受害者。相反，

[①] 参见 Glenn, "Split Household, Small Producer, and Dual Wage Earner", 1983; Perez, "Immigrant Economic Adjustment and Family Organization", 1986。

她们用自己过去在中国的生活经验来作为参照物，认为现在在唐人街劳动力市场中的待遇和收入都比从前要好。她们认为，整天奔波忙碌于家务和打工之间，虽然辛苦，但有盼头，是为实现美国梦所必需的付出。女性移民工人把提高家庭社会地位作为优先考虑，心甘情愿地为实现家庭目标做出牺牲。在这方面，唐人街的族裔经济和社区为她们提供了族裔支持和工作机会。这种灵活性为她们的社会适应和融入提供了一条切实可行的途径。

第八章

空间同化：居住流动与族裔隔离

位于纽约市曼哈顿区的老唐人街，过去是一个可以明确划定地理位置的华人聚居区。可是，今天的纽约华人社区已经远远超出了老唐人街的地理界限。现在纽约市的华人比他们先辈的居住地更为分散。三分之二以上住在皇后区和布鲁克林区，他们在那里发展了新的华人聚居区，又称为新唐人街。可是，华人的分散居住，并没有导致唐人街这个古老的族裔聚居区的衰落。其他一些族裔聚居区，如小意大利等已经明显地衰落解体，但唐人街却在漫长的一个半世纪中，依然保持着不断发展的族裔经济和不断健全成熟的族裔社区结构。早年华人移民像许多欧洲移民一样，抵美后由于对美国的语言、文化和生活方式一窍不通，既没有美国主流社团组织的帮助，又受到美国制度和法律的排斥，所以他们大多集中居住，由此而形成各自不同的族裔聚居区。如今，随着主流社会的开放和华人族群社会地位的提高，华人可以自由地选择居住地点，搬进或迁出唐人街。值得研究的是，为什么外迁的华人仍然保持强烈的聚居意愿和继续聚居在一起？为什么新华人聚居区在经济、社会和文化上继续与老唐人街维系着较为密切的联系？持续的族裔隔离对个体的社会流动有什么重大影响？

本章针对上述的问题，聚焦于空间同化（spatial assimilation）的社会学的分析。这项分析的立论依据是：移民居住模式的变化，尤其是从族裔聚居区外移至白人中产阶级的城市街区或郊区，可以被视为该族裔群体空间同化的重要标志[1]。这项分析试图在社会融入视角下探究当今华人新移民的居住模式如何受到聚居区族裔经济、族裔房地产市场和族裔社会关系三者互动的影响，解析持续的族裔隔离现象的社会学意义。

第一节　纽约市唐人街地域范围的扩展

19世纪50年代，当大批华人劳工横渡太平洋抵达美国西海岸时，纽约市的华人寥寥无几。1860年的美国人口普查资料显示，当时纽约市仅有120名华人，占美国全部华人总数（63199人）的0.2%。1882年《排华法案》的通过和实施，迫

---

[1] 参见 Duncan and B. Duncan, "A Methodological Analysis of Segregation Indices", 1955; Duncan and Lieberson, "Ethnic Segregation and Assimilation", 1959; Guest and Weed, "Ethnic Residential Segregation", 1976; Lieberson, *A Piece of the Pie*, 1980; Massey and Mullan, "Processes of Hispanic and Black Spatial Assimilation", 1984; Massey and Denton, "Spatial Assimilation as a Socioeconomic Outcome", 1985; Massey and Denton, "Trends in the Residential Segregation of Blacks, Hispanics, and Asians", 1987; Massey and Denton, "Suburbanization and Segregation in U.S. Metropolitan Areas", 1988。

第八章 空间同化：居住流动与族裔隔离

使大批华工向东迁移。东迁纽约的华人移民聚居于曼哈顿区下城东南区的三条老街：勿街（Mott），宰也街（Doyer）和柏路（Park Row）[①]。到了19世纪90年代初，纽约市的华人人口增加了147%，很快形成了具有民族特色的唐人街。相比之下，美国华人的总人口在同期却下降了16%。虽然纽约市的华人人口在20世纪初期曾一度减少，但在随后数十年间则稳定地增长。二次大战期间废除《排华法案》以后，尤其在1965年通过移民法修正案以来，纽约市的华人人口开始急剧地增长。20世纪60年代比前十年增长了73%，70年代年增长了111%，80年代又增长了79%。60年代以前，纽约市的大部分华人移民聚居在曼哈顿的老唐人街。早在50年代，华人移民尤其是第二代华人就已经开始搬出唐人街，但唐人街仍然不失为族裔社区的中心。从老唐人街迁出的华人和新到美国的移民，开始迁入从前华人不曾涉足的其他城区或郊区，但华人移民仍然倾向于聚居在一起。

20世纪70年代以后，大批的新移民开始从亚洲和拉丁美洲以及世界各地涌进美国。作为传统移民接收地的纽约市，移民数量急剧增长。华人也不例外。曼哈顿的老唐人街出现了人满为患的状况，新移民开始迅速地蚕食到周围的其他住宅区，尤其是小意大利区。小意大利与唐人街只是一条马路之隔。历史上这两大族裔的社区河水不犯井水，各自为政。但到了60年

[①] 参见 Jackson, "Ethnic Turf", 1983; Wong, *A Chinese American Community*, 1979, p. 16.

唐人街

代，意大利裔的移民家庭由于社会经济地位的改善而陆续迁出小意大利区，搬到白人中产阶级的社区。他们的这种外迁被看作是同化的必然结果。如此一来，华人新移民就有机会搬入小意大利区，使老唐人街从方圆三四条街道的狭小空间扩展至四十多条街道的大范围，形成了"扩展的唐人街"（如图 8-1 所示）[①]。

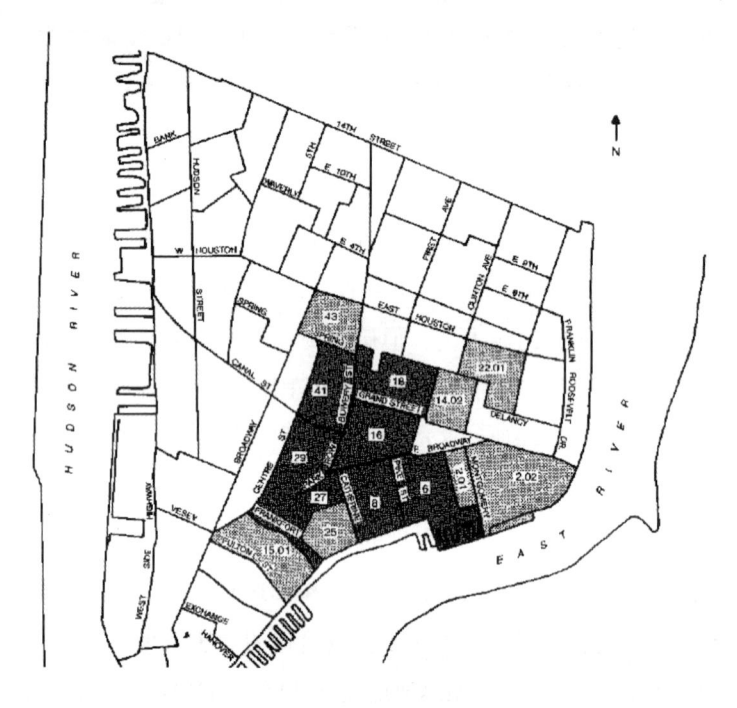

图 8-1 纽约市曼哈顿唐人街附近的华人聚居状况
资料来源：1980 年美国人口普查数据（人口普查区域 STF3A）。

图例：
- 华人人口比例占 45% 以上的区域
- 华人人口快速增长的区域

---

① 此定义是根据美国人口普查的 14 个华人聚居的人口普查区域划分的。

第八章 空间同化：居住流动与族裔隔离

华人人口从20世纪70年代的2.7万人增至20世纪80年代的将近6万人，随后又成倍地增长。有一些街区（人口普查区域）在1970年以前只有少量华人。到了1980年，华人人数超过从前的十倍（见表8-1）。到了20世纪80年代末，唐人街的实际居民人数，总是比官方的统计数据高出许多。人数之所以有很大出入，主要是因为许多华人移民尤其是非法移民，不愿意与政府的人口普查员配合[①]。

表8-1 1970年和1980年纽约市唐人街华人人口：按照人口普查区域划分

人口普查区域	1970年人口总数	1970年[1]华人数量	华人百分比	1980年人口总数	1980年华人数量	华人百分比
2.01	2,226	52	2.3	3,357	638	19.0
2.02	9,311	299	3.2	8,019	645	8.0
6	8,322	2,506	30.1	10,638	5,086	47.8
8	9,609	4,262	44.4	9,220	6,322	68.6
14.02	2,753	396	14.4	2,620	326	12.4
15.01	497	34	6.8	3,816	342	9.0
16	6,357	3,763	59.2	8,085	6,688	82.7
18	7,735	2,233	28.9	6,961	3,227	46.4
22.01	8,147	378	4.6	6,487	759	11.7
25	5,471	842	15.4	6,369	1,795	28.2

[①] 参见 Gargan, "New Money, People, and Ideas Alter Chinatown of Tradition", 1981; Kuo, *Social and Political Change in New York's Chinatown*, 1977。

唐 人 街

续表

人口普查区域	1970年人口总数	1970年华人数量	华人百分比	1980年人口总数	1980年华人数量	华人百分比
27	1,692	670	39.6	1,410	689	48.9
29	9,412	5,938	63.1	6,016	4,931	82.0
41	9,294	4,930	53.0	8,669	5,523	63.7
43	5,104	468	9.2	4,230	946	22.4
合计	85,930	26,771	31.2	85,897	37,917	44.1

资料来源：1980年美国人口普查数据。
1 引自 Sung (1974), Racial and Ethnic Group Population by Census Tracts。

经历了一个半世纪的漫长岁月，曼哈顿的老唐人街并没有经历过像同化论所预言的空间同化，即族裔社区逐渐衰落直至消失的现象。倒是邻近的小意大利区和犹太裔社区衰落和消失，进而被唐人街所吞并。唐人街不但没有缩小，反而由于大批华人新移民的进入而重获新生。新移民把生命力带进老唐人街以及四围那些正在急剧衰败的族裔社区。结果，唐人街人口的成倍增长，空间范围不断扩展。据《纽约时报》1985年的报道，过去犹太人聚居的曼哈顿下城东南区的一座犹太教神学院的楼宇，现已变成了一座华人基督教教堂。在那里的一座空置的犹太教教堂也成了华人的佛教庙宇。原来曾是一座犹太学校的校址，现已成为华人投资兴建的两幢住满了华人的公寓大楼。老唐人街是纽约市区内人口最密集的住宅区之一，它四面扩展，发展到曼哈顿下城东南部的整个区域，包括曾经完全属于犹太人和波多黎各人的聚居社区。就连小意大利区，现在也

第八章 空间同化：居住流动与族裔隔离

只不过是残存的历史遗迹而已，而且当中还穿插着不少挂满中文招牌的华人商业和公寓楼宇。过去，曾以坚尼街来划分唐人街与小意大利之间的边界。那时，唐人街的华人不敢跨越这条街界，就连过去那边散步都不敢。如今，这两个族裔社区已经没有明显的边界线了。华人不但随心所欲地跨街过巷，而且还到那边去设立商店，购买或租用楼宇和住宅。

随着华人新移民的大批涌入，对唐人街的住房和商用楼宇的需求量也越来越大。导致整个族裔社区的不断外扩，一直向北伸展至第十四街。住房和商业用地的需求不断增长，大大刺激了唐人街族裔经济的房地产业的快速发展。华人的房地产公司和富裕的华人都看好在那里投资的回报，开始在唐人街周围购置产业和房产。虽然地价昂贵，但是房地产投资热潮仍然非常旺盛。因为人们预测到，由于需求量大，唐人街及其附近的房地产的租金不会比曼哈顿最抢手的黄金地带的租金低，因此房地产物业即使短期转手交易，也能赚取丰厚的投资回报[①]。根据纽约市房地产管理局的统计资料显示（见表8-2），20世纪80年代末期，在10个街区范围内的唐人街中心区，大部分的商住用地和楼宇的产权都属于华人所拥有：其中83%商用，90%住宅。该地区在1975—1988年间的房地产买卖，86%的买家是华人。在小意大利区以及周围的地区，曾经一度完全属于意大利人和犹太人。如今，在全部602块的商住用地中，约有34%为华人所拥有。1975年以后卖出的全部商住用地

---

① 参见 Peter Kwong, *The New Chinatown*, 1987, p. 51.

唐人街

中，41%的买家是华人。据估计，现在有10万华人居住在占地40多个街区的扩展了的唐人街，其边界为北面的德兰西街（Delancy Street）、东南面的东百老汇大道（East Broadway）、西面的百老汇大道（Broadway）（见图8-1）。

近年来，华人移民的涌入对族裔人口和社区的发展造成了巨大压力，也成为推动社区继续向外扩展的动力。华人社区沿着地铁路线快速伸展到皇后区和布鲁克林区内的住宅区，形成一个又一个新的卫星唐人街。当今的纽约市，已经不止一个唐人街了。新华人聚居区已经在皇后区的法拉盛和布鲁克林区的日落公园、湾脊以及羊头湾等住宅区崛起。

叶先生是20世纪80年代的唐人街规划委员会主任，他在受访时对笔者说，"曼哈顿的唐人街向外发展到皇后区，成为不同的新的卫星唐人街"[①]。

在20世纪60年代末，皇后区是个纯白人的居民区，住着清一色的欧裔移民和土生白人，这里的居民每天往返到曼哈顿上班。大批华人移民涌进纽约后，老唐人街形成饱和状态，容纳不下激增的人口。那些具有高教育和高技能的华人新移民，特别是较富裕的台湾人和大陆北方人，感到难以挤在贫穷落后、文化习俗不同的广府人中间。他们于是直接进入租金较低的法拉盛去开辟新区，很快建立起另一个华人社区。法拉盛的新唐人街，开始时以台湾移民为主。近年来，从中国香港和内地来的新移民，以及从曼哈顿唐人街迁出的老移民和第二代移

---

① 引自笔者1988年12月访谈记录。

第八章 空间同化：居住流动与族裔隔离

民都陆续搬进这个新的华人聚居区。皇后区内半数以上的华人讲普通话和其他北方方言。到了20世纪末，大陆移民的数量超过了台湾移民。

表8-2 1988年纽约市老唐人街和小意大利区房屋统计和房产买卖交易

	老唐人街	小意大利[1]
地块总数	207	602
华人房产所有权比例（%）	83.1	33.6
公寓单位总数	146	52
华人所有权比例（%）	90.4	9.6
1975年后出售的地块总数	94	373
华人购买地块比例（%）	86.2	41.0
1975年后出售的公寓单位总数	146	52
华人购买公寓单位比例（%）	90.4	9.6

资料来源：纽约市房地产管理局1988年报告。

1 小意大利区指坚尼街以北、豪斯顿街以南，包厘街以西和拉菲耶特街以东之间的地段（详见图1-1）。

法拉盛的第二唐人街是一个比较富裕的族裔聚居区。住在这里的移民的社会经济地位一般都比较高。许多刚从台湾和香港来的移民，带着一定数量的资金和家庭积蓄落户此地定居。比较富裕而有较高社会经济地位的华人移民和第二代华裔也从曼哈顿的唐人街迁出，到法拉盛来买房子安家，虽然他们中的许多人仍在曼哈顿的老唐人街上班，但却喜欢搬到公共交通便利的法拉盛来居住。在法拉盛的华人当中，超过半数的人住在自己拥有产权的房子里。他们住的房子较新，只有四分之一是1940年以前建造的老房子。而住在曼哈顿老唐人街的华人当中，绝大部分（95%）租房子住，他们所住的房子有三分之二是1940年以前建的老房子。

住在新唐人街的华人新移民不仅有较强的经济基础，也有更多样化的族裔消费需求，因而刺激了法拉盛的华人族裔经济的迅速发展。根据法拉盛华人商会20世纪80年代末的统计报告，至1986年为止，在法拉盛400多家华人企业中，仅香港来的华人就拥有40%左右，包括房地产经纪公司、律师事务所、中西医诊所、餐馆、超市、进出口公司以及各类零售商店。在区内各条主要街道上，各具特色和规模的茶餐厅、杂货店、礼品店、理发店、美容院和中草药店等鳞次栉比，以强烈的民族风貌吸引着华人顾客和其他纽约居民。

布鲁克林区的第三唐人街看来像是老唐人街的延伸，这是一个中下层的居民区，虽不如法拉盛唐人街那样丰富多彩，但也独树一帜，别具特色。住在布鲁克林唐人街的华人居民，大部分是刚抵美的新移民。他们的平均教育程度和劳动技能比住在法拉盛唐人街的华人移民要低。布鲁克林区的日落公园和湾脊等住宅区，最吸引新移民的是房价和租金较低，且交通便利，乘地铁到曼哈顿唐人街去上班和购物仅需十来分钟。20世纪80年代初期，唐人街的老居民和新移民都感到曼哈顿的房租飞涨和人口过分密集所造成的压力，因此纷纷迁往布鲁克林，沿着公交和地铁的路线去买房或租房。根据唐人街规划委员会1987年所做的估算，布鲁克林的华人居民比1980年增加

第八章　空间同化：居住流动与族裔隔离

了一倍以上，从1980年的两万六千人增至1987年的六万人。

在低技能新移民劳工不断涌进布鲁克林的同时，华人经济也随之快速发展。除了有民族特征的服务性行业如餐馆、杂货店、超市、理发店、美容院、中西医诊所和中草药店等以外，制衣业也发展得很快。布鲁克林唐人街的平均社会经济状况虽然不如法拉盛的唐人街，但从平均家庭收入和住房情况来看，比老唐人街要好得多。布鲁克林的华人拥有自己住房的百分比要比老唐人街的华人高几倍（前者为40%，后者为7%）。另外，前者拥有的房子比较新（建造于1939年前的房子占不到40%），而后者拥有的房子则比较旧（建造于1939年前的房子占60%以上）。据布鲁克林社区规划委员会的董事傅先生估计，1988年至少有30多家华人衣厂在日落公园10个街区内的老仓库里开业。在五十二街和六十一街之间的第八大道上，半数以上的信箱上标记着华人的姓氏。傅先生对笔者说：

> 每年有两万个移民配额给中国内地，而给香港的配额也增至每年5000人，再加上直系亲属移民不受配额限制，越来越多的华人新移民将会不断地涌进纽约。曼哈顿实在无法再容纳新移民了。对新移民来说，皇后区的房子太贵，离老唐人街也太远。而布鲁克林的房子租金不贵，住得起，而且交通方便，确实是最合理、最经济的居住选择。[①]

如今，纽约的唐人街不再只是一个新移民的暂时落脚地，

---

① 引自笔者1988年12月访谈记录。

它的发展已经与聚居区族裔经济紧密相联。华裔经济把唐人街变成了进步向上、朝气蓬勃、深具向上社会流动潜力的新型移民社区。

第二节　纽约大都会地区华人的居住隔离

种族居住隔离与空间同化

在美国移民社会学和族裔社会学的研究领域中，曾经出现过不少理论命题和实证模式，阐述和解释少数族裔群体的聚居现象和种族居住隔离（racial and residential segregation）的原因与结果。最有影响力的是经典同化论。经典同化论的理论依据是：（1）少数族裔移民群体的聚居和隔离是一种暂时现象，他们的最终归宿是摒弃族裔性和文化，直至完全同化于主流社会。（2）这种现象的产生主要在于文化和结构方面的原因。文化方面的原因包括语言、宗教、价值观念和行为方式等；结构方面的原因包括教育程度、职业、家庭收入和社会地位等。（3）随着时间的推移和主流文化的熏陶，与白人族群接触和交往的频繁以及社会经济地位的提高，少数族裔移民群体最终会与白人族群融为一体，不分彼此。即使肤色不同，但主要的社会经济和文化指标基本达到一致。居住隔离状况是最重要的社会经济指标之一[①]。空间同化与居住隔离有着直接的关系，即同

---

① Lieberson, *A Piece of the Pie*, 1980, p. 290。

第八章 空间同化：居住流动与族裔隔离

化程度越高，居住隔离程度就越低。居住隔离程度的测量是相对于白人族群而言的。例如，移民最初聚居，自我隔离于族裔聚居区，是不得已的权宜之计，也是一种为适应新环境而采取的有效对策，以便使少数族裔群体成员在同化过程的早期得以生存并克服自己的不利条件及种种外界的结构性障碍。因此，种族居住隔离，尤其是少数族裔群体与白人族群的隔离只是暂时的。当移民群体成员改善了自己的社会经济地位，吸收了主流社会的文化价值观，搬离族裔聚居区，他们与主流社会白人族群的隔离程度就会缩小。

同化论根据对欧裔白人移民群体的研究而建立。西欧的北爱尔兰移民和南欧的意大利移民以及东欧的犹太人，他们抵美时因宗教信仰和语言文化的不同而被白人社会视为"异类"或"另类"，受到歧视和排斥。经过两三代人之后，却都同化成为清一色的"白人"。在同化论的学者看来，欧裔移民群体的同化成功，证明了经典同化论的正确[1]。可是，把同化论应用于当代亚裔和拉丁裔的移民群体，或者美国土生的非洲裔群体身上，却经不起实证考验。道格拉斯·马塞（Douglas Massey）和南茜·丹顿（Nancy Denton）在1987年合著出版的《美式种族隔离制度》一书中，以大量的实证数据和量化分析对同化论提出了挑战[2]。他们发现，并不是每个少数族裔的族群成员都可以向白人族群同化，族群与族群之间的同化程度不

---

[1] 参见 Alba, *Italian Americans*, 1985b; Gans, *The Urban Villagers*, 1962。

[2] 参见 Massey and Denton, *American Apartheid*, 1987。

相等的原因也有很大差异。例如，非洲裔黑人族群虽然经历了几代人的努力却仍然与白人族群有较高的族裔隔离程度。即便是社会经济地位较高的黑人，也与白人有较高的隔离程度。对于亚裔和拉丁裔移民群体而言，他们与白人的隔离程度会随着社会经济地位的提高而降低；居住在郊区的亚裔和拉丁裔移民，与白人族群之间的隔离程度也相对较低。但是这只反映了空间层面的同化，但并不能说明文化层面的同化。此外，里查·阿尔巴（Richard Alba）和约翰·罗根（John Logan）经过对 1980 年人口普查数据的系统分析，建立了推测全美国范围内各个不同族裔群体的空间同化模型[1]。他们发现，婚姻状况、是否有子女、英语流利程度、社会经济地位等因素对于华人和其他亚裔以及拉丁裔族群的居住模式有显著的影响，但对黑人族群的影响则相对较小。阿尔巴和罗根还发现，在空间层面的同化过程中，不同族群之间有相当大的差异。他们的结论是，决定居住地点的关键因素是社会经济地位和文化适应程度，但这两者并不是对所有少数族裔群体都有同等的作用，原因是各个族群在种族分层制度中所处的社会地位和生活经历不尽相同。

不同移民群体的社会适应经验表明，移民向上社会流动的成功之路因族群而异。所取的途径并不遵循同化论所预测的单一和单向的直线模式。例如，当聚居区族裔经济发展到一定程度时，族裔社区内部也可能产生推动移民向上社会流动的

---

[1] 参见 Alba and Logan, "Variations on Two Themes", 1991。

第八章 空间同化：居住流动与族裔隔离

动因，族裔成员也可以在自己的族裔社区内努力奋斗而取得成功。也就是说，他们的成功不一定要以摒弃族裔性、文化和社区为前提[①]。阿列汉德罗·波德斯等人提出的聚居区族裔经济理论强调，少数族裔群体成员在美国社会拼搏奋斗的过程中，族裔经济和族裔社会网络能起到极为重要的推动作用。因此，在族裔聚居区内居住、创业和就业，也可以视为促进族群成员最终走向同化的另一条可行的途径。由此推论，族裔聚居区及其经济不会把族群成员与主流社会永久地隔离开来。从迈阿密市的古巴裔移民社区的实证研究中得到的证据表明，虽然住在族裔聚居区里居民的起点一般比较贫穷，但是由于聚居区族裔经济和社区文化的蓬勃发展，为他们提供了各种机会，他们对前途持乐观的态度。在族裔精神的引领下，他们得益于族裔经济，通过努力奋斗，取得了较高的社会地位，搬进中产阶级的郊区[②]。

华人居住隔离的定量分析

根据聚居区族裔经济理论，通过定量分析，我想解答如下的问题：华人是否完成了空间同化？华人搬出唐人街，是否就意味着已经融入了主流社会？华人继续参与聚居区族裔经济及维系族裔社会网络是否会阻碍他们的居住郊区化和空间同化？

---

① 参见 Portes and Bach, *The Latin Journey*, 1985。
② 参见 Portes and Jensen, "What's an Ethnic Enclave?", 1987, p. 768。

唐人街

首先，我用定量的方法来剖析华人的居住隔离与同化之间的关系。基于1980年美国人口普查数据，我抽取了纽约市和纽约市郊的样本进行分析。由于人口统计资料的地域限制，我把数据分为三个分析区域[①]：第一是曼哈顿，即老唐人街的所在地。我的假设前提是：住在曼哈顿区的华人大多数住在老唐人街。第二是曼哈顿区以外、纽约市以内的其余各大区（即皇后区、布鲁克林区、布朗士区和史泰登岛）。第三是在纽约市以外、纽约大都会地区包括相邻的新泽西州的一些郡。这样的划分考虑两个方面的假设：一是搬出老唐人街，不等于实现了空间同化，因为搬出的华人有可能搬进另一个少数族裔聚居的、社会经济背景低下的街区，而不是以白人中产阶级为主的社区；二是搬到纽约市外的郊区后，族裔隔离状况并不一定就有明显的改善。当然，从族裔成分、社会经济地位以及与唐人街的聚居区族裔经济的密切程度来看，纽约市以内的其余各区与纽约市以外的各郊区的情况不尽相同。定量分析的结论将用质性研究资料作进一步的考证和说明。

分析模型

我建立了三个分析模型测量华人的居住隔离。第一个模型

---

① 美国人口普查数据包括以下郡/县：纽约市的Bronx、Kings、New York、Queens，纽约州的Nassau、Rockland、Suffolk和Westchester，以及新泽西州的Bergen、Essex、Hudson、Mercer、Middlesex、Monmouth、Morris、Passaic、Somerset和Union。详见Zhou, *The Enclave Economy and Immigrant Incorporation in New York City's Chinatown*, 1989, chap. 6; Zhou and Logan, "In and Out of Chinatown", 1991。

第八章 空间同化：居住流动与族裔隔离

是采用相异指数（Index of Dissimilarity，简称 D 值）来测量在华人与其他族群（非拉丁裔白人、非拉丁裔黑人、拉丁裔人和其他亚裔［如韩国裔、日本裔和菲律宾裔等］）的相互隔离程度[①]。D 值最小为 0，最大为 1。测量某个区域内华人与其他族裔的隔离程度时，如果相异指数 D 值在 0.3 以下，则意味着隔离程度较低。如果相异指数 D 值在 0.3—0.59 的范围内，则意味着隔离程度不高也不低。如果相异指数 D 值在 0.6 以上，则意味着隔离程度较高[②]。

第二个分析模型是逻辑回归模型（logistic regression model），用以解释华人的社会经济地位和同化程度与居住地的关系[③]，分

[①] 定量分析资料来源是 1980 年美国人口普查数据中人口普查区域层面的数据（Summary Tape File 3A，STF3）。关于如何计算 D 值，详见 Cortese, Falk and Cohen, "Further Consideration of the Methodological Analysis of Segregation Indices", 1976; Lieberson, *A Piece of the Pie*, 1980, p. 254。

[②] 参见 Kantrowitz, *Ethnic and Racial Segregation in the New York Metropolis*, 1969; Massey and Denton, "Suburbanization and Segregation in U.S. Metropolitan Areas", 1988; Zhou and Logan, "In and Out of Chinatown", 1991。

[③] 详见 Zhou and Logan, "In and Out of Chinatown", 1991。逻辑回归模型表述如下：

$R = a + b_1X_1 + b_2X_2 + b_3X_3 + b_4X_4 + b_5X_5 + b_6X_6 + b_7X_7 + b_8X_8 + b_9X_9 + b_{10}X_{10} + b_{11}X_{11} + b_{12}X_{12}$

R 是居住地的对数概率。在其最常见的形式中，logit 回归预测的因变量只有两个类别。R_1（住在纽约市外的概率 vs. 住在纽约市内的概率）和 R_2（住在郊区的概率 vs. 住在曼哈顿的概率）都是由同一组变量预测的：X_1，户主的教育年薪；X_2，家庭收入中位数；X_3，户主的职业声望；X_4，就业行业；X_5，英语能力；X_6，美国国籍；X_7，美国出生；X_8，1965 年以前移民；X_9，1965—1974 年移民；X_{10}，年龄；X_{11}，婚姻状况；X_{12}，有 17 岁以下孩子；e 残差。关于 logit 模型的详细解释，参见 Alba, "Interpreting the Parameters of Log-Linear Models", 1986。

析个人家庭收入、学历、工作职位[①]、受雇行业[②]、英文程度、抵美时间、国籍、婚姻状况和有否未成年子女等自变量因素对居住分散化和郊区化的影响。这些因素已经被证实是影响非拉丁裔白人居住地的主要因素。但对华人居住地的影响尚不明了。

第三个分析模型是多元回归模型（multiple regression model），用来分析华人通常最有可能选择的居住地有什么特点[③]。这项分析以人口普查区域（census tracts）为基本分析单位，评估社区的主要社会经济指标，如白人的比例、黑人的比例、拉丁裔人的比例、担任高管行政和专业技术职位的比例、平均家庭收入、租房人数的比例以及住户的稳定性等因素如何影响华人的居住地选择。

华人与其他族群的居住隔离

第一个模型的分析结果显示，纽约市内各大区华人的 D 值在 0.55—0.84 之间，说明纽约市内的华人与其他族群的族裔隔离程度比较高：华人与其他亚裔族群的隔离程度最低，华人与非拉丁裔黑人的隔离程度最高，华人与非拉丁裔白人的隔离程度则介于两者之间。此外，华人与非拉丁裔白人的

[①] 详见 NORC, *General Social Surveys*, 1988。
[②] 指受雇于族裔经济之内或之外。详见 Zhou and Logan, "Returns on Human Capital in Ethnic Enclaves", 1989。
[③] 详见 Zhou, *The Enclave Economy and Immigrant Incorporation in New York City's Chinatown,* 1989, chap. 6。

第八章 空间同化：居住流动与族裔隔离

隔离程度，在曼哈顿区为最高（D=0.74），在市内的其他地区稍低（D=0.50），而在纽约郊区则更低（D=0.38）。这一结果表明，居住分散化，特别是居住郊区化，对于华人来说，明显地降低了与白人的居住隔离程度。与同化论的预测结果似乎一致。

华人与非拉丁裔白人的隔离程度，D值在曼哈顿区（0.740）远高于在市内外围郡区（0.501）或市郊（0.376）。居住分散化和郊区化，对于华人来说，明显地降低了与白人的居住隔离程度。可是，与华人不同的是，其他亚裔，如韩裔、日本裔、菲律宾裔、印度裔等，与白人的隔离程度则在曼哈顿以外的外围郡区最高。对于这些群体，曼哈顿内的隔离指数最低，甚至比市郊更低。纽约的华人在纽约的中心商业区曼哈顿建立了唐人街，为什么其他亚裔移民群体不在中心商业区建立类似的族裔聚居区呢？为什么即使在他们与白人的隔离程度最高的市内外围郡区也没有显示高度的居住集中？这些问题说明了族裔聚居的多样性和特殊性，也提醒研究者注意族裔经济的发展对族裔聚居或空间同化所引起的不同影响。

大部分中国移民到纽约来与家人团聚，他们绝大多数来自传统侨乡，文化程度低，几乎没有一技之长。这些移民大多集中在曼哈顿或布鲁克林的唐人街，为族裔经济的发展提供劳动力和扩大了族裔消费需求。作为传统的族裔经济基础的餐饮业，已经见缝插针地遍布市内各区和市郊。制衣业在曼哈顿的

唐 人 街

唐人街也已经发展起来,并扩展至布鲁克林的新唐人街[1]。与华人相比,韩裔移民大批抵达美国的时间晚得多;没有历史悠久的传统韩国城;虽然他们在曼哈顿区也开始建立了族裔企业,但60%以上的韩裔移民居住在皇后区。他们从事的行业类别较华人少,如杂货店、衣厂和医药行业等,比华人企业更为分散[2]。但是,他们创业、就业和居住不在同一个居民区内。例如,韩裔移民经营的杂货店通常位于市内贫穷的黑人区,但是韩裔移民并不住在这些居民区。曼哈顿最近也建立了一座"韩国城",但居住在纽约市的韩裔移民只有13%左右住在曼哈顿[3]。20世纪70年代末和20世纪80年代许多日本人和日本公司在曼哈顿开设分公司,但是在那些公司工作的日本裔,特别是纽约市内的日本新移民,却集中住在布鲁克林区(占40%)和皇后区(占44%),只有3%住在曼哈顿[4]。这些发现意味着,居住的集中程度,取决于不同的族裔劳动力市场和族裔聚居区的地理位置,同时也受到移民历史和移民社会经济背景的影响。

---

[1] 参见 Kwong, *The New Chinatown*, 1987; Wong, *Patronage, Brokerage, Entrepreneurship, and the Chinese Community of New York*, 1988; Zhou, *The Enclave Economy and Immigrant Incorporation in New York City's Chinatown*, 1989。

[2] 参见 Sakong, *Rethinking the Impact of the Enclave,* 1990, p. 84。

[3] 参见 Kim, "The Koreans", 1987, p. 229; Kraly, "U.S. Immigration Policy and the Immigrant Populations of New York", 1987, p. 68。

[4] 参见 Kraly, "U.S. Immigration Policy and the Immigrant Populations of New York", 1987。

第八章　空间同化：居住流动与族裔隔离

影响华人居住流动的因素

华人的社会经济背景、移民特征和家庭状况对其居住流动（residential mobility）有什么影响呢？表 8-3 显示了 1980 年纽约大都会地区华人户主（25 岁以上）的基本特征：37% 的华人居住在曼哈顿区，43% 居住在纽约市内外围郡区，只有五分之一住在市郊。

华人从教育、收入、职业、就业状况以及移民时间长短、英文水平、是否加入美国国籍和家庭状况等方面呈两极化的地区差别：曼哈顿是一个极端，市郊为另一个极端，市内外围郡区则介乎两者之间。如表 8-3 所示，这三个地区的华人性别比例趋于平衡，但大约五分之三的户主是男性。住在市内外围郡区和市郊的华人的社会经济地位比住在曼哈顿的华人明显要高。比如，住在市郊的华人比住在曼哈顿的华人的教育程度高出三倍：受过高等教育的人所占百分比前者为 74%，后者为 25%。在收入方面，两地华人也有相当大的差别：住在市郊的华人的家庭平均收入是住在曼哈顿的华人的两倍；住在市郊的华人的个人平均收入是住在曼哈顿的华人的四倍。在职业方面，住在市郊的华人，主要从事行政管理或经理和专业技术的职业，而住在曼哈顿的华人大多数从事销售和服务行业以及半熟练或非技术性的工作。曼哈顿华人的这些特征，与唐人街的聚居区族裔经济有密切关系。在曼哈顿工作的华人，半数以上受雇于族裔经济的主要行业，如餐饮和车衣等，而在市郊，只有约四分之一的华人从事这些职业。

表 8-3 纽约大都会地区华人户主（25 岁以上）的特征：1980 年

	曼哈顿区	纽约市内外围郡区	纽约市郊区
总数（年龄在 25 岁及以上）	868	992	456
户主男性比例（%）	78.0	86.6	87.7
教育程度			
平均受教育年限	10.6	13.5	17.8
大专教育以上（%）	25.3	37.9	74.6
收入			
1979 年家庭收入中位数	$11,000	$16,000	$27,000
1979 年个人收入中位数	$5,442	$8,185	$20,005
职业分类			
行政管理或经理（%）	8.4	13.4	16.0
专业技术人员（%）	10.9	15.7	48.0
销售和服务[1]（%）	49.8	50.6	24.1
半熟练或非技术劳工[2]（%）	16.0	12.8	5.9
无职业者（%）	14.9	7.5	6.0
平均职业声望评分	35.3	38.4	51.0
就业领域			
聚居区族裔经济就业比例（%）	55.9	52.2	25.7
移民年份			
外国出生（%）	90.8	90.4	85.4
1975—1980 年的移民（%）	17.4	17.9	13.4
1965—1974 年的移民（%）	35.9	41.6	38.0

第八章　空间同化：居住流动与族裔隔离

续表

	曼哈顿区	纽约市内外围郡区	纽约市郊区
1965年之前的移民（%）	46.7	40.5	48.6
国籍			
美国国籍（%）	49.7	54.7	62.8
英文水平			
英文熟练程度良好（%）	44.5	65.6	89.3
年龄中位数（年）	50.0	43.0	41.0
已婚比例（%）	66.6	81.5	83.1
未成年子女同住比例（%）	34.2	52.2	57.9

资料来源：1980年美国人口普查数据（5%的公用微数据样本）。
1　包括销售、行政助理、商业及家庭服务人员，以及精密仪器技师、维修工、手艺人等。
2　包括操作员、搬运工人和非技术劳工。

住在三个地区的华人中，接近90%的华人都在外国出生。从这个方面看，不同地区之间的华人差别不大，移居美国的时间也没有太大差别。这说明了华人新移民没有必要先到曼哈顿的唐人街落脚。三个地区的华人在国籍方面有些区别：市郊的华人大多已经加入美国国籍（63%），而曼哈顿的华人则只有一半是美国公民。在英语熟练程度方面，各地区的差异比较大，住在市郊的华人基本都能讲流利英语（占89%），但不到一半（45%）的住在曼哈顿的华人能讲流利的英语。此外，曼哈顿的华人平均年龄比其他地区的华人大一些。已婚的华人户主所占的百分比，曼哈顿的华人最低（占67%），市郊的华人最高（占83%）。与未成年子女同住的华人户主所占百分比，曼哈顿的华人只有34%，而市郊则为58%。由此看来，家庭状况对居住地的选择有一定的作用。

采用逻辑回归模型分析华人和非拉丁裔白人郊区化（因变量为居住在郊区的可能性）的动因，发现如下几个显著的结果：

（1）三个反映社会经济地位的主要自变量，即教育、职业和家庭收入对华人郊区化有十分明显的正影响，即教育程度、工作职位和家庭收入越高，住在市郊的可能性越高。这个结果跟白人的情形有很大差别。对于白人来说，只有家庭收入这一变项对白人居住郊区化有显著的正影响。但是，教育和职业却呈现负相关，即教育程度和职位越高，住在市郊的可能性越低。

（2）受雇于劳动密集型的行业，即典型的族裔经济的行业，如餐馆业、制衣业和零售业等，对华人是否住在纽约市郊区没有明显影响。但是，对受雇于同样行业的白人却有明显的负影响，即受雇于劳动密集型的行业会降低住在市郊的可能性。

（3）三个反映文化同化的主要自变量（英文熟练程度、抵达美国时间以及是否美国公民）对华人和白人也显示不同的影响。对于华人，只有英文熟练程度良好才对是否住在纽约市郊有正影响。而对于白人，只有抵达美国时间才有明显的正影响。

（4）不论华人还是白人，有关家庭状况的两个自变量（婚姻状况和有否小孩）对是否住在纽约市郊都没有显著影响[1]。

---

[1] 详见 Zhou and Logan, "In and Out of Chinatown", 1991。

第八章 空间同化：居住流动与族裔隔离

对于华人，预测居住分散化（即住在曼哈顿以外的市内外围郡区的可能性）的逻辑回归模型分析所得到的结论，与上述预测华人郊区化的结果非常相似。可是，对于非拉丁裔白人，家庭收入所产生的正影响消失了，抵达美国时间的正影响也消失了。唯有教育（产生负面影响）和家庭状况会明显地影响白人选择居住在曼哈顿以外的市内外围郡区。这些差异的原因三言两语是讲不清的。不过各种数据表明，影响华人与白人居住郊区化和分散化的原因既有差异也有相同点。

值得注意的是，研究欧裔移民得出的结论，只是部分地论证了经典同化论的观点。比如，移民时间越长，越有可能郊区化。但是，反映社会经济地位和文化同化的主要自变量却对白人市区内的居住流动没有显著影响。相比之下，华人的情况比白人更符合经典同化论的预测。如大部分有关社会经济状况的变量，对华人都有显著的正影响，这说明华人社会地位的提高与其居住地分散有着密切的相互关系。但是否在聚居区族裔经济就业并不影响华人的居住流动，这个结果支持了波特斯的观点，他认为聚居区族裔经济并不限制移民的居住流动。但是，对受雇于类似族裔经济行业的白人来说，却有明显的负面影响。

有关反映文化同化的变量，其影响出乎意料。对于华人来说，明显地影响居住流动的唯一因素是英语熟练程度。至于是否美国公民和移居美国时间长短等变量都没有产生明显的影响。这说明很多华人新移民抵达纽约后，往往绕过唐人街而直接住进市内外围郡区或郊区，他们不必重蹈先辈经历过的老路。关于这一点，1975年和1980年华人在纽约各郡的居住情况可提供一些更直接的证据①。纽约的大多数华人在最近五年内没有搬迁，住在曼哈顿以外的市内外围郡区的华人中，只有约5%是在最近五年内从曼哈顿搬到目前的住处的，而几乎有20%的华人，五年前还在国外居住。这个发现不足以证明新移民直接从国外来到曼哈顿以外的市内外围郡区居住，但是，确实显示住在曼哈顿唐人街的老移民的居住分散化和郊区化程度较低。

华人聚居的社区特点

上述的分析结果表明，纽约曼哈顿（主要在唐人街）和市内外围郡区的华人与其他族群的居住隔离程度较高。此外，除非华人搬出唐人街或纽约市，否则他们与其他族群的接触不会太多。下一个问题是，究竟哪一类的居住区是华人的首选？他们聚居的社区是否与非拉丁裔白人或黑人一样？我采用多元回归模型来评估居住区（以人口普查区域为分析单位）的主要特点对因变量（华人所占人口的百分比）所产生的影响。为了便于比较，我还分析了同样一组自变量对两个不同的因变量（白人人口比例和黑人人口比例）的影响。我假设，华人的居住隔离模式可能与白人和黑人的模式有显著差异。

表8-4列出了纽约市大都会地区的人口普查区域特征。从总体来看，位于纽约市郊的人口普查区域在各方面都优于纽约市内。在纽约市内，只有略高于半数的居民是白人，而在市郊白人所占的百分比高达81%。移民在市内的集中程度比市郊要

---

① 详见 Zhou and Logan, "In and Out of Chinatown", 1991.

第八章　空间同化：居住流动与族裔隔离

高很多，市内居民中几乎有四分之一的人在外国出生。再者，市内的住房较旧，租户较多，多户住宅楼宇较多，居住稳定性较低。曼哈顿的平均家庭收入最低，但受过高等教育和从事高级职务的人所占百分比最高。

表 8-4　纽约大都会地区的人口普查区域特征

	纽约市	纽约市内外围郡区	曼哈顿	纽约市外围郡区
人口普查区域总数[1]	2,148	2,396	289	1,859
种族				
华人（%）	1.5	0.3	3.0	1.3
非华人亚裔（%）	1.4	1.0	1.5	1.4
非拉丁裔白人（%）	53.6	81.1	50.3	54.1
非洲裔（%）	24.2	10.7	23.5	24.2
拉丁裔（%）	18.8	6.5	21.0	18.4
其他（%）	0.5	0.4	0.7	0.6
外国出生（%）	22.7	11.3	22.4	22.7
家庭收入中位数	$14,845	$22,794	$14,012	$14,973
大学以上教育程度（%）	26.0	33.5	43.3	23.3
行政主管和专业技术职业（%）	23.9	29.8	38.2	21.7
1940年以前建造的房屋（%）	52.3	32.0	57.5	51.5
出租房屋（%）	68.6	34.4	92.8	64.9
多户住宅楼（%）	81.3	38.9	99.6	78.5
居住稳定性：和1975年的住所相同（%）	54.8	58.8	49.7	55.7

资料来源：1980年美国人口普查数据（人口普查区域 STF3A）。
1　人口普查区域内至少50个居民。

唐人街

多元回归分析的结果表明，在纽约市内，华人百分比较高的人口普查区域，其他亚裔的比例也较高，非拉丁裔黑人和拉丁裔人的比例则较低。也就是说，在纽约市内，决定华人在人口普查区域所占百分比的是亚裔人口的比例、非拉丁裔黑人人口的比例和拉丁裔人口的比例。华人通常与亚裔族群住在同一街区，而较少与黑人和拉丁裔人住在同一街区。此外，华人百分比较高的人口普查区域大多集中在曼哈顿。但人口普查区域的其他特征，如平均家庭收入，对华人在该街区所占的百分比没有显著影响。

在纽约市郊区，华人一般住在较好的人口普查区域内。华人比例高的街区大多是平均家庭收入较高、有高级职位人员的比例较高、亚裔人口的比例较高、非拉丁裔白人人口的比例较高，非拉丁裔黑人和拉丁裔人口的比例较低。平均家庭收入、职业以及种族构成等特征，都对华人在该街区所占的百分比有正影响，虽然影响程度并不很高。此外，华人比较喜欢住在市郊较新的住宅区。与非拉丁裔黑人相比，华人的居住区条件较好，而且越搬越好。但是，市郊华人的居住区仍然不具备与白人居住区相仿的特征。虽然华人比较喜欢搬进白人区（这是通常衡量种族居住隔离程度降低或空间同化的一个重要指标），但当较多的华人搬进白人区后，容易引起白人的外迁。显而易见，白人还是不太喜欢与少数族裔群体成员结为邻居。另外，华人居住隔离方式与别的少数族裔群体不尽相同：一方面，纽约市内华人对居住地点有所选择，但他们的搬迁的原因与社会经济地位的高低关系不大。即使华人从唐人街搬走，仍然很可

第八章 空间同化：居住流动与族裔隔离

能保持与白人或与其他少数族裔群体较高的隔离程度。

对于非拉丁裔黑人和非拉丁裔白人，我分析的结果与有关居住隔离的现有文献[①]是一致的。无论是在市内或在市郊，黑人都高度集中于环境恶劣的住宅区里。黑人人口比例高的街区，往往是白人和亚裔比例较低、平均家庭收入较低、居住稳定性和租户比例较高的街区。几乎完全与非拉丁裔白人的情况相反。黑人不仅与白人相隔离，与其他少数族群的隔离程度也较高。

与预测白人和黑人在人口普查区域所占的百分比的模型相比，预测华人在人口普查区域所占的百分比的模型的总解释力 R^2 虽然比较弱，但也有助于更了解华人居住隔离与白人和黑人的不同。事实上，华人居住隔离确实具有自己的特点。一方面，在纽约市内的华人对居住地有所选择，他们往往不必等到获得更高的社会经济地位才搬到郊区。即使华人从唐人街搬走，仍然很可能搬到地价和房价较低、白人比例较低的市内外围郡区，他们的居住流动不一定能降低种族居住隔离。他们与白人或其他少数族裔相隔离的程度仍然较高。另一方面，平均家庭收入对他们的居住流动没有太大的影响。由此可以推断，在解释纽约市华人的居住模式和族裔隔离时，族裔性可能是比社会经济背景更为重要的决定因素。这就是说，无论家庭收入

[①] 参见 Logan and Stearns, "Suburban Racial Segregation as a Non-ecological Process", 1981; Logan and Schneider, "Racial Segregation and Racial Change in American Suburbs", 1984; Massey and Denton, "Suburbanization and Segregation in U.S. Metropolitan Areas", 1988。

高还是低，华人都有可能居住在同一街区[①]。

第三节　族裔性与居住隔离和再隔离

表面看来，居住分散化或郊区化似乎与社会经济因素密切相关。按照同化论的观点，居住郊区化是少数族裔群体实现空间同化的关键一步。如果华人搬到离城市更远的郊区去住，就更有可能生活在白人中产阶级中间，因而会有更多机会和更多方面的接触，会更直接地受白人文化的影响和文化熏陶，更快地融入主流社会。我在上述的定量分析也表明，华人如果住在纽约市郊，与白人的隔离程度明显地降低。而黑人和拉丁裔人则不然，他们即使住在市郊，与白人的隔离程度仍然比较高[②]。但是纽约的华人比较偏爱住在市内。即使他们搬出了唐人街，还是偏向聚居。事实上，近二十多年来由于华人大量涌入市内的白人居住区，白人纷纷搬走，于是出现了第二个、第三个甚至更多的新唐人街。居住郊区化后的再隔离，是黑人和拉丁裔人较为普遍的居住模式。但华人移民较为普遍的居住模式是搬出唐人街后再聚居，或者直接从国外搬进市内的其他郡区。这些现象说明了种族居住隔离问题的复杂性。

对于纽约市的华人，到底为什么他们如此高度地集中于市

[①] 参见 Zhou, *The Enclave Economy and Immigrant Incorporation in New York City's Chinatown*, 1989, pp. 174-177。

[②] 参见 Massey and Denton, "Trends in the Residential Segregation of Blacks, Hispanics, and Asians", 1987, p. 817。

第八章 空间同化：居住流动与族裔隔离

区内？为什么他们偏好聚居？我认为，一方面的原因来自白人的偏见，白人不愿意与其他少数族裔群体共住一区，认为少数族裔群体成员集中的地方，生活质量就会下降，会引起房地产价值的下降。另一方面的原因来自华人本身。由于华人大多是新移民，语言和文化障碍迫使他们聚居。此外，当代华人移民来美国不是来暂居淘金的，而是来安家落户。他们想通过自己的努力奋斗，挣够钱来购房置业。他们的居住地大多选择在既远离唐人街又方便于往返唐人街的地区。对于新移民来说，唐人街是就业、创业以及文化生活的中心。在华人社区内，还有一些与族裔性有关的因素，增强聚居和种族居住隔离的程度。但是，传统的定量分析方法和统计数字不一定能清楚地解释这些因素的作用。根据我对纽约市华人移民长时间的田野观察和深度访谈，我发现有三个与族裔性有关的重要因素，对华人的居住模式起决定性的作用。

聚居区族裔经济的发展

华人聚居区族裔经济的发展，为新移民创造了主流社会所缺乏的、适合移民创业和就业的机会（详见第五至七章）。唐人街并非只是新移民的暂时落脚点，还是一个族裔社区和族裔经济的中心，充满了经济活力和发展机会。许多华人新移民带着积蓄来此安家置业。还有许多海外的华资企业也带着资金来此地投资，为唐人街的族裔经济注入了大量的资金。此外，由于新移民的大量涌入，为唐人街的族裔经济提供了大量廉价的劳动力和专业技术人才，刺激了大量的物质和文化消费需求。

这样一来，华人新移民要想尽快实现自己的美国梦，最有效的途径就是要通过唐人街。事实上，大部分的新移民，无论男女，都在唐人街内的华人餐馆、制衣厂和各种华裔的商业和企业中工作。许多在唐人街族裔经济创业和就业的雇主和雇员虽然不住在唐人街，但每天乘地铁或公交车往返唐人街上班。有些华人尤其是餐馆工人，他们虽然不在唐人街工作，却仍然会先乘坐地铁到唐人街，然后由华人公司的车辆接送到遍布市内和市郊各地的华人企业去上班。每天早上9点至10点之间，可以见到这种载客的面包车，有的车侧面还用中文写上餐馆和公司的名字，排队停在唐人街的孔子广场，或停在法拉盛唐人街主街上靠近地铁口的一个大商场门前，接送员工上班。华人族裔经济的发展与移民劳动力的相互关系也决定了华人就业地点与居住地点之间的密切关系。在某种程度上，华裔企业扩展到市郊，会遇到华人移民工人短缺的限制，因此要到唐人街去招工并为工人提供较高的工资和交通便利。餐馆老板容先生在市郊长岛的华盛顿港经营一家餐馆。但是，他仍然要回到唐人街去招工。他说：

> 经营中餐馆，我宁可雇佣华人。原因是这样的，我和员工之间容易交流沟通。而且，我的顾客会期望由华人侍应生端上中式饭菜。但是，在长岛很难找到华人工人。唐人街在20世纪80年代末期大约有20多家职业介绍所，我依靠其中一家职业介绍所来帮助我雇请工人。问题是，这些工人和家属都住在市内，如果坐火车上班，又贵又花

第八章 空间同化：居住流动与族裔隔离

时间。如果我们不提供班车，我们就雇不到工人。所以，我必须每天派一辆车到唐人街去接工人来上班。[1]

如今，中餐馆如雨后春笋般地在纽约郊区涌现，但在当地很难找到华人员工。有些中餐馆提供宿舍给工人住宿。这样工人就不必每天通勤，在路上花太多时间。餐馆老板也不必每天派车到唐人街或法拉盛去接送工人上下班。但是，有些工人不愿意住在郊外，还是宁愿每天通勤。容老板接着说："我也有宿舍供我的员工住，但他们不肯住在那里。他们要回到市里华人聚居的地方去住。所以，这样每天接送工人已经成为行规了"。对于不住在唐人街的华人工人，为了到别处去就业，他们首先要乘坐地铁到唐人街。林先生在容先生开的餐馆里当服务员，他说：

> 我住在科罗纳区。每天早上，我到法拉盛去等候公司车来接我和其他同事到长岛去上班。单程大约要45分钟，跟搭乘地铁到唐人街所花的时间一样。既然餐馆派车接送，我宁可在市外工作。因为，在市外工作的工资比较高，有更多有钱的顾客来光顾，我们得到的小费也更多。但是，我肯定不会搬到那家餐馆附近去住。因为，我说不定什么时候会再换到别的工作。[2]

---

[1] 引自笔者1989年1月电话访谈记录。
[2] 引自笔者1989年1月访谈记录。

唐 人 街

因此，纽约市华人的居住状况，取决于唐人街族裔经济的发展和与之有关的各种联系。为了上下班方便，找个离地铁近的地方居住，成为非常重要的考虑条件。实际上，市内有相当数量的华人居住在唐人街以外的其他住宅区，但基本全都是离地铁很近和很方便的地区。例如，皇后区的居民，无论住在法拉盛，还是住在伍德赛德、艾姆赫斯特、杰克森高地、科罗纳等住宅区，全都可以乘坐地铁的7号线到曼哈顿的唐人街和其他地方去。住在布鲁克林区的雷哥公园的居民可以乘E、F或G线的地铁到曼哈顿；住在里奇伍特的居民可乘L线到唐人街；住在日落公园、湾脊、自治市公园的居民可以乘B、N、R或M线到唐人街。总之，只要交通便利，容易到达华人上班的地点，住在哪里都不是问题。结果，新的华人聚居区在唐人街以外悄然形成。

聚居区族裔经济的发展，为华人移民提供了创业和就业的机会，帮助他们适应新的社会和文化环境，在社会文化适应的过程中帮助他们排除障碍。可是，经济的快速发展，加上大量移民和外来资金涌入，导致了在有限空间内出现过大的需求。唐人街内的地皮供不应求，结果，居住空间不得不让位于经济发展。

从20世纪80年代初期起，唐人街就清楚地显示出经济腾飞的景象。这是大量来自香港、台湾地区和东南亚地区的外资流入华人社区的结果，也是近期大量华人移民涌入的结果。大量外资流入唐人街，一部分是由于香港、台湾地区和东南亚的政治局势不明朗，还有一部分原因是20世纪70年代初期在全

第八章　空间同化：居住流动与族裔隔离

球范围出现的经济衰退，致使美国金融市场提高利率[①]。海外华人投资者一向对风险较低的实业特别感兴趣。在唐人街开发房地产，正是风险较小的实业投资。于是，海外华人投资者逐渐收购陈旧的老建筑楼宇，要么翻修更新，把这些老建筑变成写字楼或豪华公寓，通过收取高租金，获取更大的收益。要么等待时机，以更高的价钱再转手卖出而赚取高利[②]。这样一来，原来供租用的住房让位给商业的发展。此外，华人零售商都喜欢在唐人街的中心地带设立商店，这更促使房地产价格的进一步飞涨。根据纽约市房地产管理局一项研究资料，唐人街中心地带在20世纪80年代中后期每平方英尺商业面积的年租在275美元左右，比附近华尔街金融中心地带的年租还高出100美元，也高于曼哈顿的中心商业区内的年租。例如，位于麦迪逊大道第四十二街以上的一段商业黄金地带，年租是255美元，还比不上唐人街中心地带那么昂贵[③]。

从20世纪70年代末开始，唐人街房地产业一直非常兴旺。约翰·黄先生是80年代纽约唐人街规划委员会的董事，对于那个时期房地产业在族裔聚居区内一日千里的发展，他感到惊喜。在受访时他对我说：

[①] 参见 Gargan, "New Money, People, and Ideas Alter Chinatown of Tradition", 1981; Scardino, "Commercial Rents in Chinatown Soar as Hong Kong Exodus Grows", 1986; Kwong, *The New Chinatown,* pp. 44-45, 1987。

[②] 参见 Kwong, *The New Chinatown,* 1987, pp. 43-53; Wang, "Behind the Boom", 1979; Zhou, *The Enclave Economy and Immigrant Incorporation in New York City's Chinatown*, 1989, pp. 59-60。

[③] 参见 Kwong, *The New Chinatown*, 1987, p. 51。

唐人街

　　我简直跟不上变化了！我的意思是说,我在这里上班。但是,第二天我来上班的时候,哗！怎么回事？商店和建筑物全都变样了！每天都好像变一个样。

　　在过去的十多年中,大量的移民和外资流入,唐人街成了华裔开发商和投资者争夺的主要市场。根据1983年的一项调查估计,当年海外华人和美籍华人投资者在纽约市购买了价值接近1.5亿美元的房地产,其中一半是在曼哈顿区交易的。我估计,现在唐人街中心地带起码有10栋老建筑在翻修,从廉价公寓变为豪华公寓,从民宅变为商用楼宇,从工业用地变为商业用地,从制衣厂变成写字楼或商店等等。

　　这样一来,越来越多贫穷和低收入的移民家庭负担不起昂贵的房租,被迫搬离唐人街中心地带,迁移到其他区去。越来越多富裕的华人或亚裔到唐人街买楼置业,甚至一些不是华裔的艺术家和华尔街的雅皮士也开始在唐人街上买公寓来住。从而使这个古老的移民贫民窟变成既有穷人也有富人共住的地方。①

20世纪70年代末至80年代初,唐人街的房地产交易为投资者和房产业主带来了巨额利润。在短时间内,住房租金增长200%至300%。因为纽约市的很多民用房租金受政府管制,不可以随意大幅度提高。为了租赁住房,许多房东非法收取"钥

---

① 引自笔者1988年5月访谈记录。

第八章 空间同化：居住流动与族裔隔离

匙钱"，即在租房之前要一次付清的一笔额外的租金，这是投资者和房产业主的额外利润的主要来源[①]。当我访问卢先生时，他已经在唐人街居住和工作了20多年。唐人街的楼房从民用转变为商用后，使房产主获得极高的利润，也使卢先生大为吃惊。下面是他讲的一个例子：

> 有些幸运的房产主可以通过转变楼宇的用途而赚一大笔钱。例如，坚尼街上有一幢五层楼的老建筑，改建前首层是出售电子产品的商店。第二、第三层是衣厂。第四、第五层住着八家人。据我所知，下面四层已经全改为商业用途。从前，房东向两个衣厂和一家商店收租，而现在，有12家商店租用他的铺面，每月每家商店支付的租金至少1800美元，还有另外的钥匙钱。人人都知道钥匙钱是非法的，但谁都无可奈何。在20世纪70年代末80年代初，钥匙钱的幅度从500美元至2000美元不等。如今，钥匙钱已经升到月租金的10倍以上。[②]

由于土地开发，楼宇改建和房地产投机买卖，许多唐人街低收入的移民家庭面临被房东骚扰、加租甚至被逼走的威胁。梅先生是亚美平权协会的一名积极分子。据他说，唐人街的房客已经被迫开始集体行动，通过法律行动和诉讼来对付那些无

[①] 参见第239页脚注①；Kwong, *The New Chinatown*, 1987, pp. 50-51.
[②] 引自笔者1988年9月访谈记录。

唐 人 街

理的房东，要求解决天花板渗漏、抹灰脱落、建筑物内不安全以及不断增加房租等问题。梅先生说：

> 华人移民一般是比较宽容的，他们对于自己作为房客而应享有的权利一无所知。他们并不想惹什么麻烦，更不想搞什么诉讼。不过一旦他们提出诉讼，表明他们已经是忍无可忍了。

例如，1984年，在唐人街内的亨利街上，两幢多户合居的房屋中，22名房客因租金不断增长而采取集体控告的办法来对付房东。他们大部分是长期住户，一直在唐人街居住和工作。他们认为，房东不断加租只是一个序幕，随后就要把他们逼走，好让那些付得起更高房租的人住进来。这些老房客中，黄太太是一位66岁的制衣工人，她在那里已经住了近40年。她说这里一直是她的家，她没有别的地方可去。

黄太太的房东宋先生，1982年取得了唐人街规划委员会的许可，翻修了他在亨利街上拥有的房子。经过稍加改善有了新的防风窗、电灯装置和对讲机，又重新油漆，房东获准提高房租30%，但房东仍巧立名目多加房租。袁先生是另一位88岁的老住户，他孤身一人住在这座楼的一个房间里，原来的月租金不到80美元，现在一下子提高到200美元以上。袁先生的社会保险金仅仅够交付现在的房租。

这样一来，房客们决定联合起来拒交升幅过大的那一部分房租，同时抗议房东不断提高房租。可是，房东宋先

第八章 空间同化：居住流动与族裔隔离

生的对付办法是把这幢公寓建筑楼高价卖了出去。房产的转换使房客们没能胜诉。

但是也有一些房客胜诉的案例。当房客们看到房东被罚款、被驱逐出稳定房屋租金协会，看到建筑楼寓的租金得到控管，他们感到自己能够有所作为来保护自己的权益。

在过去几年中，我们接到许多房客打电话来控告他们的房东。他们往往来找我们咨询，要求通过我们的帮助，争取不上法庭能解决问题。有些房东利用华人移民不懂法律而从中得益。我们的目的是教育移民，帮助他们站起来与房东侵扰房客和逼走房客的行为作斗争。[①]

唐人街的族裔经济的飞跃发展引起中心地带房地产业价格的大幅增长，特别是经过重新修缮的房子的价格，已经变得非常昂贵，非一般工薪阶层所能担负得起。结果许多老移民被迫迁出唐人街，许多新移民因为房租太贵而不住在唐人街。如此一来，相当大的一部分华人移民，无论抵美时间长短，出于无奈，只能搬出唐人街到市内外围郡区居住。这并非像同化论所预示的是由于个人社会经济地位提高度的原因。在很大程度上，这是由于族裔经济发展所引起的负面结果。

家庭纽带和族裔社会网络的作用

家庭纽带和族裔社会网络是纽约华人居住模式的另一个决

---

① 引自笔者1988年5月访谈记录。

唐人街

定性因素。从前刚抵美的移民需要先在唐人街落脚，然后随着时间推移和社会经济地位的改善而逐步搬迁到较好的住宅区。实际上，现在很多新移民绕开唐人街，直接在纽约市内外围郡区为自己找到第一个落脚点。显然，定量分析和统计数据难以比较精准地测量家庭纽带和族裔社会网络的影响，但这些因素恰恰是直接影响华人移民选择居住地点的重要因素之一。

从前的华人大多集中在东西两岸的沿海大城市，如三藩市、洛杉矶和纽约等，其原因与华人的移民历史和前人的移民足迹有密切关系。前辈移民在哪里，后来者总是跟到哪里，因为后辈的移民大多是前辈的亲属。如今按配额来美的华人移民，80%以上属于亲属关系优先类别，不到20%的人属于职业优先类别。美国公民的配偶和未成年子女则不受配额所限。因此，约有90%以上的华人移民是到美国与亲属团聚。这样一种家庭关系和由此加深的族裔社会网络已经结成纽带，明显地影响着新华人移民在大城市的定居模式。例如，无论什么时候，只要我问："为什么你会选择到纽约来定居？"对方就会马上回答说："因为我有亲戚住在这里。"广东台山籍的李先生回忆起自己一家六口初到纽约头几个月的情景时说：

> 1979年，我和我太太带着四个子女，从台山移居到这里。当时最大的孩子15岁。我太太的姐姐阿玲是美国公民，她替我们办移民手续。当我们即将离开中国时，乡亲们问我到美国的什么地方去。我告诉他们，我到纽约去。他们觉得奇怪，为什么不上三藩市去呢？我只能回答

第八章 空间同化：居住流动与族裔隔离

说，因为阿玲在纽约。我们初到美国，一切吃住行都只能靠她。实际上，我们乡下早年去美国的大多数人，现在都住三藩市，我和我的乡亲们一样，除了知道许多亲戚住在三藩市之外，对美国一无所知。当我们到达纽约的肯尼迪国际机场时，阿玲和她的丈夫来接我们。阿玲说："你们要先和我们住在一起，希望你们不要介意。"我万分感激还来不及，怎么可能对这样慷慨大方的接待有什么意见呢？阿玲的家在皇后区杰克森高地，住在一个两卧室的小公寓里。他们三个子女的年龄和我的孩子们差不多。他们给了我一间卧室，我们两家 11 口人全挤在这个小公寓里，3 个年龄大些的孩子晚上睡在客厅的地上。①

李先生最初的经历和许多华人新移民一样。他认为，几乎所有从中国来美国家庭团聚的移民，到美国的第一个落脚地点，就是为他们申请移民的亲戚所住的地方。他接着说：

> 我们无可选择，唯有听阿玲的话。我们没有钱；也不认识其他人。我们连一个英文单词都不会说。这里的一切都那么陌生，简直令我们害怕。我知道许多移民家庭都要经历这样的时期。前两年，当我办妥手续申请我弟弟一家人到美国来的时候，我也是这样接待弟弟他们一家的。头半年我不得不让他们挤在我们住的公寓里。长期以来，这

---

① 引自笔者 1988 年 12 月访谈记录。

唐人街

样的做法已成了传统习俗,这是家庭义务,我们不应该回避,也不可能回避。

李先生的一家从没在唐人街住过,因为帮他们申请移民的那位亲戚不住在唐人街。陈太太家自从移居美国后,就一直住在唐人街,与李先生有不同的经历。陈太太从广东中山到这里来与丈夫团聚,自从1980年至今,一直住在唐人街。她的丈夫陈先生1969年作为难民从香港移居到这里。他在中国文化大革命期间从中山偷渡到香港。后来,他在18岁的时候来到美国。陈先生没多少文化,不懂英语,也没有亲戚在美国,他只能靠唐人街的支持。最初,他在餐馆当洗碗工人。由于工作环境接近厨师,他学到了厨师的手艺,现在他在唐人街的一家餐馆里当厨师。过去,他和另外三个单身同事在唐人街的一座单身汉宿舍里共住一个单元,只有一个房间带一个小厨房和浴室。跟许多单身汉一样,他只能回家乡去找对象成婚。陈太太与陈先生结婚不久就移民美国,和陈先生一起住的三位单身汉自愿搬走,好让陈先生把这个小公寓单元全租下来。但陈先生要按唐人街的惯例,给这三位室友付搬迁费,每人500美元。房租本身并不贵,当时只要75美元,因为这幢公寓楼受政府的租金管制。但是,陈家每两年签一次租约时,都必须交800美元的钥匙钱。陈太太现在有了两个子女,他们一家四口仍然住在唐人街这座公寓里。当我问他们一家是否考虑过搬走,她说:

> 我们暂时还不考虑搬家。可能等孩子们长大一些,我

第八章 空间同化：居住流动与族裔隔离

们会搬到别处大一些的公寓去住。住在唐人街十分方便。我们不用花时间坐地铁上下班；我先生和我只要步行几个街区就到上班地点了。这里也比较安全。我先生在餐馆打工，晚上 11 点下班，口袋里装着现金工钱，晚上坐地铁不大安全，而且也太费时间。还有，我上班时可以把小孩留给隔壁邻居帮助照料。如果住在别处，就算附近也有华人，也不可能在这么近的地方找到保姆。如果那样，我就不得不每天早上匆匆忙忙送孩子到保姆家，然后再乘地铁去上班。或者，根本没法上班。住在唐人街还有个好处，我不用把食品贮藏在冰箱里，我每天下班后可以带新鲜蔬菜和食品回家。我觉得，住在跟自己长大的环境差不多的地方，生活会容易很多。①

陈太太的第一个落脚点是唐人街。她并没有自己选择居住的地点，她住在唐人街是因为丈夫已经在那里居住。现在，她已经非常习惯于唐人街的各种便利条件，所以她不在乎那里极端拥挤和陈旧简陋的住房条件。她全家可能在那里会住相当长的时间，直到她的儿女长大，或者等到她再也忍受不了那么拥挤的环境时才会搬走。

陈太太和李先生这两个例子有一个共同点，他们两人都是来纽约与亲人团聚，都住在亲人所住的老地方。纽约市内外围郡区也有很多华人聚居，一部分是从唐人街搬迁出来的老移

---

① 引自笔者 1989 年 1 月访谈记录。

民,另一部分是通过家庭关系和族裔社会网络而来的新移民。在唐人街里,华人移民增长的速度远远超过居住面积扩大的速度。因此,华人人口密度越大,华裔与其他族裔的居住隔离程度就越高。在纽约市内外围郡区,逐步形成紧密的家庭纽带和族裔社会网络,把华人移民吸引到他们亲戚已经落脚的地方,在那里逐渐形成新的族裔聚居区。

华裔房地产业的影响

随着华人移民的增长和族裔经济的发展,华裔经济的房地产业蒸蒸日上,对纽约华人居住模式也造成了越来越大的影响。华裔房地产中介公司是当今华裔经济的主要组成部分之一。华裔房地产经济既可以帮助一般移民克服语言障碍,找到合适的住房,又可以帮助海外和美籍华人投资者和打算买房买地的移民定居者与主流金融机构和政府有关部门打交道,促进房地产生意的顺利成交,促进族裔经济的房地产业的发展。反过来,这样的作用又导致一些意想不到的结果:华人与其他族裔群体的居住隔离程度因此而变得更高。

华人移民初到异国他乡,最关心的是住房问题。多数人的美国梦是拥有一栋自己的房子。究其原因,既有现实的一面,也有文化影响的一面。从现实的层面看,新移民需要有一个合适的地方来安家。从文化影响的层面看,华人一向渴望拥有土地资产。早期的移民大多是暂居者,最大的愿望是积蓄一笔钱回家乡买房置地养老,因为他们把土地看作可以传给后代的实实在在的物业。如今,华人移民跟从前不同了,

第八章　空间同化：居住流动与族裔隔离

他们是定居者，不再是想回祖籍家乡买地的暂居者了。因此，在美国买房置业的愿望变得越来越强烈。在美国，衡量是否成功，不是看一个人从事什么职业，更主要看那人拥有多少财富。很多华人希望拥有一份产业或物业。他们努力奋斗，拼命工作，为了以后能当上老板，不用替别人打工。但在现实中并不是每个人都能当老板、经营自己的生意的。由于大多数华人新移民不懂英文，与外界社会的接触有限，对主流社会的住房市场一无所知，很难自己去找房子和买房子。此外因为许多新移民在美国还没有建立信用记录，没有稳定的收入，要想从主流社会的银行去贷款买房，会比当地美国人遇到更多的困难。过去，华人一般都尽量不借贷。按中国传统，如果没有钱，你就别买东西。在没有挣够钱一次付款之前，许多人宁可推迟买东西的时间，节衣缩食，把钱存够才去买东西。只有在极端紧急而不得已的情况下才去借钱。从传统观念来看，信用的概念是完全陌生的美国人的东西[①]。随着时间的推移，现在大部分华人移民已经意识到借贷的重要性和必要性，知道买房分期付款的利息可以从所得税中扣除，这才开始向银行借钱。族裔经济尤其是华人银行业的发展，为华人移民提供了很大的便利。

华裔房地产中介公司和经纪人既帮助华人移民买房子，也帮助他们租公寓。许多新移民开始时，以为通过华文报纸的广

[①] 参见 Sung, *The Adjustment Experience of Chinese Immigrant Children in New York City,* 1987, p. 119。

唐 人 街

告就可以省点钱，自己去租房或买房。但是，由于语言文化的障碍，他们往往需要花费更多的钱和时间，结果找到的却是不太理想的房子。例如，当他们打电话去询问详情时，如果接电话的人不会讲中文，往往马上就挂断电话。由于新移民只会说中文，有时连打十几个电话都毫无收获。李先生谈到他找房子的经历说："靠自己去找合适的公寓，真是件痛苦而费时间的事。"他解释说：

> 刚到纽约，在我和太太都找到工作以后，我们决定自己去找个好一点的公寓。我们在唐人街查中文报纸，晚上开始打电话询问。如果房东不讲中文，我就挂断电话，因为我不懂英文。看来，华人房东出租的大部分单元，地点都很适中，很方便，因为房东自己也住在那座房子里。但是，当你真的到那个单元去看个究竟，就不是你所想要的了。那些房子从外表看上去不错，但我们租得起的那些单元，里面的设施往往很简陋。看来房东对出租的单元并不注意保养，更不用说修缮了。对住房的需求量这么大，房东根本不用担心他们的房子是否能租得出去。往往是房东选择房客，而不是房客选房东。我们一连看了五六座公寓楼房。最后，决定住在离我太太姐姐家只有几个街区的地方，位于杰克森高地。我们不敢搬到太远的地方去住，因为我们在这里不认识其他人。我们光是一个个地方看房子就花费了三个周末。有些人干脆花 100 美元的手续费，交给房地产经纪人去办。如果我早知道到会有这种紧张忙碌

第八章　空间同化：居住流动与族裔隔离

的经历，我也宁愿花钱让经纪人去帮找房子了。[①]

许多新移民对李先生找房子的经历深有同感。由于新移民急于找房子，但对住房市场情况一无所知，华裔房地产中介公司和经纪人对帮助新移民寻找住房具有很重要的作用。只要新移民源源不断，华裔房地产中介公司和经纪人就会有很多牟利赚钱的机会。唐人街族裔经济发展最快的行业之一是房地产业。很多房地产公司利用来自国外的华裔金融资本的支持，到比较贫穷的少数族裔住宅区去收购一些白人业主急于出手的旧房产。在这种情况下，经纪人可以用现金或贷款低价买到这些急于出售的房子，然后往往不作任何修理或改善，就以高于收购价25%至50%的价格马上转手，基本原封不动地把房子卖给其他华人移民家庭。很多新房主自己住一或两层，而把其余一两层和地下室出租给其他华人新移民家庭。

在纽约市内，华人新移民对价格适中的住房需求量不断加大，刺激了对皇后区和布鲁克林区的住房的投资。华裔房地产市场的积极作用，加上与唐人街的族裔经济和族裔性的互动，强化了纽约市华人的居住隔离和再隔离。随着华人分散到市内外围郡区去居住，很快就在那里形成了新的华人移民聚居区。越来越多的华人新移民迁入，吓坏了住在那里的白人中下阶层的居民。经济条件较好的白人家庭，于是赶紧把房子卖掉，然后搬到郊区。而经济条件不太好的白人家庭，则只能通过集体

[①] 引自笔者1988年12月访谈记录。

唐人街

行动来阻挠华人和其他少数族裔搬入。结果，公开的族裔冲突事件频繁发生。例如，一个华人移民家庭在布鲁克林区一个白人街区里买了一栋住宅楼，还带上两户华人移民家庭作为房客。他们住进去以后，他们的房产财物和汽车屡次遭到邻居种族主义者的袭击和骚扰①。即使华人有足够的钱，也仍然会受到种种阻碍，阻止他们到市内较好的白人中产阶级住宅区里买房或租房。

即使种族歧视的结构障碍和新移民对主流社会一无所知的文化障碍这两个因素没有影响，华裔房地产业的发展仍然能够对华人的居住隔离模式起着决定作用。在纽约市内新诞生的许多华人聚居区，证明了华人移民即使离开唐人街，也不一定会改善其与其他族裔群体，尤其白人群体的族裔隔离的状况。例如，梁女士本人是移民，她在法拉盛经营一家房地产经纪公司，她说：

> 我们的顾客无一例外地全是华人，而且大部分是新移民，不大会说英文。他们想买房子或租房子，却不知道怎么办，到哪里去办。他们就会来找我们，我们就为他们提供一切有用的信息，并对每一个步骤都提供帮助，直至他们满意为止。我们用中文与顾客打交道，我们的一切做法都是他们所熟悉的。②

---

① 引自笔者 1988 年 12 月对房客周先生的访谈记录。
② 引自笔者 1988 年 9 月访谈记录。

第八章　空间同化：居住流动与族裔隔离

当移民想要在唐人街之外寻找价格合适的住房时，家庭和族裔社会关系总能帮助移民克服语言文化的障碍，因而也使华人在居住方面保持着与其他族裔群体较高程度的隔离状态[1]。族裔社会网络确实影响着华人的居住流动。居住流动不一定与移民本身社会经济地位的提高有很强的关系。华人移民强烈期望很快在美国安家，拥有一栋可供自己家人居住的住宅。很多人刻苦奋斗，省吃俭用，就为了要实现这个愿望。有很多例子表明，虽然学历、工作职位和家庭收入并没有很大的提高，但许多移民家庭在5年至10年，甚至20年内也能买到自己的房子。67岁的张先生，原来在餐馆里工作，刚退休，住在皇后区的杰克森高地。我到他家去采访时，他对此解释道：

> 1965年我带着全家从香港移居到这里。我在餐馆里工作了23年。我们全家人、太太和我，还有六个孩子，过去就挤在唐人街的一个很小的两卧室公寓里。我太太和我一到纽约就得马上出去打工。三年以后，两个年纪大一些的女儿也出来工作，帮助增加家庭收入。我们一家人辛辛苦苦地工作，生活十分节俭，就是为了存够钱来买自己的房子。1984年，我们终于买下了这座三层的住宅楼。现在，我太太和我，还有两个最小的孩子住在第二层，第一层和第三层租给两家刚从广东来的移民家庭。只有在买了房子以后，我才开始考虑退休。因为，我终于可以有东西留给

---

[1] 参见 Yuan, "Voluntary Segregation", 1963, p. 260。

唐 人 街

后代了。①

对当代新华人移民来说，住房是首先要考虑的大事。那些带着一大笔钱而来的移民，特别是来自香港、台湾地区和东南亚一些富裕的移民，一到美国就可以买到自己的住宅。那些没有钱的，只能先租房子住。赖太太说：

> 我先生和我想在市区内买房子。我们都觉得只要我们有工作，努力干，勤俭持家，我们就可以存够一笔钱来投资住房。对于我们来说，买房子是比做小生意更保险、更实际的投资。并不是每个人做生意都能成功的。我们一家六口，包括我的公公婆婆，他们仍然在工作。现在我们住在布鲁克林区日落公园的一个三卧室的公寓里，月租金是650美元（20世纪80年代中期的租金）。我们家里有四个人上班，所以，要攒钱买房子不是一件很困难的事情。②

房地产经纪人梁女士补充说：

> 因为房租实在太贵了，移民来了不久就宁愿买房子住。对于大多数人，住宅的投资要靠长期的积蓄，靠全家的努力。一家有三四个人参加工作，只要勤俭持家，不难

---

① 引自笔者1988年9月访谈记录。
② 引自笔者1988年9月访谈记录。

第八章　空间同化：居住流动与族裔隔离

攒够首期付款，买房后可以出租一部分房间，用收到的租金支付一部分按揭的费用。①

我的采访对象，特别是那些在聚居区族裔经济内就业的员工，对住房问题的看法几乎全都和张先生、赖太太和梁女士的想法一样。个人社会经济地位的提高，对许多移民来说比挣钱买房子更难，两者关系并非像同化论所预测的那样。华人买房子，是一种家庭集体策略，全家齐心协力才能有好的结果。

纽约华人的居住隔离和再隔离，是一个自愿的过程。起初，建立唐人街是华人面对充满敌意的大环境而不得不采取的自我保护措施。后来，则是出于更好地利用共同的语言和文化，在异国他乡相互帮助，增加安全感②。因此，唐人街和新华人聚居区的发展所形成的与其他族裔相隔离的状态，在一定程度上是自愿的结果。如今，华人面对的歧视和敌意已逐渐减少，族裔隔离状态的自愿性变得更加突出。而且，华人移民选择居住地点时，总是优先考虑离聚居区族裔经济较近、来往比较方便的地方。根据我的实地考察和访谈结果，华人考虑和选择居家地点的时候，通常要考虑以下两个基本的先决条件。

第一，地点要方便，要靠近地铁和公交车。因为许多移民在唐人街打工，地铁常常是他们唯一的交通工具。

第二，邻里和附近的街区要安全，所住的其他族裔群体素

---

① 引自笔者1988年9月访谈记录。

② 参见 Loo and D. Mar, "Desired Residential Mobility in a Low Income Ethnic Community", 1982, p. 103; Yuan, "Voluntary Segregation", 1963, p. 260。

质要好。华人喜欢与华人和其他亚裔人为邻，也可以有一些拉丁裔的居民。人们往往开玩笑说，华人有成群聚居的天性，总要往有同乡的地方去聚拢。他们不想第一个搬进一个没有华人的住宅区。但是，一旦有了一家华人搬了进去，其余华人就会跟着也搬进去。在市内的住宅区里，只有一家华人的现象极为罕见。华人和其他华人住在一起，或者至少和一些亚裔人住在一起，会感到舒服和安全。因为在观念上，一般人都认为亚裔群体的犯罪率较低[1]。

如今，纽约市的华人继续在曼哈顿下城的唐人街附近聚居。那些分散到市内外围郡区去住的人，大多集中在皇后区的法拉盛、艾姆赫斯特、科罗纳、杰克森高地、伍德赛德和雷哥公园等地，以及布鲁克林区的日落公园、自治市公园、羊头湾和湾脊等住宅区[2]。住在市内外围郡区的许多华人移民家庭可能比住在唐人街的要更富裕一些。但是，也有很多贫困移民家庭没有进入唐人街就直接定居于别处。他们当中，有些人的社会经济特征与唐人街的居民一样，作为移民身份的种种劣势使他们同样备受艰辛。由于上述三个因素的作用，纽约市华人的聚居模式表现出如下的特点：一方面，华人移民在选择居住地点时，族裔性是比社会经济地位更为重要的因素。另一方面，华人在唐人街外的居住模式也呈现较高的族裔隔离程度，其中聚居区族裔经济的房地产业起了很大的作用。如此一来，华人似

---

[1] 引自笔者 1988 年 9 月访谈记录。

[2] 参见 NYCDCP, *Asians in New York City,* 1986, p. 7。

第八章　空间同化：居住流动与族裔隔离

乎不需要首先摒弃本身的族裔性，提高文化层面的同化程度，才能实现拥有自己房产的美国梦。他们通过族裔经济和社会网络也可以获得成功，但结果是纽约市华人与其他族裔群体的族裔隔离状态继续维持偏高的状态。

第四节　小结

美国纽约市聚集了相当数量的华人。但华人相对集中于曼哈顿区、皇后区和布鲁克林区这三大郡区。他们的居住模式虽然呈多中心，但分散迁移后又重新聚居，使华人与其他族裔的隔离超过有关文献资料所描述的程度。在纽约市郊区，华人居住郊区化，确实降低了华人与白人之间隔离程度，也意味着他们较高的同化程度。在这一点上似乎支持了同化论的一个关键性的论点。但是，在纽约市内，华人与白人的隔离程度，尤其在曼哈顿区内仍相当高，在市内外围郡区也相对较高。这个与同化论相悖。这个矛盾现象提醒我们注意：在一些抽象的概念如种族的"聚居"与"隔离"，或种族的"郊区化"与"同化"之间，可能并没有必然的联系。可能还有其他许多更为复杂的因素在起作用。因此，我们需要更进一步地深入研究。

纽约华人的居住流动模式与他们的社会经济地位有一定的关系。这是持同化论和聚居区族裔经济理论这两种不同理论观点的学者都同意的假设。也就是说，如果华人有较高的社会经济地位，且他们是已婚和有子女的，往往会住在曼哈顿的唐人街以外的市区和市郊。我的田野研究和深度访谈资料证实，在市内外围郡区、皇后区或布鲁克林区买了房子,就是成功的标志,就是有了足以夸耀的成就。是否拥有房产和居住环境的改善,是社会经济地位提高的标志。

可是,对于华人新移民来说,居住分散化并不代表同化程度的提高。许多住在唐人街以外的华人移民在文化方面与主流社会的语言文化和行为方式仍有很大的距离。他们之所以能在没有完全同化之前就实现了居住分散化和郊区化,是因为一些与族裔性和聚居区族裔经济有关的因素。对此,我已经从华人移民与族裔聚居区的联系,家庭和族裔社会关系网络的作用以及华裔经济的房地产业的影响等方面予以详尽的定量和质性分析。无论住在曼哈顿的唐人街还是住在市内外围郡区,甚至住在纽约市以外的郊区,无论家庭社会地位的高低,很多华人都无须挤在唐人街了,但他们仍然与族裔聚居区保持着千丝万缕的联系。这个事实清楚地反映出:移民选择居住地的关键是他们在哪里工作,他们的亲戚住在什么地方,他们依赖谁帮忙找房子等等。有了基于族裔性和文化习俗上的选择和考量,加上以家庭、宗亲关系和族裔社会网络为基础的房地产市场的作用,住在唐人街以外的华人仍然会处于与其他族裔群体,尤其是白人群体相对隔离的状态。同样,纽约的华人在居住层面的隔离和再隔离,在很大程度上是他们心甘情愿的选择,并没有造成如族裔隔离对黑人所产生的种种不良的社会后果。这些发现对于研究少数族裔移民群体居住模式的演变以及种族居住隔离的后果,具有相当重要的意义。

第九章

结论：唐人街是通向成功的有效替代途径

本书讲述了过去短短二十多年来移民美国的华人不懈努力的奋斗经历，解释了唐人街在其中所起的作用。我在前面的章节中，综合分析了美国人口普查和移民数据、各类历史文献和学术研究资料，以及本人的田野调研资料，从理论和实践的角度探究华人移民多样化的社会适应、融入和同化模式。我的基本理论假设是：唐人街有可能是引导移民通往主流社会的有效途径之一，而不是对移民的社会融入所设置的障碍。我的这一假设得到了验证。

第一节 唐人街与移民的社会融入和同化

华人移民来到美国以后，他们的社会和经济行为在很大程度上受到自身社会经济背景和传统族裔文化的影响。但他们的经历往往会被按照美国人的标准来衡量。当唐人街的所作所为与主流社会的价值观和行为标准不相符时，往往会被描绘为负面的存在。然而，从华人移民的角度来看，唐人街有助于他们适应新的环境，顺利地过渡到新的国家，帮助他们在美国主流社会中争得一席之地，取得向上社会流动的成功。族裔社区的社会网络和社会文化资本是华人移民实现经济目标的主要资源。在唐人街的文化环境中，华人移民无须担惊受怕，可以讲自己的语言，按自己的风俗习惯来生活；他们信赖和依靠他们习以为常的独特的族裔社区和身份认同；他们共同信守唐人街的职业操守和价值标准；他们希望和梦想最终能住上自己拥有的房子，自己当上老板，子女成才代代相传。对于不同社会经济背景的华人移民来说，唐人街是摆脱贫困[1]，融入主流社会，以华裔美国人的身份自立自强的一条切实可行的途径。

华人并非天生就是不可同化的。从前的老移民在美国暂居，他们的希望和梦想是衣锦还乡。这种在美国挣够钱就回中国老家的暂居者心态，驱使他们用一种独特的方式——居住隔离——去适应陌生的环境，最终与主流社会渐行渐远。最早的华人劳工来到美国时，正值美国急需廉价劳工开发未开垦的西部土地，兴建横贯美洲大陆的铁路。与具有强大政治势力的白人劳工阶级相比，华人劳工为了能早日挣够钱返回家乡，他们在劳动力市场上愿意接受低薪，干粗重的苦活。后来大部分矿山开采枯竭，横贯美洲大陆的铁路竣工，华人劳工却发现挣的钱不够回乡，便想继续留在美国挣钱。在经济凋敝萧条的情况下，华人劳工却因为愿意接受低薪而继续劳作，白人劳工对此

---

[1] 参见 Kinkead, "A Report at Large: Chinatown", 1991, p. 46。

第九章　结论：唐人街是通向成功的有效替代途径

却大为不满，认为华工抢了他们的饭碗，妨碍了他们与资本家争取权利的集体行动，威胁到他们的文化和劳动价值观。最终白人劳工通过工会来推动立法，排斥华人。社会上、制度上和主流经济劳动力市场上的种族歧视构成了结构性障碍，加上移民身份带来的种种劣势，导致华人劳工被迫躲进了唐人街。在那里他们发掘了潜在的独特工作机会，可以继续暂居挣钱。纽约的老唐人街其实并不是独一无二的个别例子。正如其他移民城市的族裔聚居区一样，是新移民为了在新的国度中自我保护和生存的一种过渡性策略。但是，老唐人街有一点的确是独特的，在那里暂居的华人移民，根本就不想融入美国社会。

当代华人移民与他们的前辈不同，他们抛弃了暂居者的心态，积极主动争取融入美国社会。然而，伴随着新移民的种种不利因素和结构性障碍，例如不懂英语，缺乏合适的工作经验和职业技能，不了解主流社会，想象中的和实际存在的种族歧视和恐吓，主流社会的城市化和工业转型等，仍然限制了华人新移民来到美国以后向上社会流动的有效选择。通过唐人街，大多数新移民能够利用族裔资源另辟蹊径，加快融入社会的过程，最终能在新的国度里取得成功。

唐人街如何能帮助新移民融入主流社会？当今的唐人街，已经与二战以前的与世隔绝、自我封闭的老唐人街截然不同，其社会经济的潜力体现在聚居区族裔经济的发展。目前唐人街的族裔经济已经发展成相当规模的二元结构经济，受保护型行业和外向型行业相互作用，逐渐融入和成为美国经济的一个特别的组成部分。唐人街族裔经济的繁荣兴旺，基于以下三个主

唐人街

要条件：人数众多的移民、源源不断的资金和紧密相连的族裔关系网络。

纽约市一直是接纳华人移民的第二大城市。但直到 1965 年以后，华人人口才急剧地增加。为什么华人移民会集中在纽约市以及其他美国大城市呢？一般认为，大城市所提供的就业机会像磁铁般地吸引着外来移民。但是，在大规模产业转型的现代美国大都市，很多从前适合新移民的蓝领制造业工作岗位大幅减少，导致失业率居高不下[①]。尽管如此，许多华人新移民仍然喜欢聚集在大城市，纽约是他们的首选城市之一。他们这样做，不仅仅是因为大城市的劳动力市场能提供更多的就业机会（其实他们很可能对此一无所知），还因为大城市中已经存在了的族裔社区和家庭网络，能够为他们提供所需的帮助和支持。在纽约市的唐人街，新移民不但为聚居区族裔经济提供了大量廉价劳动力，同时还有一群高素质、雄心勃勃和富有创业精神的新移民。与此同时，华人移民也形成了相当大的族裔消费者群体，其规模之大，足以支撑聚居区族裔经济的受保护型行业。

由此产生的族裔劳动力和消费市场，改变了唐人街的经济结构。一方面，唐人街提供了主流社会难以提供的具有华人族裔特色的商品和服务，从而发展出规模更大、种类更多的受保护型行业，不但能满足基本生活需求，还能提供高档的商品

[①] 参见 Frey and Speare, *Regional and Metropolitan Growth and Decline in the United States*, 1988; Kasarda, "Urban Industrial Transition and the Underclass", 1989; Wilson, *The Truly Disadvantaged*, 1987。

第九章 结论：唐人街是通向成功的有效替代途径

和服务，刺激了更高的消费需求。另一方面，大量的剩余移民劳动力使唐人街得以发展出外向型行业，成功地与主流经济竞争，把创造的利润再次投资于族裔聚居区。因此，聚居区族裔经济内受保护型行业和外向型行业不仅互相依存，而且相互连接，扩大与主流经济的对接。通过这种发展方式，聚居区族裔经济不再仅仅是满足移民基本生存需要的存在，而是作为主流经济的一个独特的组成部分。

1965年以后，大量的外来资金涌入，促进了唐人街的发展。由于担心东南亚、台湾和香港地区政治前景不稳定，大量资金从这些地区外流到相对安全的美国。这些外来资金不仅来自富豪，也来自一些跨国大公司和大企业，还有的来自中产阶级、专业人士和小生意人。他们把资金和存款转移到美国，作为移居美国的前期准备。大量的外国资金涌入，在唐人街周转，加上聚居区族裔经济本身外向型行业所创造的收入，唐人街得以从低端产业链发展成为多元化的经济体。

此外，族裔经济的发展在很大程度上依赖于社区、亲属关系网和家庭关系。家庭和亲属关系对营销、融资、投资和雇佣等商业运作都有很大影响。聚居区族裔经济的雇主和雇员都得益于共同的族裔文化认同：互惠互利、相互信任和忠诚。这种族裔性构成了聚居区族裔经济独特的社会和文化资本。在唐人街，人们的经济行为不仅仅是为了自身的利益，也不是基于金钱的斤斤计较。这些理智的选择，建立在不断发展的社会关系结构之中。族裔企业家依靠积极肯干、诚实可靠和廉价的同族移民劳工，因而能在竞争激烈的商业环境中生存。与此同时，族裔企业家为移民劳工创造了就业机会。实际上新移民只有两个选择：要么低薪工作，要么没有工作。

聚居区族裔经济对新移民有什么具体的好处？多元化的经济，为华人新移民提供了就业保障，免受公开或隐蔽的种族歧视，也为一部分新移民提供了向上流动的机会。即便是刚刚来到美国的新移民，也可以立即在唐人街找到工作。这些工作的特点是工资低、工时长、工作条件差。如果按照主流社会的价值观，这是残酷的剥削。但是对于许多新移民来说，唐人街这些低收入的低级工作是意料之中的，他们认为在唐人街打工是向上社会流动的有效途径。他们在移民美国以后，为自己设定了具体的目标，要提高家庭的社会经济地位。在中华文化中，失败是不能容忍的，不劳而获去领取福利救济是令人不齿的。华人移民的职业操守基于中华文化价值标准，而不是基于主流文化的标准。因此，对于低于标准的收入，按照华人新移民自己的算法，要远远高于他们在家乡所挣的收入。低收入远比没收入要好。此外，华人新移民在移民以前也要加班加点，习以为常。如果现在多干活可以多挣钱，他们也就乐于加班加点了。但这并不意味着华人移民心甘情愿地干这些低收入、加班加点的粗活，甘被剥削。他们认为这是实现他们长远目标的捷径。这样做不是为了自己，而是为了家人，为了孩子。

华人移民愿意在聚居区族裔经济中工作的另一个原因是他们认为利大于弊。首先，基于家庭、亲属关系和社区组织的就业网络，可以大大减少找工作花费的时间和麻烦。唐人街的很多工作都不需要登广告招工，因为企业家可以通过就业网络来

第九章 结论：唐人街是通向成功的有效替代途径

招收工人。那些没有学历、缺少技能、不懂英语的移民，很难在唐人街外面找到工作。有些人大胆出去尝试，但发现工作机会很少，收入按法定的最低工资标准，每周只能工作五天，结果实际拿到手的工钱往往要少于在唐人街打工。对于有学历、有技术专长但英语能力欠佳的移民，唐人街可以提供一些高级服务类型的工作，特别是在受保护型行业中，使他们不用去干粗活。很明显，男性移民劳工在聚居区族裔经济中就业，可以获得相应的人力资本收入回报，与在主流经济中就业不相上下。

然而，女性移民在唐人街的处境则不如男性移民。族裔社区的大环境并没有使女性移民在经济上获得独立。社会上对女性角色的传统看法，要求她们既做贤妻良母，也要能赚钱养家。大部分妇女自己也认同这种观点。但是她们的实际处境，只有在中华文化的框架中才可以理解。中华传统文化优先考虑的不是个人的得失，而是家庭和整个社区的福祉。很多华人女性移民对自己的工作没有作长远打算，也无心发展个人事业，而是为了能尽快为家庭增加收入，造福全家。她们最关心的是有就业保障，能增加家庭收入。她们并不太计较薪酬的高低。在聚居区族裔经济内，很多工作都与她们的短期目标相吻合。因此，女性移民劳工自身所失去的利益，却可以为她们的家庭带来较大的收益。她们在唐人街的工作，对于实现她们家庭的经济目标必不可少。

唐人街同时也是华人移民免于因社会地位低下而被歧视的避难所。在族裔聚居区内，极少出现族裔或种族关系的紧张状态。但是在聚居区以外，移民劳工必须忍受种族歧视的精神压力。在唐人街内，中华文化使华人移民感到自豪和自信，从而建立和强化族裔身份认同和团结精神。因此，移民劳工更清楚地理解自身的处境，认为他们所付出的代价是有必要和有意义的。

唐人街促进了少数族裔企业的发展，也为移民开启了一条自主创业的道路。聚居区族裔经济内的就业成为职业培训和资本积累的有效手段，有助于一些有开拓精神的移民创业。自主创业是唐人街族裔经济成功的最明显的标志。聚居区族裔经济不仅为受保护型行业，也为外向型行业，如制衣业，创造了许多发展和扩张的机会。虽然一些中型或大型的族裔企业的发展壮大取代了部分小企业，但是大多数族裔企业仍是以小企业或家庭企业为主。这些企业通常只雇请华人，或者只雇佣为数极少的其他族裔的员工。尽管个体企业工作时间长、条件艰苦，企业之间有时会竞争十分激烈，但很多华人移民都有创业的意愿。他们几乎一致认为，自己做生意才是实现他们的经济目标的最佳途径。大量低薪而可靠的华人移民劳工是许多聚居区族裔经济的小企业得以生存和发展的必不可少的条件。个体经营使有眼光和雄心的移民抓住机会创业，同时也为大量的华人移民创造了就业机会。否则他们在主流劳动力市场很难找到工作。由此看来，企业家和工人都从族裔经济的发展中获得了经济利益。

唐人街是否会限制华人的居住流动？在某种程度上来说是会的。华人移民可以把在聚居区族裔经济中得到的收益用来改善居住条件。但是，他们倾向于与唐人街保持一种无形的联系，这种心态影响了他们的居住模式。如今，虽然华人移民仍

第九章 结论：唐人街是通向成功的有效替代途径

然集中在纽约市的唐人街和附近的街区，但这里已经不再是新移民抵达美国的唯一落脚点了。事实上，很多新移民已经绕开唐人街，直接到市内的外围郡区定居。因为唐人街太小，无法接纳太多新移民。华人移民家庭已经分散到纽约市内的外围郡区，在皇后区和布鲁克林区形成了新的、规模较大的华人聚居区。但即便是在这些新的居住区，华人移民仍然与其他族裔有相当高的居住隔离。

影响华人移民居住模式的主要动因，不仅是个人的社会经济因素，也包括家庭和亲属关系网络、聚居区族裔经济，特别是族裔房地产市场的影响。所有这些因素，对新移民选择居住地有重要的作用。华人移民比较偏好和同族裔的人住在一起。所谓的居住流动，并不仅仅是移民从族裔社区搬到多族裔混居的住宅区。有条件搬出唐人街的移民，依然十分依赖唐人街的社会和经济支持。华人居住分散化说明，一方面，如今的华人移民比他们的前辈更能适应唐人街以外的环境。另一方面，他们通过搬到比唐人街条件更好的住宅区，实现了把经济收益转化成居住收益。但是在纽约市，华人的居住流动却受到工作地点的限制。因此大部分的移民家庭不会搬到市区以外，而是聚集在市区的外围郡区，他们喜欢住在离工作地点不太远、交通方便的地方。此外，搬进多族裔混居的社区，并不能够降低种族重新隔离的可能性。住在市区外围郡区的华人移民，与其他族裔群体仍然保持着较高的隔离。

我认为：英文水平、文化习俗和系统性种族歧视仍然是华人移民空间同化（spatial assimilation）的最大障碍。经典理论的空间同化指的是融入白人中产阶级郊区，而不是搬进少数族裔群体混居的住宅区。然而，第二代华人移民在主流社会的地位正在提高。随着移民的英文水平提高，逐渐学会接受或容忍主流社会的文化价值观念，从而被主流群体所认可，他们就可能会更容易实现空间同化。

事实上，经由唐人街这条路径会衍生出三个主要结果。第一是空间分散化（spatial decentralization），即移民从族裔聚居区迁出，散居到其他住宅区。很多华人可以把在族裔经济所获取的经济收益转化为居住收益：要么是在条件较好的白人中产阶级社区（多为郊区）购买住房；要么就是在纽约市内的外围郡区购买年久失修的房屋进行翻新。然而，住在族裔聚居区以外，并不意味着华人移民与唐人街中断联系。华人选择居住地点有两方面的考虑：一是搬进多族裔混居的中产阶级社区，为第二代华人移民融入美国社会铺平道路；二是在唐人街附近以及其他贫穷的城市社区购房，翻新和改建后，自住和出租。这样做可以有效地防止那些贫困社区继续衰落[1]。

第二是结构性同化（structural assimilation）。空间同化为结构性同化提供了条件。移民们把从聚居区族裔经济就业得到的部分收入，重新投资于教育和培训劳动力，尤其是对投资于第二代的人力资本。随着他们的社会经济地位的提高以及空间同化，华人移民的子女能够在理想的社区中进入较好的公立学校。他们在父母的严格要求和儒家文化的影响下，勤奋努力地

---

[1] 参见 Winnick, *New People in Old Neighborhoods*, 1990。

第九章 结论：唐人街是通向成功的有效替代途径

在学校取得优异成绩。因此，他们通过高等教育而直接攀升至中产阶级的地位。

第三是创业文化的形成[①]。华人并非天生就是企业家。他们也不是生来就特别擅长做生意。他们从移民到一个新的国家的特殊经历中，慢慢形成和强化了族裔创业文化。这种文化体现在努力工作、勤俭节约、乐观向上、延迟享受等传统美德。这种移民创业文化保持了族裔认同感，自豪自尊和同舟共济的族裔精神。这种族裔精神的反馈，形成了社会资本，进一步巩固了族裔聚居区的社会和经济结构。

在唐人街，华人雇主利用族裔资源和家庭关系使同族雇员得到就业机会，有利于社区发展。如果没有这种就业机会，移民工人就会因为语言障碍和低学历而难以在主流劳动力市场中找到合适的工作。因此，在族裔聚居区工作未必一定会阻碍移民在主流社会中提高社会经济地位。事实上，很多成功的华人移民已经走出了唐人街。在20世纪80年代，华人移民的受教育程度和家庭收入中位数均高于全美的平均水平。但唐人街依然存在。

第二节 唐人街的社会学研究：理论和实践意义

本书对纽约唐人街的社会学研究，检验了经典同化论、族裔文化和聚居区族裔经济等主要理论所提出的假设。经典同化

[①] 参见 Aldrich and Waldinger, "Ethnicity and Entrepreneurship", 1990; Friedman, "Entrepreneurial Renewal in the Industrial City", 1986。

论认为：美国是一个"大熔炉"，取得成功的唯一机会就是融入主流社会。如果移民坚持自己的文化、语言和价值观，他们将永远会被看成与社会格格不入的外人。此外，同化论认为主流经济的劳动力市场存在着自然和公平的竞争，不同技能要求的工作岗位均匀分布在劳动力市场职业结构中。缺乏技能、人力资本不足的移民通常只能竞争较低层次的工作岗位。随着部分移民群体逐渐在主流社会中站稳脚跟，在社会经济方面获得成功，他们就会离开那些尚未成功的同胞，搬出族裔聚居区，逐渐融入主流社会。结果是族裔聚居区仍然是单一的城市贫民区，不断地衰退，最后有可能会消失。换言之，同化论认为，族裔聚居区只不过是移民成功融入主流社会的跳板。所谓同化，就是接受和认同以白人主导的主流社会的中产阶级价值观和行为标准。

纽约华人的经历表明，"熔炉"只是在某些方面起作用[1]。华人移民为了能搬离唐人街，搬进郊外的白人中产阶级社区，不停地勤奋工作，存钱买房。随着时间的推移，华人移民逐渐实现了空间同化。许多第二代的华人，通过大学和其他正式机构，成功地融入主流社会。他们在学校里品学兼优，脱颖而出，在主流经济中以超高的比例获得高级专业职位。近些年来，他们被誉为"模范少数族裔"。

---

[1] 参见 Hirschman, "America's Melting Pot Reconsidered", 1983; Jiobu, *Ethnicity and Assimilation*, 1988; Langberg and Farley, "Residential Segregation of Asians in 1980", 1985; Tienda and Lii, "Minority Concentration and Earning Inequalities", 1987; Wilson, "Is the American Dream Still Deferred?", 1988。

第九章 结论:唐人街是通向成功的有效替代途径

然而,模范少数族裔的提法忽视了华人移民经历了艰辛崎岖的同化之路,才能在美国取得今天的地位。华人的成功建立在家庭和社区的集体努力之上,克服了重重障碍。华人至今仍然不愿意放弃自己的文化、语言和价值观。他们大部分人以自己是华人为骄傲。即使那些英语讲得很好的移民,在家中也仍然说中文。他们要求自己的子女讲中文,学习中国的道德教诲,生怕他们的子女变得太"美国化"。他们坚持自己的传统饮食习惯,保持自己的积蓄和消费方式。一些比较成功的华人移民,在唐人街和郊外拥有房子,供子女上大学,自己却仍在餐馆或衣厂做着低薪的工作。

这种经历也可以理解为同化吗?当然可以。但不是按照经典同化论所预测的途径。那怎么解释唐人街的存在呢?根据同化论的预测,如果成功的华人移民搬出唐人街,而贫穷的新移民不断地涌进,唐人街应该会逐渐衰落,变成贫民区。这是纽约市区内许多黑人社区所面临的问题。随着成功的黑人离开贫民区,搬到中产阶级的社区,原本的黑人社区便经历社会组织解体而逐渐衰落[1]。城市黑人除了面临与奴隶历史相关的社会地位低下的阻力,也被剥夺了文化禀赋和社会资本,这些文化禀赋和社会资本是少数族裔取得成功的重要资源。近年来的研究发现,只有少数黑人能通过教育和其他社会机制在主流社会中提高自身的社会经济地位和实现空间同化[2]。少数黑人中产阶级

---

[1] 参见 Jencks and Peterson, *The Urban Underclass*, 1991; Wilson, *The Truly Disadvantaged*, 1987。

[2] 参见 Wilson, *The Truly Disadvantaged*, 1987。

的向上社会流动和空间同化,进一步加剧了原来黑人区的社会错位和经济剥夺,导致贫民窟的形成和城市下层阶级的形成。尽管政府推行包括公共援助、平权法案、民权立法、城市发展和社区改造等政策,但都效果不理想[①]。

唐人街的状况却刚好相反:蒸蒸日上,不断扩展,毫无衰落的迹象。华人移民避免了缓慢而痛苦的社区退化,创立了自己的聚居区族裔经济,为自己经济发展提供了机会,绕开了从社会底层开始奋斗、社会地位低下的困境。

唐人街令人瞩目的结果,并非华人独有的现象。韩国移民是近年来发展最快的亚裔群体之一,已经成功地垄断了纽约市的杂货贸易。他们的大多数人来自中产阶级的背景,有很强的人力资本和金融资本,但是由于不懂英语,开始时他们处于劣势地位。他们出国前已经具有中产阶级的地位,强烈的自尊心使他们不愿意接受在主流经济中从事低薪的粗重工作。他们通过调动自己的族裔资源而成为企业家,建立社区,建立跨地域边界的聚居区族裔经济。如今,韩国移民拥有和经营纽约市大部分社区的杂货店,尤其是在贫穷社区。但是,他们大部分人都不住在这些贫民区里[②]。

纽约市内的多米尼加移民,因为受教育程度低和边缘移民的身份,曾一度被视为典型的廉价劳动力盲流。但是,多米尼加移民借助于他们的族裔社区组织,开始走出在主流经济底层

[①] 参见 Kasarda, "Urban Industrial Transition and the Underclass", 1989, p. 27。

[②] 参见 Kim, *New Urban Immigrants*, 1981; Sakong, *Rethinking the Impact of the Enclave*, 1990。

第九章 结论：唐人街是通向成功的有效替代途径

中干粗重活的死胡同。最近的一些研究结果表明，在华盛顿高地的多米尼加社区，不仅发展扩大了族裔聚居区的经济，而且还在其祖籍国多米尼加共和国扩展跨国企业①。按照美国人的标准，大部分多米尼加移民仍然贫穷，但他们正在通过努力工作来实现自己的期望。

古巴移民也是一个经常被人们引用的成功案例。他们的同化过程从难民开始②。与其他的移民群体不同，他们的难民身份可以使他们在职业培训和就业等方面得到政府的特殊帮助。政府极力引导他们离开迈阿密的小哈瓦那，把他们分散到迈阿密以外的其他城市，让他们到主流经济劳动力市场，尤其是次级劳动力市场去找工作。但是，那些中产阶级背景的古巴移民，主要是通过在族裔聚居区自主创业而发家致富，而不是在主流经济的次级劳动力市场中打工挣钱。迈阿密古巴聚居区族裔经济的研究结果表明，在古巴裔聚居区族裔经济内就业的古巴移民，相比起那些在主流经济次级劳动力市场就业的古巴移民，其职位与他们的学历相称，他们的收入与职位也较为相称③。古巴移民在聚居区族裔经济内更有可能自主创业。借助这条成功的途径，移民们就无须从主流经济的最底层开始，逐渐向上流动直至同化。同时，族裔聚居区还能提供社会资本，帮助移民克服障碍，在经济上取得成功。

---

① 参见 Portes, "The Social Origins of the Cuban Enclave Economy of Miami", 1987; Portes and Guarnizo, "Tropical Capitalists", 1991。

② 参见 Wilson and Portes, "Immigrant Enclaves", 1980。

③ 参见 Wilson and Portes, "Immigrant Enclaves", 1980, p. 313。

经典同化论似乎不适用于这些源自欧洲以外的移民群体，也无法解释城市贫民区和族裔聚居区的差异。显然，移民搬离族裔聚居区与他们已经取得较高的社会经济地位密切相关。但是，某些移民群体在社会经济地位提高以后，虽然离开了族裔聚居区，但并不一定会导致原有的族裔聚居区的衰败和消失。成功的华人、韩国人和多米尼加人，大都不住在纽约市的唐人街、韩国城和多米尼加社区。古巴移民的企业家和比较富足的工人也都在迈阿密郊区买了房子。但是，这些外迁的族裔群体成员并没有抛弃他们的社区。相反，他们的财富和他们生活中重要的组成部分仍然与族裔聚居区息息相关。

移民个体社会流动结果在多大程度上能导致移民社区的衰落或避免族群陷入永久贫穷的困境呢？族裔文化理论强调族裔认同在移民同化过程中的重要作用。根据这个理论，不同的移民群体各有不同的适应新国家的方式。新移民刚来时的弱势会对族裔聚居区的族裔隔离产生明显的影响。正是因为这样，在一个具有自己特色文化，熟悉而可靠，可以如常地作为就业、社会支持和适应社会的环境中，可以使同化之路更为畅顺。尽管随着时间的推移，移民和他们的后代会搬迁到更新更好的社区，但是他们最初定居的地方仍然会保持着族裔认同的文化象征。

族裔文化理论并不否认最终同化的可能性。它只是强调文化特征和族裔网络帮助移民在特殊情况下融入社会的重要性。但是，这个理论只注重原先存在的文化和族裔性，而忽视这些文化因素的动态本质。例如：为什么某些族群能够保留这些文

第九章 结论：唐人街是通向成功的有效替代途径

化和族裔性而使其有利于族群的社会融入？而另一些族群的文化和族裔性却遭到系统性的破坏而导致恶性循环？

聚居区族裔经济理论强调结构和文化两个部分的互动，结构条件造成了不同移民群体的境况和行为方面的差异，某些移民群体被剥夺了参与主流经济的平等机会，可能是由于他们刚进入劳动力市场时，缺乏经验和技能，以及教育程度较低等结构性因素所导致的。

纽约市的华人移民与其他来自亚洲、加勒比海和拉丁美洲的移民一样，由于不懂英语而面临结构障碍。他们当中有许多人受过较高程度的教育，具有市场需要的技能。但是，他们的教育和工作技能却难以在主流劳动力市场得到发挥。此外，他们对主流劳动力市场的信息知之甚少。从人力资本的角度来看，华人移民刚起步的社会地位相当于甚至低于城市的下层阶级。假如他们与美国本土的劳工阶级在主流劳动力市场中竞争，要么就是通过接受低薪来取胜，要么就会被工会和政治上强大的美国劳工阶级赶出主流劳动力市场，就像他们的前辈一百年前的经历一样。但是，大部分的华人移民根本就无法直接进入主流劳动力市场，因为那里除了结构障碍也没有足够的工作岗位。

城市工业的转型使纽约市的劳动力市场失去了大量的蓝领和制造业工作岗位。在20世纪70年代，纽约市减少了17万个蓝领工作岗位，增加了26万个信息密集型职位[1]。城市劳工

---

[1] 参见 Kasarda, "Urban Industrial Transition and the Underclass", 1989, pp. 28-29。

阶级受到巨大打击，很多本土的工人失业。就在这十多年间，大量的移民涌入纽约。仅华人人数就增加了80%。如果没有聚居区族裔经济来吸纳这一大批新移民劳动力，身处弱势的华人移民也只会失业。

唐人街族裔经济中的外向型行业通过调动族裔资源，把一部分因为全球化和资本主义经济重整而失去的制造业工作岗位拉回到纽约市。如此，唐人街开拓了一种适合于华人移民价值观需要的工作机会结构，有利于他们努力地融入美国社会。

如果以局外人的规范和价值观来衡量，聚居区族裔经济的外向型行业近乎残酷剥削。聚居区族裔经济的生存，的确是依赖大量的廉价移民劳动力，因为没有任何一个土生的美国工人对这些工作感兴趣（高昂的劳动力成本是各大城市制造业萎缩的主要原因之一）。此外，廉价劳动力大大降低了技术革新的动力。劳动密集型企业需要依靠源源不断的移民劳工，以求长期保持竞争力。从短期来看，低薪的工作招聘对移民和族裔企业双方都有很大好处。但是，大量移民涌入这些行业，可能不利于聚居区族裔经济融入主流经济。有些类型的工作被认为是移民干的工作，让土生的工人对此更加嗤之以鼻。尽管聚居区族裔经济能够适应主流经济的结构变化和新的情况，却不能与主流行业平起平坐，也不可能融入主流行业。因此，唐人街不符合主流社会的期望。然而，华人移民能够理解和接受这个现实，这是他们实现自己奋斗目标的有效途径。如果没有这种族裔共识，聚居区族裔经济也不可能繁荣兴旺。

在可预见的将来，华人移民将继续对族裔聚居区产生影

第九章 结论：唐人街是通向成功的有效替代途径

响。唐人街将继续作为新移民融入主流社会的可选之路。未来的唐人街仍然充满生机和希望。自从1965年以来，唐人街在经济上取得了意想不到的发展。唐人街蓬勃发展的经济和多元化的人口变化，使唐人街成为纽约市最具活力的移民聚居区之一。唐人街最大的负面问题是，很多移民仍然摆脱不了弱势地位。唐人街将继续作为低教育和低技能的新移民的定居中心，低薪的劳动密集型工作仍会在聚居区族裔经济的劳动力市场占主要位置。然而，这些存在的负面问题不应掩盖唐人街成功的意义。

华人聚居区族裔经济发展的经验，可能会对解决城市下层阶级的问题有所启发。第一，少数族裔群体的社会经济融入的途径并不是直线单向的，族裔聚居区也可以是其中一条可行的途径。毫无疑问，教育对于个人或弱势群体极为重要。可是，在以种族划分等级的主流社会中，社会生活、公共政策和种族歧视等种种因素，系统性地阻碍了少数族裔成员通过正式渠道提高向上社会流动的可能性。如果向上社会流动的机会仅仅取决于学校里的表现和教育成就，很多少数族裔成员就会看到他们的同胞因此而成功地在职场中找到高级职位，他们的期望和动力就会大大增加。反之，他们很容易会被疏远和异化。很多大城市的中学辍学生，大都无法把自己的未来的职业前景与自己目前的学习成绩有机地联系在一起。

第二，把族裔聚居区笼统地视为阻碍少数族裔群体社会流动的一个陷阱，这是一种偏见。在移民接收城市中，一些移民群体的族裔聚居区有着巨大的社会经济潜力，其中少数族裔创业是最为明显的特点。创业是新移民少有的机会之一。更重要的是，自主创业是克服歧视和积累人力资本投资的捷径。对于华裔、日本裔、韩裔（以及一些早期欧洲移民群体，如德国裔和俄国的犹太裔）等，第一代移民把创业所积累起来的财富投资于第二代，确保他们能接受最好的教育。也有证据表明，非洲裔黑人企业家的子女往往比其他黑人有更多的机会上大学，有更高的大学毕业率[①]。尽管很多华人企业家不住在唐人街，他们在社会文化和经济方面仍然与自己的族裔社区连在一起，这种密切的联系有效地防止了族裔资源的外流和族裔社区的衰落。

第三，文化传统和族裔性在某种程度上可以维系和加强认同感、社区感和自尊感。族裔认同所产生的文化和社会资源，弥补了族裔群体成员作为少数族裔的不利地位。家庭和亲属的社会网络以及以诚相待、相互信任和承担义务的集体主义精神，都是十分有价值的社会资本，有助于创业的成功和社区的建设。聚居区族裔经济的发展和成功，为其他族裔群体成员创造了就业和创业的机会，树立了成功的榜样。更重要的是，虽然主流社会对少数族裔群体充满了负面的刻板印象和文化偏见，但族裔聚居区可以充分调动各种资源，帮助群体成员克服困难，取得成功。在很多情况下，不同的少数族裔群体的人生目标与主流社会的大同小异。但是，实现目标的方式可能会因不同的族裔文化价值观和不同族裔社区的内在组织结构而有所不同。例如，在华人社区，无论是富有的华人企业家或是

---

① 参见 Butler, *Entrepreneurship and Self-Help among Black Americans*, 1991。

第九章 结论：唐人街是通向成功的有效替代途径

唐人街低薪收入的工人，都极力督促他们的子女用功读书取得好成绩，以利将来在职场中找到好的工作岗位。这种高度重视教育、通过教育取得职业成就的务实文化（与主流社会一样），对第二代的社会流动有很大的影响。更进一步来说，族裔社区还可以结合主流文化和本族文化的精髓，培养下一代的双文化技能[①]。

唐人街无疑是成功的。但如何看唐人街对于族裔群体成员社会流动的作用，意见和解释不可能完全一致。无论如何，未来的唐人街将会面临挑战。有人担心，假如日后移民人数减少了，唐人街的族裔经济是否会随之衰落，甚至最终消亡？这似乎是不太可能的。所谓零增长的假设，并非现实。况且，聚居区族裔经济的发展，会受到美国主流经济的变化和发展的影响。因此唐人街的前途并非仅仅取决于移民人数。无论如何去预测唐人街今后 10 年或 20 年的前景，有一点是肯定的，聚居区族裔经济对华人移民的影响将会继续无处不在。没有任何一种经济结构是永恒不灭的。但是，只要创业和奋斗向上的精神还在，就会有新的企业取代旧的企业，聚居区族裔经济就不会因为移民人数减少而没落。评价一个族裔社区，就像评价一个人一样：不是看他能否永生，而是看他在有生之年做过什么，对社会和家庭有过什么贡献，在他离开人世之前和离世之时，他的经验和精神能否激发新事物的产生。

迄今为止，聚居区族裔经济理论还较为新颖，尚待进一步

---

① 参见 Greenstone, "Culture, Rationality, and the Underclass", 1991, p. 407。

深入地研究。因此，我的研究结果仍需谨慎地予以诠释，其普适性也许有限，未来的研究也可能会得出不同的结论。本书的结论与经典同化论的预测有较大的差异，但也没有完全推翻同化论。大批华人移民的涌入，是从1965年美国移民法改革以后才开始的，距离我的定量统计分析数据（1980年人口普查数据）仅有15年。虽然其他学者也把同化论应用在研究新移民比例较高的拉丁裔和亚裔少数族裔群体，但同化过程是跨代际的，其结果会因时间推移而不断变化，也许目前有些变化是我尚未察觉到的。20世纪80年代维系聚居区族裔经济的唐人街社会结构是否能持续到下一个世纪？族裔聚居区再过15年、30年之后，对华裔美国人和他们的子孙后代又会产生什么样的影响？这些都是悬而未决的实证问题，尚待进一步深入探讨和研究。

参考文献

Alba, Richard D. 1986. "Interpreting the Parameters of Log-Linear Models." *Sociological Methods and Research* 16 (1): 45–77.
———. 1985a. "The Twilight of Ethnicity among Americans of European Ancestry: The Case of Italians." *Ethnic and Racial Studies* 8 (1): 134–158.
———. 1985b. *Italian Americans: Into the Twilight of Ethnicity*. Englewood Cliffs, N.J.: Prentice-Hall.
Alba, Richard D., and John R. Logan. 1991. "Variations on Two Themes: Racial and Ethnic Patterns in the Attainment of Suburban Residence." *Demography* 28 (3): 431–453.
Aldrich, Howard, and John Carter. 1985. "Ethnic Residential Concentration and the Protected Market Hypothesis." *Social Forces* 63: 996–1009.
Aldrich, Howard, and Roger Waldinger. 1990. "Ethnicity and Entrepreneurship." *Annual Review of Sociology* 16: 111–135.
Aldrich, Howard, and Catherine Zimmer. 1989. "Continuities in the Study of Ecological Succession: Asian Businesses in Three English Cities." *Social Forces* 67: 920–944.
Aubits, Shawn. 1988. "Tracing Early Chinese Immigration into the United States: The Use of I.N.S. Documents." *Amerasia Journal* 14 (2): 37–46.
Averitt, Robert T. 1968. *The Dual Economy: The Dynamics of American Industry Structure*. New York: Norton.
Bach, Robert L. 1986. "Immigration: Issues of Ethnicity, Class, and Public Policy in the United States." *Annals of the American Academy of Political and Social Sciences* 485 (May): 139–152.
Bailey, Thomas, and Roger Waldinger. 1987. *A Human Resource Development Strategy for the New York City Garment Industry*. A report prepared for the Garment Industry Development Corporation.
———. 1984. "A Skills Mismatch in New York's Labor Market?" *New York Affairs* 8 (3): 3–18.
Banno, Masatak. 1964. *China and the West, 1858–1861*. Cambridge: Cambridge University Press.
Barth, Gunther. 1964. *Bitter Strength: A History of the Chinese in the United States, 1850–1870*. Cambridge: Harvard University Press.
Beck, E. M., Patrick M. Horan, and Charles M. Tolbert II. 1978. "Stratification

in a Dual Economy: A Sectoral Model of Earnings Determination." *American Sociological Review* 43: 704–720.
Berk, Richard A. 1983. "An Introduction to Sample Selection Bias in Sociological Data." *American Sociological Review* 48: 386–398.
Blau, Francine D., and Marianne A. Ferber. 1986. *The Economics of Women, Men, and Work*. Englewood Cliffs, N.J.: Prentice-Hall.
Blau, Peter, and Otis Dudley Duncan. 1967. *The American Occupational Structure*. New York: Free Press.
Bonacich, Edna. 1984a. "Asian Labor in the Development of California and Hawaii." In Lucie Cheng and Edna Bonacich, eds., *Labor Immigration under Capitalism: Asian Workers in the United States before World War II*. Berkeley: University of California Press. Pp. 130–185.
——— 1984b. "United States Capitalist Development: A Background to Asian Immigration." In Lucie Cheng and Edna Bonacich, eds., *Labor Immigration under Capitalism: Asian Workers in the United States before World War II*. Berkeley: University of California Press. Pp. 79–129.
———. 1973. "A Theory of Middleman Minorities." *American Sociological Review* 38: 583–594.
———. 1972. "A Theory of Ethnic Antagonism: The Split Labor Market." *American Sociological Review* 37: 547–59.
Bonacich, Edna, and Ivan Light. 1988. *Immigrant Entrepreneurs: Koreans in Los Angeles, 1965–1982*. Berkeley: University of California Press.
Bonacich, Edna, Ivan Light, and Charles Choy Wong. 1977. "Koreans in Small Business." *Society* 14: 54–59.
Bonacich, Edna, and John M. Modell. 1980. *The Economic Basis of Ethnic Solidarity: Small Business in the Japanese Community*. Berkeley: University of California Press.
Borjas, George J. 1990. *Friends or Strangers: The Impact of Immigrants on the U.S. Economy*. New York: Basic Books.
———. 1989. "Economic Theory and International Migration." *International Migration Review* 23 (3): 457–85.
Briggs, Vernon M. 1975. "Mexican Workers in the United States Labor Market: A Contemporary Dilemma." *International Labor Review* 112 (November): 351–368.
Bu Gao Ban. Newsletter of the New York Chinatown History Project, 1984–1989.
Burgess, Ernest W. 1923. "The Growth of the City: An Introduction to a Research Project." In *Proceedings of the American Sociological Society*. Vol. 18. Chicago: University of Chicago Press. Pp. 57–85.
Butler, John S. 1991. *Entrepreneurship and Self-Help among Black Americans: A Reconsideration of Race and Economics*. New York: State University of New York Press.
Chan, Sucheng. 1986. *This Bitter-sweet Soil: The Chinese in California Agriculture, 1860–1910*. Berkeley: University of California Press.
Chen, Jack. 1980. *The Chinese of America*. San Francisco: Harper and Row.
Cheng, Lucie, and Edna Bonacich, eds. 1984. *Labor Immigration under Capital-*

参考文献

ism: *Asian Workers in the United States before World War II*. Berkeley: University of California Press.
Cheng, Nien. 1987. *Life and Death in Shanghai*. New York: Grove Press.
Chiswick, Barry R. 1983. "An Analysis of the Earnings and Employment of Asian-American Men." *Journal of Labor Economics* 1 (2): 197–214.
——. 1980. "Immigrant Earnings Patterns by Sex, Race, and Ethnic Groupings." *Monthly Labor Review* 103 (October): 22–25.
——. 1977. "Sons of Immigrants: Are They at an Earnings Disadvantage?" *American Economic Review* 7 (Supplement): 376–380.
Choldin, Harvey M. 1973. "Kinship Networks in the Migration Process." *International Migration Review* 7 (Summer): 163–175.
Chu, Daniel, and Samuel Chu. 1967. *Passage to the Golden Gate: A History of the Chinese in America to 1910*. New York: Zenith Books.
Cobas, José A. 1985. "A New Test and Extension of Propositions from the Bonacich Syntheses." *Social Forces* 64: 432–441.
Coleman, James S. 1988. "Social Capital in the Creation of Human Capital." *American Journal of Sociology* 94 (Supplement): S95–120.
Conwell, Russell H. 1871. *Why and How: Why the Chinese Emigrate and the Means They Adopt for the Purpose of Reaching America*. Boston: Lee and Shepard.
Coolidge, Mary Roberts. 1909. *Chinese Immigration*. New York: Henry Holt.
Cortese, Charles, R. Frank Falk, and Jack K. Cohen. 1976. "Further Considerations of the Methodological Analysis of Segregation Indices." *American Sociological Review* 41: 630–637.
Daniels, Roger. 1988. *Asian America: Chinese and Japanese in the United States since 1850*. Seattle: University of Washington Press.
Davis, Kingsley, and Wilbert E. Moore. 1945. "Some Principles of Stratification." *American Sociological Review* 10: 242–247.
Deng, Zhiduan. 1991. "China's Brain Drain Problem: Causes, Consequences, and Policy Options." *Papers of the Center for Modern China* 11: 1–46.
Dillon, Richard H. 1962. *The Hatchet Men: The Story of the Tong Wars in San Francisco's Chinatown*. New York: Coward-McCann.
Duncan, Otis Dudley. 1977a. "A Socioeconomic Index for All Occupations." In Albert J. Reiss, Otis Dudley Duncan, Paul K. Hatt, and Cecil C. North, eds. *Occupation and Social Status*. New York: Arno Press. Pp. 109–138.
—— 1977b. "Properties and Characteristics of the Socioeconomic Index." In Albert J. Reiss, Otis Dudley Duncan, Paul K. Hatt and Cecil C. North, eds. *Occupation and Social Status*. New York: Arno Press. Pp. 139–161.
Duncan, Otis Dudley, and Beverly Duncan. 1955. "A Methodological Analysis of Segregation Indices." *American Sociological Review* 20: 210–217.
Duncan, Otis Dudley, and Stanley Lieberson. 1959. "Ethnic Segregation and Assimilation." *American Journal of Sociology* 64: 364–374.
Edwards, Richard C. 1975. "The Social Relations of Production in the Firm and Labor Market Structure." In Richard C. Edwards, Michael Reich, and David M. Gordon, eds., *Labor Market Segmentation*. Lexington, Mass.: D.C. Heath. Pp. 3–26.
England, Paula. 1982. "Assessing Trends in Occupational Sex Segregation,

1900–1976." In Ivar Berg, ed., *Sociological Perspectives on Labor Markets*. New York: Academic Press. Pp. 273–295.

Evans, M.D.R. 1989. "Immigrant Entrepreneurship: Effects of Ethnic Market Size and Isolated Labor Pool." *American Sociological Review* 54: 950–962.

Fischer, Claude S. 1984. *The Urban Experience*. 2d ed. New York: Harcourt Brace Jovanovich.

Freeman, Marcia. 1983. "The Labor Market for Immigrants in New York City." *New York Affairs* 7 (4): 94–111.

Frey, William H., and Aldon Speare, Jr. 1988. *Regional and Metropolitan Growth and Decline in the United States*. New York: Russell Sage Foundation.

Friedman, Robert E. 1986. "Entrepreneurial Renewal in the Industrial City." *Annals of the American Academy of Political and Social Sciences* 488 (November): 35–44.

Galbraith, John K. 1971. *The New Industrial State*. New York: Mentor.

Gans, Herbert. 1979. "Symbolic Ethnicity: The Future of Ethnic Groups and Cultures in America." *Ethnic and Racial Studies* 2: 1–20.

———. 1962. *The Urban Villagers: Group and Class in the Life of Italian-Americans*. New York: Free Press.

Gargan, Edward A. 1981. "New Money, People, and Ideas Alter Chinatown of Tradition." *New York Times*, December 28, 1:1.

Glazer, Nathan, and Daniel P. Moynihan. 1970. *Beyond the Melting Pot: The Negroes, Puerto Ricans, Jews, Italians, and Irish of New York City*. Cambridge, Mass.: MIT Press.

Glenn, Evelyn. 1983. "Split Household, Small Producer, and Dual Wage Earner: An Analysis of Chinese-American Family Strategies." *Journal of Marriage and the Family* 45: 35–46.

Gordon, David M. 1972. *Theories of Poverty and Underemployment: Orthodox, Radical, and Dual Labor Market Perspectives*. Lexington, Mass.: D. C. Heath.

Gordon, Milton M. 1964. *Assimilation in American Life: The Role of Race, Religion, and National Origins*. New York: Oxford University Press.

Granovetter, Mark. 1985. "Economic Action and Social Structure: The Problem of Embeddedness." *American Journal of Sociology* 91: 481–510.

Greenstone, J. David. 1991. "Culture, Rationality, and the Underclass." In Christopher Jencks and Paul E. Peterson, eds. *The Urban Underclass*. Washington, D.C.: Brookings Institution. Pp. 399–408.

Guest, Avery M., and James A. Weed. 1976. "Ethnic Residential Segregation: Patterns of Change." *American Journal of Sociology* 81: 1088–1111.

Haines, David W. 1986. "Vietnamese Refugee Women in the U.S. Labor Force: Continuity or Change?" In Rita James Simon and Caroline B. Brettell, eds., *International Migration: The Female Experience*. New Jersey: Rowman and Allanheld. Pp. 62–75.

Handlin, Oscar. 1951. *The Uprooted: The Epic Story of the Great Migrations That Made the American People*. Boston: Little, Brown.

Hauser, Robert M. 1980. "On Stratification in a Dual Economy: A Comment on Beck, Horan, and Tolbert, 1978." *American Sociological Review* 45: 702–712.

Heinberg, John D., Jeffrey K. Harris, and Robert L. York. 1989. "The Process of Exempt Immediate Relative Immigration to the United States." *International Migration Review*. 23 (4): 839–855.

Hirschman, Charles. 1983. "America's Melting Pot Reconsidered." *Annual Review of Sociology* 9: 397–423.

Hodge, Robert W., and Patricia Hodge. 1965. "Occupational Assimilation as a Competitive Process." *American Journal of Sociology* 71: 249–264.

Houston, Randy, and Robert L. Kaufman. 1982. "Economic Dualism: A Critical Review." *American Sociological Review* 47: 727–739.

Hsia, Hayjia. 1988. *Asian Americans in Higher Education and at Work*. Hillsdale, N.J.: Lawrence Erlbaum Associates.

Huber, Joan, and Glenna Spitze. 1983. *Sex Stratification: Children, Housework, and Jobs*. New York: Academic Press.

Hunter, Albert. 1974. *Symbolic Communities: The Persistence and Change of Chicago's Local Communities*. Chicago: University of Chicago Press.

Hurh, Won Moo, and Kwang Chung Kim. 1984. *Korean Immigrants in America: A Structural Analysis of Ethnic Confinement and Adhesive Adaptation*. Rutherford, N.J.: Fairleigh Dickinson University Press.

ILGWU (International Ladies' Garment Workers' Union, Local 23–25) and the New York Skirt and Sportswear Association. 1983. *The Chinatown Garment Industry Study*. New York: Abeles, Schwartz, Haeckel & Silverblatt.

INS Statistical Yearbook. 1950 to 1988. *Statistical Yearbook of the Immigration and Naturalization Service*. U.S. Department of Justice.

Jackson, Peter. 1983. "Ethnic Turf: Competition on the Canal Street Divide." *New York Affairs* 7 (4): 149–158.

Jencks, Christopher, and Paul E. Peterson, eds. 1991. *The Urban Underclass*. Washington, D.C.: Brookings Institution.

Jiobu, Robert M. 1988. *Ethnicity and Assimilation: Blacks, Chinese, Filipinos, Japanese, Koreans, Mexicans, Vietnamese, and Whites*. Albany: State University of New York Press.

Kahn-Hut, Rachel, Arlene Kaplan Daniels, and Richard Colvard. 1982. *Women and Work: Problems and Perspectives*. New York: Oxford University Press.

Kantrowitz, Nathan. 1973. *Ethnic and Racial Segregation in the New York Metropolis*. New York: Praeger.

Kasarda, John D. 1989. "Urban Industrial Transition and the Underclass." *Annals of the American Academy of Political and Social Science* 501: 26–47.

———. 1983. "Entry-Level Jobs, Mobility, and Urban Minority Unemployment." *Urban Affairs Quarterly* 19 (1): 21–40.

Key Publications. 1988. *Chinese Business Guide and Directory for Metropolitan New York and Boston, 1988*.

Kifner, John. 1991. "Immigrant Waves from Asia Bring an Underworld Ashore." *New York Times*, January 6, p. 1.

Kim, Illsoo. 1987. "The Koreans: Small Business in an Urban Frontier." In Nancy Foner, ed., *New Immigrants in New York*. New York: Columbia University Press. Pp. 219–242.

———. 1981. *New Urban Immigrants: The Korean Community in New York*. Princeton: Princeton University Press.

Kinkead, Gwen. 1991. "A Report at Large: Chinatown." *The New Yorker,* June 16, pp. 45–83.
Kraly, Ellen Percy. 1987. "U.S. Immigration Policy and the Immigrant Populations of New York." In Nancy Foner, ed. *New Immigrants in New York.* New York: Columbia University Press. Pp. 35–78.
Kung, Chung-wu, 1975. "Cultural Revolution in Modern Chinese History." In Victor Nee and James Peck, eds., *China's Uninterrupted Revolution, from 1840 to the Present.* New York: Pantheon Books. Pp. 218–321.
Kung, Lydia. 1983. *Factory Women in Taiwan.* Studies in Cultural Anthropology. Ann Arbor, Mich.: UMI Research Press.
Kuo, Chia-ling. 1977. *Social and Political Change in New York's Chinatown: The Role of Voluntary Associations.* New York: Praeger.
Kwong, Peter. 1987. *The New Chinatown.* New York: Hill and Wang.
———. 1979. *Chinatown, New York: Labor and Politics, 1930–1950.* New York: Monthly Review Press.
Langberg, Mark, and Reynolds Farley. 1985. "Residential Segregation of Asians in 1980." *Sociology and Social Research* 69: 51–61.
Li, Peter. 1977. "Occupational Achievement and Kinship Assistance among Chinese Immigrants in Chicago." *Sociological Quarterly* 18: 478–489.
Lieberson, Stanley. 1980. *A Piece of the Pie.* Berkeley: University of California Press.
———. 1963. *Ethnic Patterns in American Cities.* New York: Free Press.
Lieberson, Stanley, and D. K. Carter. 1982. "Temporal Changes and Urban Differences in Residential Segregation: A Reconsideration." *American Journal of Sociology* 89: 296–310.
Lieberson, Stanley, and Mary C. Waters. 1986. "Ethnic Groups in Flux: The Changing Ethnic Responses of American Whites." *Annals of the American Academy of Political and Social Sciences* 487 (September): 79–91.
Light, Ivan H. 1984. "Immigrant and Ethnic Enterprise in North America." *Ethnic and Racial Studies* 7, (2): 195–216.
———. 1972. *Ethnic Enterprises in America: Business Welfare among Chinese, Japanese, and Blacks.* Berkeley: University of California Press.
Light, Ivan H., and Charles Choy Wong. 1975. "Protest or Work: Dilemmas of the Tourist Industry in American Chinatowns." *American Journal of Sociology* 80: 1342–1368.
Lindstrom-Best, Varpu. 1988. *Defiant Sisters: A Social History of Finnish Immigrant Women in Canada.* Toronto: Multicultural History Society of Ontario.
Logan, John R., and Mark Schneider. 1984. "Racial Segregation and Racial Change in American Suburbs, 1970–1980." *American Journal of Sociology* 89: 875–888.
Logan, John R., and Linda B. Stearns. 1981. "Suburban Racial Segregation as a Non-ecological Process." *Social Forces* 60: 61–73.
Loo, Chalsa, and Don Mar. 1982. "Desired Residential Mobility in a Low Income Ethnic Community: A Case Study of Chinatown." *Journal of Social Issues* 38 (3): 95–106.
Lyman, Stanford M. 1986. *Chinatown and Little Tokyo: Power, Conflict, and Com-

munity among Chinese and Japanese Immigrants in America. Millwood, N.Y.: Associated Faculty Press.
———. 1974. *Chinese Americans.* New York: Random House.
MacDonald, J. S., and L. D. MacDonald. 1964. "Chain Migration, Ethnic Neighborhood Formation, and Social Networks." *Milbank Memorial Fund Quarterly* 42: 82–91.
Mar, Don. 1984. *Chinese Immigrants and the Ethnic Labor Market.* Ph.D diss., University of California, Berkeley.
Massey, Douglas S., and Nancy A. Denton. 1988. "Suburbanization and Segregation in U.S. Metropolitan Areas." *American Journal of Sociology* 94: 592–626.
———. 1987. "Trends in the Residential Segregation of Blacks, Hispanics, and Asians, 1970–1980." *American Sociological Review* 52: 802–825.
———. 1985. "Spatial Assimilation as a Socioeconomic Outcome." *American Sociological Review* 50: 94–105.
Massey, Douglas S., and Brendan P. Mullan. 1984. "Processes of Hispanic and Black Spatial Assimilation." *American Journal of Sociology* 89: 836–73.
McCunn, Ruthanne Lum. 1979. *An Illustrated History of the Chinese in America.* San Francisco: Design Enterprises of San Francisco.
McKee, Delber L. 1977. *Chinese Exclusion versus the Open Door Policy, 1900–1906: Clashes over China Policy in the Roosevelt Era.* Detroit: Wayne State University Press.
McKenzie, Roderick D. 1927. *Oriental Exclusion.* New York: American Group Institute of Pacific Relations.
Meadows, Paul. 1980. "Immigration Theory: A Review of Thematic Strategies." In Roy Simon Bryce-Laporte, ed., *Sourcebook on the New Immigration.* New Brunswick, N.J.: Transaction Books. Pp. 397–411.
Miller, Robert K. 1982. "Patterns of Employment Difficulty among European Immigrant Industrial Workers during the Great Depression: Local Opportunity and Cultural Heritage." In Ivar Berg, ed., *Sociological Perspectives on Labor Markets.* New York: Academic Press. Pp. 297–325.
Miller, Stuart Creighton. 1969. *The Unwelcome Immigrants: The American Image of the Chinese, 1785–1882.* Berkeley: University of California Press.
Min, P. G. 1988. *Ethnic Business Enterprise: Korean Small Business in Atlanta.* New York: AMS Press.
Mincer, Jacob. 1974. *Schooling and Experience.* New York: National Bureau of Economic Research.
Muller, Thomas, and Thomas J. Espenshade. 1985. *The Fourth Wave: California's Newest Immigrants.* Washington, D.C.: Urban Institutes.
Nee, Victor, and Brett de Bary Nee. 1973. *Longtime Californ': A Study of an American Chinatown.* Stanford: Stanford University Press.
Nee, Victor, and Jimy M. Sanders. 1987. "On Testing the Enclave-Economy Hypothesis." *American Sociological Review* 52: 771–73.
———. 1985. "The Road to Parity: Determinants of the Socio-economic Achievements of Asian Americans." *Ethnic and Racial Studies* 8: 75–93.
Nishi, Setsuko Matsunaga. 1979. "The New Wave of Asian Americans." *New York Affairs* 5 (3): 82–86.

NORC (National Opinion Research Center, University of Chicago). 1988. *General Social Surveys, 1972–1988: Cumulative Codebook.* Produced as part of the National Data Program for the Social Sciences, July.

NYCDCP (New York City Department of City Planning). 1986. *Asians in New York City: A Demographic Summary.* Prepared for the Mayor's Task Force on the Year 2000: Asian-American Issues, by Office of Immigrant Affairs and Population Analysis Division.

———. 1979. *Manhattan Bridge Area Study: Chinatown.*

———. 1976. *Chinatown Street Revitalization.*

NYCREC (New York City Real Estate Corporation). 1988. *Manhattan Real Estate Transactions, 1988.*

NYS-IATFIA (New York State Inter-Agency Task Force on Immigration Affairs). 1988. *Workplace Discrimination under the Immigration Reform and Control Act of 1986: A Study of Impacts on New Yorkers.*

Papademetriou, Demetrios G. 1990. "Contending Approaches to Reforming the U.S. Legal Immigration System." Paper prepared for the NYU/Rockefeller Foundation Conference on Migration, Ethnicity, and the City, the Arden Homestead, New York. November 2–4.

Papademetriou, Demetrios G., et al. 1989. "The Effects of Immigration on the U.S. Economy and Labor Market." U.S. Department of Labor, International Labor Affairs Bureau, October.

Parcel, Toby L. 1982. "The Development and Functioning of the American Urban Export Sector, 1947–1972." In Ivar Berg, ed., *Sociological Perspectives on Labor Markets.* New York: Academic Press. Pp. 187–217.

———. 1979. "Race, Regional Labor Markets, and Earnings." *American Sociological Review* 44: 262–279.

Park, Robert E., and Ernest W. Burgess. 1967. *The City.* Chicago: University of Chicago Press.

Patel, Dinker I. 1988. "Asian Americans: A Growing Force." *Journal of State Government* (Council of State Governments) 61 (2): 71–76.

Perez, Lisandro. 1986. "Immigrant Economic Adjustment and Family Organization: The Cuban Success Story Reexamined." *International Migration Review* 20 (1): 4–20.

Petersen, William, and Michael Novak. 1982. *Concepts of Ethnicity.* Cambridge: Belknap Press of Harvard University Press.

Phizacklea, Annie, ed. 1983. *One-Way Ticket: Migration and Female Labor.* London: Routledge and Kegan Paul.

Piore, Michael J. 1986. "The Shifting Grounds for Immigration." *Annals of the American Academy of Social Sciences* 485: 23–33.

——— 1980. "The Technological Foundations of Dualism and Discontinuity." In Suzanne Berger and Michael J. Piore, eds., *Dualism and Discontinuity in Industrial Society.* Cambridge: Cambridge University Press. Pp. 55–81.

———. 1979. *Birds of Passage: Migrant Labor and Industrial Societies.* Cambridge: Cambridge University Press.

Portes, Alejandro. 1989a. *Unauthorized Immigration and Immigration Reform:*

参考文献

Present Trends and Prospects. Washington, D.C.: Commission for the Study of International Migration and Cooperative Economic Development.

———. 1989b. "Latin American Urbanization during the Years of Crisis." *Latin American Research Review* 24: 7–44.

———. 1987. "The Social Origins of the Cuban Enclave Economy of Miami." *Sociological Perspectives* 30 (October): 340–372.

———. 1981. "Modes of Structural Incorporation and Present Theories of Immigration." In Mary M. Kritz, Charles B. Keely, and Sylvano M. Tomasi, eds., *Global Trends in Migration*. Staten Island, N.Y.: CMS Press. Pp. 279–297.

———. 1976. "Determinants of the Brain Drain." *International Migration Review* 10 (4): 489–508.

Portes, Alejandro, and Robert L. Bach. 1985. *The Latin Journey: Cuban and Mexican Immigrants in the United States*. Berkeley: University of California Press.

———. 1980. "Immigrant Earnings: Cuban and Mexican Immigrants in the United States." *International Migration Review* 14 (3): 315–41.

Portes, Alejandro, Manuel Castells, and Lauren A. Benton, eds. 1989. *The Informal Economy: Studies in Advanced and Less Developed Countries*. Baltimore: Johns Hopkins University Press.

Portes, Alejandro, Juan M. Clark, and Robert L. Bach. 1977. "The New Wave: A Statistical Profile of Recent Cuban Exiles in the United States." *Cuban Studies* 7: 1–32.

Portes, Alejandro, and Luis E. Guarnizo. 1991. "Tropical Capitalists: U.S.-Bound Immigration and Small-Enterprise Development in the Dominican Republic." In S. Diaz-Briquets and S. Weinstraub, eds., *Migration, Remittances, and Small Business Development*. Boulder, Colo.: Westview Press. Pp. 101–131.

Portes, Alejandro, and Leif Jensen. 1989. "The Enclave and the Entrants: Patterns of Ethnic Enterprise in Miami before and after Mariel." *American Sociological Review* 54: 929–949.

———. 1987. "What's an Ethnic Enclave? The Case for Conceptual Clarity." *American Sociological Review* 52: 768–771.

Portes, Alejandro, and Robert D. Manning. 1986. "The Immigrant Enclave: Theory and Empirical Examples." In Susan Olzak and Joame Nagel, eds., *Comparative Ethnic Relations*. New York: Academic Press. Pp. 47–68.

Portes, Alejandro, and Rubén G. Rumbaut. 1990. *Immigrant America: A Portrait*. Berkeley: University of California Press.

Portes, Alejandro, and Alex Stepick. 1985. "Unwelcome Immigrants: The Labor Market Experience of 1980 (Mariel) Cuban and Haitian Refugees in South Florida." *American Sociological Review* 50: 493–514.

Reitz, Jeffrey G. 1980. *The Survival of Ethnic Groups*. Toronto: McGraw-Hill.

Richmond, Anthony H. 1988. *Immigration and Ethnic Conflict*. New York: St. Martin's Press.

Rosenberg, Carolyn. 1981. "The Liability of Ethnicity in Israel." *Social Forces* 59: 667–686.

Rosenberg, Samuel. 1980. "Male Occupational Standing and the Dual Labor Market." *Industrial Relations* 19: 34–49.

Sakong, Myungduk. 1990. *Rethinking the Impact of the Enclave: A Comparative Analysis of Korean Americans' Economic and Residential Adaptation.* Ph.D. Diss., State University of New York at Albany.

Salaff, Janet W. 1981. *Working Daughters of Hong Kong: Filial Piety or Power in the Family?* London: Cambridge University Press.

Sanders, Jimy M., and Victor Nee. 1987. "Limits of Ethnic Solidarity in the Enclave Economy." *American Sociological Review* 52: 745–767.

SAPB (Sino-American Publicity Bureau). 1958. *1957–58 Chinese Directory of Eastern Cities.*

Sassen-Koob, Saskia. 1989. "New York City's Informal Economy." In Alejandro Portes, Manuel Castells, and Lauren A. Benton, eds., *The Informal Economy: Studies in Advanced and Less Developed Countries.* Baltimore: Johns Hopkins University Press. Pp. 60–77.

——— 1988. *The Mobility of Labor and Capital: A Study in International Investment and Labor Flow.* New York: Cambridge University Press.

——— 1987. "Growth and Informalization at the Core: A Preliminary Report on New York City." In Michael P. Smith and Joe R. Feagin, eds., *The Capital City: Global Restructuring and Community Politics.* New York: Basil Blackwell. Pp. 138–154.

——— 1984. "Notes on the Incorporation of Third World Women into Wage Labor through Immigration and Off-shore Production." *International Migration Review* 18 (4): 1144–1167.

Saxton, Alexander. 1971. *The Indispensable Enemy: Labor and the Anti-Chinese Movement in California.* Berkeley: University of California Press.

Scardino, Albert. 1986. "Commercial Rents in Chinatown Soar as Hong Kong Exodus Grows." *New York Times,* December 25.

Semyonov, Moshe. 1988. "Bi-ethnic Labor Markets, Mono-ethnic Labor Markets, and Socioeconomic Inequality." *American Sociological Review* 53: 256–266.

———. 1981. "The Effect of Community on Status Attainment." *Sociological Quarterly* 22: 359–72.

Semyonov, Moshe, and Andrea Tyree. 1981. "Community Segregation and the Costs of Ethnic Subordination." *Social Forces* 59: 649–66.

Seward, George F. 1970. *Chinese Immigration: Its Social and Economic Aspects.* New York: Arno Press and the *New York Times.*

Shibutani, Tamotsu, and Kian M. Kwan. 1965. *Ethnic Stratification: A Comparative Approach.* New York: Macmillan.

Siu, Paul C. 1987. *The Chinese Laundryman: A Study of Social Isolation.* New York: New York University Press.

Sorensen, Aage B., and Arne L. Kalleberg. 1982. "An Outline of a Theory of the Matching of Persons to Jobs." In Ivar Berg, ed., *Sociological Perspectives on Labor Markets.* New York: Academic Press. Pp. 49–74.

Spilerman, Seymour. 1977. "Careers, Labor Market Structure, and Socioeconomic Achievement." *American Journal of Sociology* 83: 551–93.

Spilerman, Seymour, and Jack Jabib. 1976. "Development Towns in Israel:

参考文献

The Role of Community in Creating Ethnic Disparities in Labor Force Characteristics." *American Journal of Sociology* 81: 781–812.
SSBC (State Statistical Bureau, China). 1986. *Statistical Yearbook of China, 1986.* Oxford: Oxford University Press.
Stolzenberg, Ross M. 1975. "Occupations, Labor Markets, and the Process of Wage Attainment." *American Sociological Review* 40: 645–665.
Stone, Karen. 1983. "Motherhood and Waged Work: West Indian, Asian, and White Mothers Compared." In Annie Phizacklea, ed., *One-Way Ticket: Migration and Female Labor.* London: Routledge and Kegan Paul. Pp. 33–52.
Stonequist, Everett V. 1961. *The Marginal Man: A Study in Personality and Culture Conflict.* New York: Russell and Russell.
Strebeigh, Fred. 1989. "Training China's New Elite." *The Atlantic Monthly* (April), p. 74.
Sung, Betty Lee. 1987. *The Adjustment Experience of Chinese Immigrant Children in New York City.* New York: Center for Migration Studies.
———. 1978. *Chinese Population in Lower Manhattan.* A report prepared for the Employment and Training Administration, U.S. Department of Labor.
——— 1976. *A Survey of Chinese-American Manpower and Employment.* New York: Praeger.
——— 1974. *Racial and Ethnic Group Population by Census Tracts: The SMSA of New York City, 1970.* New York: Department of Asian Studies, City University of New York.
———. 1967. *The Story of the Chinese in America.* New York: Collier Books.
Suttles, Gerald. 1972. *The Social Construction of Communities.* Chicago: University of Chicago Press.
——— 1968. *The Social Order of the Slum: Ethnicity and Territory in the Inner City.* Chicago: University of Chicago Press.
Tienda, Marta, and Ronald Angel. 1982, "Headship and Household Composition among Blacks, Hispanics, and Other Whites." *Social Forces* 61: 508–529.
Tienda, Marta, and Ding-Tzann Lii. 1987. "Minority Concentration and Earning Inequalities: Blacks, Hispanics, and Asians Compared." *American Journal of Sociology* 93: 141–165.
Tinker, Irene. 1978. "Women in Developing Societies: Economic Independence Is Not Enough." In Jane R. Chapman, ed., *Economic Independence for Women: The Foundation for Equal Rights.* Beverly Hills: Sage. Pp. 113–135.
Tobier, Emanuel. 1979. "The New Face of Chinatown." *New York Affairs* 5 (3): 66–76.
Tolbert, Charles M., II, Patrick M. Horan and E. M. Beck. 1980. "The Structure of Economic Segmentation: A Dual Economic Approach." *American Journal of Sociology* 85: 1095–1116.
Tomasi, Lydio F. 1990. *In Defense of the Alien. Proceedings of the 1989 Annual National Legal Conference on Immigration and Refugee Policy.* Vol. 12.
Trent, Katherine, and Richard D. Alba. 1988. "Population." In Gerald Benjamin and Charles Brecher, eds., *The Two New Yorks: State-City Relations in the Changing Federal System.* New York: Russell Sage Foundation. Pp. 81–105.
Tsai, Shih-shan Henry. 1986. *The Chinese Experience in America.* Bloomington: Indiana University Press.

Tyler, Gus. 1987. "A Tale of Three Cities: Upper Economy, Lower and Under." *Dissent* (Fall): 463–470.
Ugalde, Antonio, Frank D. Bean, and Gilbert Cardenas. 1979. "International Migration from the Dominican Republic: Findings from a National Survey." *International Migration Review* 13 (2): 235–254.
U.S. Bureau of the Census, Washington, D.C.: Department of Commerce. *Census of Population*. 1910–1980.
———. *Census of Population and Housing*. 1980.
———. *Census of Population and Housing*. 1970.
———. *Census of Population and Housing*. Census Tracts, 1980.
———. *Census of Population and Housing*. Census Tracts, 1970.
——— *Census of Population and Housing*. 1980 PUMS.
———. *Census of Population and Housing*. 1980 STF3A.
———. *Socioeconomic Characteristics of the U.S. Foreign-Born Population Detailed in Census Bureau Tabulations*, 1984.
———. *Survey of Minority-Owned Business Enterprises: Asian Americans, American Indians, and Others* (1972, 1977, 1982, and 1987).
USCCR (U.S. Commission on Civil Rights). 1988. *The Economic Status of Americans of Asian Descent*. June. Washington, D.C.: Government Printing Office.
United States Statutes at Large. Various years. Washington, D.C.: Government Printing Office.
Wachter, Michael L. 1974. "Primary and Secondary Labor Markets: A Critique of the Dual Approach." *Brookings Paper on Economic Activity* 3: 637–80.
Wacquant, Loïc J. D., and William J. Wilson 1989, "The Cost of Racial and Class Exclusion in the Inner City." *Annals of the American Academy of Political and Social Science* 501: 8–25.
Waldinger, Roger. 1990. *Tattered and Torn: The Garment Industry Hangs On*. Prepared for the Manhattan Institute.
——— 1987. "Beyond Nostalgia: The Old Neighborhood Revisited." *New York Affairs* 10 (1): 1–12.
——— 1986a. *Through the Eye of the Needle: Immigrants and Enterprise in New York's Garment Trades*. New York: New York University Press.
———. 1986b. "Immigrant Enterprises: A Critique and Reformulation." *Theory and Society* 15 (1–2): 249–285.
———. 1986c. "Changing Ladders and Musical Chairs: Ethnicity and Opportunity in Post-industrial New York." *Politics and Society* 15: 369–401.
Wallace, Michael, and Arne L. Kalleberg, 1982. "Economic Organization of Firms and Labor Market Consequences: Toward a Specification of Dual Economy Theory." In Ivar Berg, ed., *Sociological Perspectives on Labor Markets*. New York: Academic Press. Pp. 77–117.
Wang, John. 1979. "Behind the Boom: Power and Economics in Chinatown." *New York Affairs* 5 (3): 77–81.
Weiner, Myron. 1987. "International Emigration and the Third World." In William Alonso, ed., *Population in an Interacting World*. Cambridge: Harvard University Press. Pp. 173–200.
Weiner, Elizabeth, and Hardy Green. 1984. "A Stitch in Our Times: New York's Hispanic Garment Workers in 1980s." In Joan M. Jensen and Sue

参考文献

Davidson, eds., *A Needle, a Bobbin, a Strike: Women Needleworkers in America*. Philadelphia: Temple University Press. Pp. 278–296.

Wilson, Carol Green. 1931. *Chinatown Quest: The Life Adventures of Donaldina Cameron*. Stanford: Stanford University Press.

Wilson, Kenneth L., and W. Allen Martin. 1982. "Ethnic Enclaves: A Comparison of the Cuban and Black Economies in Miami." *American Journal of Sociology* 88: 135–160.

Wilson, Kenneth L., and Alejandro Portes. 1980. "Immigrant Enclaves: An Analysis of the Labor Market Experiences of Cubans in Miami." *American Journal of Sociology* 86: 305–319.

Wilson, Roger. 1988. "Is the American Dream Still Deferred?" *Journal of State Government* (Council of State Governments) 61 (2): 81–86.

Wilson, William J. 1991. "Public Policy Research and the Truly Disadvantaged." In Christopher Jencks and Paul E. Peterson, eds., *The Urban Underclass*. Washington, D.C.: Brookings Institution. Pp. 460–481.

———. 1987. *The Truly Disadvantaged: The Inner City, the Underclass, and Public Policy*. Chicago: University of Chicago Press.

Winnick, Louis. 1990. *New People in Old Neighborhoods: The Role of New Immigrants in Rejuvenating New York's Communities*. New York: Russell Sage.

Wong, Bernard P. 1988. *Patronage, Brokerage, Entrepreneurship, and the Chinese Community of New York*. New York: AMS Press.

———. 1979. *A Chinese American Community: Ethnicity and Survival Strategies*. Singapore: Chopmen Enterprises.

Wong, Morrison G. 1986. "Post-1965 Asian Immigrants: Where Do They Come from, Where Are They Now, and Where Are They Going?" *Annals of the American Academy of Political and Social Sciences* 487 (September): 150–168.

Yancey, William L., Eugene P. Ericksen, and Richard N. Juliani. 1976. "Emergent Ethnicity: A Review and Reformulation." *American Sociological Review* 41: 391–403.

Yuan, D. Y. 1963. "Voluntary Segregation: A Study of New Chinatown." *Phylon* 24 (3): 255–268.

Zhou, Min. 1989. *The Enclave Economy and Immigrant Incorporation in New York City's Chinatown*. Ph.D. diss., State University of New York at Albany.

Zhou, Min, and John R. Logan. 1991. "In and out of Chinatown: Residential Mobility and Segregation of New York City's Chinese." *Social Forces* 70 (2):

———. 1989. "Returns on Human Capital in Ethnic Enclaves: New York City's Chinatown." *American Sociological Review* 54: 809–820.

Zolberg, Aristide R. 1989. "The Next Waves: Migration Theory for a Changing World." *International Migration Review* 23 (3): 403–430.

术语译文对照表

Bok choy 白菜

Chinese 华人 / 华裔 / 中国人

Chinese immigrants 华人移民 / 中国大陆（或内地）移民

Chinese immigrant men 华人男性移民

Chinese immigrant women 华人女性移民

Chinese Exclusion Act《排华法案》

Chow/lo mein 炒 / 捞面

Connecticut 康涅狄格州（简称康州）

Context of exit 接收环境（接收背景因素）

Context of reception 移出环境（移出背景因素）

Credit-Ticket system 信用票制度

Diversify 多元化 / 多样化（当指文化、社会、来源地、人口或劳动力时，翻为"多元"化，指经济活动时，翻成"多样"化）

Dual economy 二元经济（主流经济结构）

  Primary economy 核心经济

  Primary labor market 核心劳动力市场

  Secondary economy 次级 / 边缘经济

  Secondary labor market 次级劳动力市场

Dum sum 点心

术语译文对照表

Ethnic economy 族裔经济

Ethnic enclave economy 聚居区族裔经济（是族裔经济的一种特殊经济形式，每个族群都有自己的"族裔经济"，但只有少数族群才有可能发展出"聚居区族裔经济"）

- Export sector 外向型行业
- Protected sector 受保护型行业
- Operational definition 操作定义
- Place of residence 居住地点
- Place of work 工作地点
- Industry 行业类别

Ethnic solidarity 族裔团结 / 族裔凝聚力

Ethnicity 族裔性

Fieldwork 田野调研

Gold Dream 黄金梦

Human capital 人力资本

Immigrant selectivity 国际移民筛选性

Immigration and Nationality Act of 1965 / Hart-Celler Act《移民与国籍法》/《哈特－塞勒法》/ 1965 年移民法修正案 / 移民法改革

International Ladies' Garment Workers' Union, Local 23-25 (ILGWU) 国际女服车衣工会 23-25 分会

National origins quota system 民族来源配额制

New Jersey 新泽西州

New York City Counties 纽约市县或郡区（见表 4-5）：

 Bronx County 布朗士郡（Bronx 布朗士区）

 Kings County 金斯郡（Brooklyn 布鲁克林区）

 New York County 纽约郡（Manhattan 曼哈顿区）

 Queens County 皇后郡（Queens 皇后区）

 Richmond County 里士满郡（Staten Island 史泰登岛）

唐 人 街

New York City streets, neighborhoods, suburbs 纽约市华人聚居的主要街道、住宅区

Astoria 艾斯托里亚

Baxter Street 巴士打街

Bay Ridge 湾脊

Bayard Street 摆也街

Borough Park 自治市公园

Bowery Street 包厘街

Broadway 百老汇大道

Delancy Street 德兰西街

Doyers 宰也街

Canal Street 坚尼街

Corona 科罗纳

Chrystie Street 克里士提街

East Broadway 东百老汇大道

Elmhurst 艾姆赫斯特

Flatbush 夫拉特布什

Hester Street 喜士打街

Houston Street 豪斯顿街

Jackson Heights 杰克森高地

Lafayette Street 拉菲耶特街

Long Island 长岛

Lower East Side 下东城

Midwood 米德伍德

Mott Street 勿街

Outer boroughs 外围郡区（市内的）

Park Row 柏路

Park Slope 公园坡

术语译文对照表

    Pell Street 披露街
    Rego Park 雷哥公园
    Ridgewood 里奇伍特
    Sheepshead Bay 羊头湾
    Sunset Park 日落公园
    Woodside 伍德赛德
New York Metropolitan Area 纽约大都会地区
Non-Hispanic White 非拉丁裔白人
Occupational prestige scores 职业声望指数
Paper son 纸仔、纸儿子、证书儿子
San Francisco 三藩市（旧金山）
Spatial assimilation 空间同化
Satellite Chinatown 卫星唐人街
Sending country / receiving countries 祖籍国、移出国 / 移居国、接收国
Sweatshop 血汗工厂
Underclass 下层阶级
Unintended consequence 非预期后果
US Census Bureau 美国人口普查局
US Census tract 美国人口普查区域
US Census 5% Public Use Microdata Sample (PUMS) 美国人口普查数据 5% 的公用微数据样本
US-China relations 美中关系
U.S. Immigration and Naturalization Service (USINS) 美国移民与归化局 (1940—2003; 2003 年以后为 U.S. Citizenship and Immigration Services)
Wanton 云吞
War Brides Act《战争新娘法》
Workingmen's Party of California（WPC）加州工人党
Variable, independent 自变量

Variable, dependent 因变量
Regression model, logistic 逻辑回归模型
Regression model, multiple 多元回归模型
Segregation, ethnic 族裔隔离
Segregation, racial 种族隔离
Segregation, residential 居住隔离

图书在版编目（CIP）数据

唐人街：深具社会经济潜力的都市族裔聚居区：30周年新译本 /（美）周敏著；（美）郭南译. —北京：商务印书馆，2024

ISBN 978-7-100-23208-1

Ⅰ. ①唐…　Ⅱ. ①周… ②郭…　Ⅲ. ①华人社会—研究—美国　Ⅳ. ① D634.371.2

中国国家版本馆 CIP 数据核字（2023）第 248655 号

权利保留，侵权必究。

唐人街
——深具社会经济潜力的都市族裔聚居区
（30周年新译本）

〔美〕周敏　著
〔美〕郭南　译

商 务 印 书 馆 出 版
（北京王府井大街36号　邮政编码100710）
商 务 印 书 馆 发 行
北京中科印刷有限公司印刷
ISBN 978 - 7 - 100 - 23208 - 1

2024年5月第1版	开本 889×1194　1/32
2024年5月北京第1次印刷	印张 13 1/8

定价：75.00 元